오래된 미래? 1970년대 북한의 재조명

오래된 미래? 1970년대 북한의 재조명

초판 1쇄 발행 2015년 2월 2일

엮은이 ｜ 서보혁 · 이창희 · 차승주
발행인 ｜ 윤관백
발행처 ｜ 도서출판선인

등록 ｜ 제5-77호(1998.11.4)
주소 ｜ 서울시 마포구 마포대로 4다길 4(마포동 324-1) 곳마루 B/D 1층
전화 ｜ 02)718-6252 / 6257   팩스 ｜ 02)718-6253
E-mail ｜ sunin72@chol.com
Homepage ｜ www.suninbook.com

정가 22,000원
ISBN 978-89-5933-790-3 93300

현대북한연구회 연구총서 ⑦

오래된 미래? 1970년대 북한의 재조명

서보혁 · 이창희 · 차승주 엮음

 도서출판 선인

　현대북한연구회가 2014년『김정은에게 북한의 미래를 묻다』에 이어 북한의 '오래된 미래'를 연구한 결과를 내놓았다. 2년 여 동안의 작업 결과이다. 집필에 참가한 선생님들을 비롯해 연구회 회원들과 출간의 기쁨을 나누며 독자 여러분들에게 내놓는다.

　학제간 북한연구를 선도하고 있는 현대북한연구회는 창립한 지 15년이 되었는데 그간 단행본을 7권 내놓을 정도로 연구가 왕성하다. 그런데『오래된 미래? 1970년대 북한의 재조명』은 여느 연구와 달리 과거를 통해 현재를 진단하고 미래를 예측하는 어려운 작업이었다. 마침 김정은 정권이 1970년대 북한을 전성기로 판단하고 당시를 따라 배우자는 캠페인을 전개하고 있다. 21세기에 그릴 수 있는 북한의 미래를 1970년대에서 찾을 수 있다는 주장은 시대착오적으로 보인다. 김정은 정권이 말하는 1970년대의 실체는 무엇이고, 그 중 어떤 측면이 북한의 미래를 예시(豫示)하는지 사뭇 궁금해진다. 그러나 이 책에서 제시된 분석은 단일하지 않고 전망이 낙관적이지만도 않다. 이 책이 북한학에서 갖는 의의는 학제간 연구라는 점 외에도 북한학의 특성상 수행할 수밖에 없는 미래 예측을 과거에 대한 재평가를 바탕으로 하였다는 점, 그래서 비교연구의 지평을 넓혔다는 점을 꼽지 않을 수 없다.

　공동의 연구주제 아래 공동 작업을 추진하는 일은 뜻깊은 일이지만 그에 비례해 수고가 많이 든다. 기획과 편집 전 과정을 이끌어준 서보혁, 이창희, 차승주 박사에게 감사드린다. 이들의 노고가 없었다면 이 책은 나오지 못했을 것이다. 그렇지만 각자의 연구활동 가운데서도 이 작업에 동참해주신 집필진 선생님들의 의지를 빼놓을 수 없다. 이 작업을 후원해준 통일부에 사의를 표하며 그 덕에 가진 학술회의에서 유익한 논평을 해주신 권영경, 정성장, 우승지, 김일한, 박계리, 송영훈, 조영국, 김일기, 이유진 선생님에게도 감사드린다. 그 외에도 지난 2년여 동안 본 연구회 회원들이 월례세미나와 하계·동계 수련회에서 보여주신 관심과 토론도 큰 힘이 되었음을 말씀드리지 않을 수 없다. 아무쪼록 이 책이 북한의 과거와 미래를 연결하는 연구작업에 보탬이 되길 기대하며 북한학도들에게 내놓는다.

2015년 2월

현대북한연구회 회장 안득기

목차

[서론]

김정은 체제는 왜 1970년대를 호명하는가?

서보혁

김정은이 국방위원회 제1위원장이 된 2012년 들어 북한 관영언론은 "우리가 창조해야 할 시대정신은 1970년대 시대정신의 계승"이라고 주장했다. 이듬해 정초에는 김정은이 직접 나서 "당사업을 1970년대처럼 화선식으로 전환시키고 김정일 애국주의를 실천활동에서 철저히 구현되도록 하는데 당사업의 화력을 집중"할 것을 강조하였다. 경제분야에서도 1970년대를 불러내고 있다. "사회주의 경제건설에서 대중의 열의를 발양시키려면 1970년대와 같이 집중적이고도 강력한 경제 선동공세를 해야 한다"고. 냉전이 붕괴되고 인류가 세계화 시대에 진입한 지 20년이 훌쩍 지나고 있는 시점에서 1970년대라니….

김정은 체제 들어 북한이 1970년대를 호명하는 이유는 무엇일까. 현대북한연구회에 속한 연구자들이 2년여 전부터 가진 의문이었다. 학제 간 북한연구를 계속해오고 있는 현대북한연구회가 이 수수께끼를 풀어가기로 했다. 김정은 체제가 1970년대를 호명하는 것은 그들이 복고적 통치스타일을 선호하기 때문일까, 혹은 김정은이 지도력 부족을 할아버지의 후광으로 메우는데 하나의 이미지가 필요했기 때문일까? 1970

년대가 북한의 전성기였는가? 적어도 김정은 체제는 그렇게 보고 있다. 그렇다면 1970년대 북한은 오늘 북한의 '오래된 미래'인가? 그런 질문에 다가가기 위해서는 잊혀진 1970년대 북한의 실체를 다시 (최대한 새롭게) 살려내고, 그것이 오늘 북한에 무슨 의미를 주는지를 탐색해 보아야 할 것이다. 이 책은 그런 작업이 만들어낸 공동 결실이다.

『오래된 미래? 1970년대 북한의 재조명』은 북한의 대내정치, 경제와 사회, 대외정책 등 크게 세 부로 나누어 10편의 논문을 수록하고 있다. 1970년대 북한의 대내정치와 남북관계를 다루는 1부는 김정일로 귀결된 소위 후계정치, 북한 특유의 통치 시스템인 수령제의 확립, 그리고 김정일의 영군체계 확립과정을 다루는 세 편의 논문으로 구성되어 있다. 이승열은 1장 "후계자 정치와 그 현재적 함의"에서 1970년대 북한 정치의 가장 큰 특징을 전통적 사회주의에서 이탈한 수령체제에 기반을 둔 혈통세습으로 보고 그것을 '후계자 정치'로 명명하고 있다. 그에 따르면 1970년대 후계자 정치가 김정은 체제에 미치는 함의는 부정적이다. 김정일의 후계자 유일지도체제 확립을 살펴보았을 때 김정은은 후계자 시절 유일지도체제를 확립하지 못했고 경제적 이해관계로 분화된 엘리트 집단의 균열로 권력이 취약하다는 것이다. 그래서 김정은이 새로운 혁명위업의 달성보다는 오랜 기간 김일성, 김정일의 업적에 기댈 수밖에 없다고 전망한다. 이주환은 2장 "'혁명적 수령관'의 형성과 제도화"에서 북한식 사회주의체제가 확립된 1970년대 전반기에 주목해 정치·국가체제 변화의 내용과 그 의미를 혁명적 수령관의 대두와 수령제라는 관점에서 살펴보고 있다. 그의 분석은 2013년 12월 장성택 처형으로 이어지는데 그해 8월, 39년 만에 개정된 것 '유일사상 10대 원칙'은 '세도(勢道)' 반대(7조)를 명시해 장성택 제거의 명분을 확보하고 김정은 유일지도체제 확립을 천명한 것이었다. 혁명적 수령관의 지속이다. 장성택이 '유일사상 10대 원칙'의 역린을 건드린 것으로 평가할 수 있다. 1장과 2장의 분석이 다소 상이해 김정은 정권의 성격을 진단하고 그 미래를 전망하는데 비교의 안목을 얻을 수 있을 것이다. 김병욱은 3장에서 "김정일의 영군체계 확립과정"을 군령 및 군정 체계로 구분하여 분석하고 있다. 분석 결과 김정일의 영군체계 확립은 7가지 세부 활동으로 나타났고 그 특징은 군정권 행사를 통한 영군체계 수립, 노동당 규약 개정을 통한 군에 대한 직접적 지도강화 등 두 가지로 나타났다. 김정일이 영군체계 수립과정에서 보인 선 집단지도체계 구축, 후 개인적 지도체계 구축은 김정은의 경우에도 발견된다. 그러나 김정은의 영군체계 수립에서 군정체계가 확립되지 않는데, 이것이 김정은이 집권 초기부터 문제가 발생한 이유이자 김정은 체제의 안정을 위해 해결 과제라는 것이다. 4장은 1970년대 "북한의 남북대화 전략과 평가"를 다룬 윤미량의 글이다. 북한의 담론과 논리를 따라가며 남북대화사를 재정리한 의미를 띠는 이 글은 1970년대 남북회담에서 북한이 보여준 행태를 크게 세 가지로 요약하고 그것을 기준으로 2000년대 이후 북한의 회담 전략 및 행태에 부분적 변화를 찾아내고 있다. 경제적 보상을 기대하는 경향과 무력위협이 높아지는 것이 변화의 실체인데, 이에 대해 남한정부의 대북정책 수립의 어려움과 대내 여론의 중요성을 언급하고 있다.

　2부는 1970년대 북한의 경제와 교육, 문예 정책에 관한 세 편의 글로 이루어져있다. 이창희는 5장에서 "김정은 정권이 1970낸대 경제를 호명하는 이유"를 김정은 체제가 당시를 전성기로 보고, "1970년대의 시대정신이 온 나라에 차넘치게 하"려는 요구가 크기 때문이라고 파악한다. 그러나 1970년대 북한은 정치적 안정화 대신 성장은 정체되는 시기로 평가된다. 이에 대해 북한정부는 동원, 절충, 개방 등 여러 방안을 강구하지만 1970년대는 "경제위기의 지연과정"으로 평가된다. 오늘날 북한이 1970년대를 호명하며 당 중심의 경제체제 복구를 시도하고 있지만 시장의 확대 속에서 그것은 혼란스런 결과를 가져올 수 있다는 전망을 덧붙이고 있다. 차승주는 6장 "북한식 사회주의 교육의 탄생"에서 1970년대를 오늘날 북한의 교육제도를 이해하고 그 미래를 전망하는데 있어서 중요한 시기로 파악한다. 또 향후 북한의 교육은 어떤 식으로든지 1970년대로부터 물려받은 교육제도의 지속과 변화의 틀에서 전개될 것이라고 전망한다. 2012년 12년제 의무교육 도입은 40년 전 11년제 의무교육의 확대이고, 컴퓨터와 외국어 교육을 강화하기로 한 것은 변화의 일환이다. 앞으로 북한의 산업구조가 노동동원형에서 지식경제형으로 전환한다면 북한의 교육제도 역시 변화가 확대될 것이라고 내다보고 있다. 전영선은 7장에서 "주체문예이론의 형성과 주체사실주의의 정립"을 다루면서 1970년대를 북한식 문예이론인 주체사실주의가 확립된 시기로 보고 그 과정을 추적하고 있다. 주체사실주의를 사회주의적 사실주의의 연장 혹은 발전으로 파악하면서 그 둘의 공통점과 함께 수령형상, 종자론, 속도전 등을 거론하며 주체문예이론의 특성을 제시하고 있다. 1970년대에 확립된 주체사실주의는 오늘날 북한의 문예정책의 근간으로 작용하고 있다고 평가한다.

3부는 대외정책을 다루고 있는데 북한의 대서방외교, 제3세계 및 유엔외교, 그리고 북중관계를 다루고 있다. 서보혁은 8장 "대서방외교의 부상, 그 양상과 특징"에서 북한이 1970년대 들어 대서방외교를 개시한 배경과 목적을 국제질서의 변화와 새로운 국면의 남북 체제경쟁의 틀에서 분석하고 있다. 당시 북한의 대서방외교는 이전 시기의 이념과 돌파 중심의 정책에 실리와 적응이 가미되며 이중적 양상을 보였다. 특히, 당시 대서방외교에서 처음 나타난 북미 평화협정 제의와 북일

수교 구상은 오늘날 북한의 대미, 대일정책의 기원이자 실제 협상력 제고를 위한 자산으로 계속 호명되고 있다고 평가한다. 9장은 제목 "미중협력과 한반도 위기로 좌우된 북중관계"에서 보듯이, 이상숙은 1970년대 북중관계가 미중관계 개선과 한반도 불안정을 야기한 북한의 행위와 그에 대한 중국의 대북 인식 변화로 평가하고 있다. 그런 1970년대 중국의 대한반도정책은 '신형대국관계'를 추진하는 오늘날 중국의 대외정책의 바탕이 되었다. 향후에도 북중관계는 미중관계와 한반도 안정이라는 변수에 의해 좌우될 것으로 전망하고 있다. 10장은 임상순이 쓴 "제3세계·유엔외교의 목표와 전략"이다. 그는 1970년대 북한의 제3세계외교와 유엔외교는 지금도 냉전구조가 지속되는 한반도 현실 아래 오늘날의 북한외교에서 여전히 중요하다고 주장한다. 이 주제에 관한 10년치『로동신문』기사와 김일성 연설문을 분석한 이 글은 일정한 시기 구분을 하면서 제3세계외교와 유엔외교가 북한의 대남통일전략 목표에 따른 것이라고 평가하고 있다.

오늘 북한에서 1970년대 북한은 정치이념, 경제제도, 대외정책 등 모든 면에서 '오래된 미래'로 간주되고 있다. 오래된 미래라는 이미지로 재구성된 1970년대 북한은 물론 실제와 허구로 구성되어 있다. 특히 경제, 남북대화, 대외정책에서 이미 당시부터 목표와 결과, 선전과 실제 사이에 간극이 벌어지기 시작했다. 그에 비해 정치, 이념, 사회 분야에서는 그 간극이 좁다고 할 수 있다. 그렇지만 전체적으로 이념을 제외하면 오늘날 북한은 1970년대와 그 면모가 크게 다르다. 대외환경 변화는 물론이다. 김정은 정권이 1970년대를 호명하지만 그 효과가 크지 않을 수 있는 구조적 한계가 작용하고 있다는 것이다. 그렇지만 북한정권이 70년대를 부르는 것은 정체와 고립에 처한 오늘을 넘어 장밋빛 미래로 나아가는데 과거 호시절의 추억(!)이 유용하기 때문이다. 북한에게 1970년대는 자산이자 부담이다. 북한의 국가시스템과 사회경제적 인프라, 그리고 지정학적 조건에 질적인 변화가 없다면 현 북한체제는 1970년대를 전형으로 설정하고 거기서 미래의 씨앗을 찾으려 할지도 모른다. 수령제, 자립경제노선, 주체사실주의, 자주외교노선, 대외개방 등을 추진하며 제도화를 도모하기 시작한 때가 1970년대이기 때문이다. 그 반대의 경우에도 북한에게 1970년대는 긴요한지도 모른다. 현 북한체제가 미래지향적이고 창의적인 국가 비전을 제시하지 못한다면 그 공백을 좋았던 지난날로 채우려는 정치심리학이 계속 작동할 것이기 때문이다. 그러나 공화국의 전성기를 부정하는 현상들이 안팎에서 강력한 기제를 갖고 부상하고 있는 점은 1970년대 북한을 기억의 저편으로 밀어낼 수도 있을 것이다. 계획경제의 위축과 시장화의 확산, 개인주의와 정보화 현상, 계속되는 국제적 압박으로 북한체제는 1970년대의 향수에 안주할 여유가 없다. 오히려 북한은 70년대를 호명하기보다는 70년대를 넘어서는 길을 해방 70년을 즈음해 기획하는 일이 더 중요할 것이다. 그렇게 본다면 1970년대가 북한의 '오래된 미래'인가 하고 재조명한 작업은 사실 오늘의 북한을 1970년대를 통해 반추한 일에 다름 아니다. 북한은 1970년대로 되돌아 갈 수 없다. 그 구체적인 방향은 단정하기 어렵지만 여하튼 앞으로 나아가야 한다. 그 길에서만 70년대가 유용할 것이다.

제1부

대내정치와 남북관계

[제 1 장]

후계자 정치와 그 현재적 함의*

이승열

I. 후계자 정치의 시작과 의미

1970년대는 북한 정치체제의 과정에서 사회주의 종주국인 소련과 중국과도 다른 북한식 사회주의가 형성되고 공고화된 중요한 시기였다. 무엇보다 북한식 사회주의의 총적 결과물인 '수령체제'가 제도적·이론적 차원에서 공고화되었으며, 동시에 북한식 수령체제 공고화에 기여했던 김정일 후계체제가 형성·조직화되었다.

당-국가체계 안에서 수령이라는 초월적 존재가 정치, 사상, 사회, 경제, 군사, 문화 등 모든 분야에서 절대적 지위와 결정적 역할을 수행하는 북한식 수령체제의 형성과 공고화 과정은 소련의 '스탈린주의'와 중국의 '모택동주의'와 다른 예외성을 갖고 있다. 스즈키 마사유키(鐸木昌之)는 북한의 수령체제를 "수령의 영도를 대를 이어 계속적으로 실현하는 것을 목적으로 하는 체제"라고 정의하고 있다.[1] 이것은 북한 수령체제의 가장 큰 특징이 김일성주의가 김정일주의로 그리고 다시 김정은주의로 이어지는 혈통승계를 태생적으로 내포하고 있다는 것이다.

혈통승계에 대한 북한 당국의 공식적인 입장은 1970년대 소련과 중국에서 벌어졌던 승계를 둘러싼 권력 투쟁 때문이라고 하지만, 1970년대 초부터 제기되었던 김정일의 후계자 추대를 둘러싼 김일성과 김일, 최용건, 오진우, 최현 등 빨치산 그룹과의 논의는 김일성의 동생인 김영주라는 중간단계를 생략했을 뿐 김정일로의 이행을 위한 명분 쌓기라는 측면이 더 강했다. 결국 김일성은 국제공산주의 혁명에서 부자세습에 대한 국제사회의 따가운 시선을 피하고자 했을 뿐이다.

김정일은 후계자 등장에 앞서 북한 내에서 자신의 정치적 위상을 강화하기 위한 조치를 먼저 취한다. 먼저 헌법과 당규약 개정을 통해 수령의 제도적·이론적 기반을 강화하고, 이를 통해 1974년 제5기 8차 전원회의에서 김정일을 후계자로 내정했다. 그리고 김정일은 후계자로 내정된 직후 가장 먼저 "온 사회의 김일성주의화"를 공식화 하였다. 결과적으로 아버지는 아들을 후계자로 내정하고, 그 후계자는 아버지를 우상화하여 신의 영역에 올려놓은 것이다.

김정일이 후계자로 등장한 이후 북한은 전통 사회주의 노선에서 벗어나 김일성주의를 온 사회의 혁명과 건설의 기본 노선으로 채택하고 북한식 사회주의 노선을 본격적으로 추진했다. '온 사회의 김일성 주의화'를 북한 전역에 적용하기 위해 김정일은 1974년 "당유일사상확립 10대 원칙"을 공포하였다. 이것은 신격화, 절대화, 신조화, 무조건성이라는 충실성의 4대 원칙을 기반으로 김일성을 중심으로 당과 간부, 당원들, 인민대중이 견지해야 할 행동지침과 규범을 명시하여 북한 사회의 실질적인 '최고지상법'으로 군림하였다.

김정일은 10대 원칙에 대한 해석권을 독점하면서 후계자의 유일지도체제를 보다 확고하게 확립할 수 있었다. 김정일은 이후 당·정·군의 모든 문제를 10대 원칙에 집중시키고 10대 원칙을 앞세워 후계자인 자신에게 무조건 복종하는 체계와 규율을 확립한 것이다. 결과적으로 '유일사상 확립 10대 원칙'은 "온 사회의 김일성주의화"를 북한 사회 전역으로 보편화시켰으며, 이를 집행하고 적용하는 모든 권력을 바로 후계자인 김정일 자신에게 집중한 것이다.

따라서 본 논문은 1970년대 북한 정치의 가장 큰 특징을 전통적 사회주의에서 벗어나 수령체제에 기반을 둔 혈통세습에 의한 후계자 정치의 등장이라는 관점에서 기술하고자 한다. 이를 위해 첫째, 1970년대 북한의 정치 과정에서 후계자 내정과 공식화를 둘러싼 북한최고지도부의 인식을 살펴보고, 둘째, 1970년대 북한 후계자의 유일지도체제 형성과 내용을 살펴보겠다. 마지막으로 1970년대의 후계자 정치가 2014년 김정은 체제에 미치는 함의를 살펴보도록 하겠다.

II. 후계자 선정의 배경과 북한최고지도부의 인식

1. 후계자에 대한 소련과 중국의 교훈

1970년대 북한이 후계자 선정을 서두르게 된 배경은 혁명 1세대들의 노령화뿐만 아니라 국제공산주의 운동의 핵심인 소련과 중국 등에서 발생했던 후계자를 둘러싼 권력투쟁과 정치적 혼란 등에 영향을 많이 받았다. 북한의 혁명 1세대들은 수령의 혁명위업이 당대에 혁명으로 끝나는 것이 아니라 여러 대를 거쳐 이루어지는 장기간에 걸친 혁명이기 때문에 "수령이 개척한 혁명위업을 누가 어떻게 계승하는가 하는 것은 혁명의 장래 운명과 관련되는 중대한 문제"로 인식하고 있었다.[2]

소련과 중국의 국제공산주의운동의 경험은 수령의 혁명위업에 대한 계승의 문제가 해결되지 않았을 때 어떤 결과를 초래하는지 잘 보여주고 있다. 소련의 경우 스탈린의 후임자인 흐루시초프(Khrushchyov)에 의한 스탈린 격화운동을 의미한다. 스탈린 사후 1955년 1월 당중앙위원회에서 흐루시초프는 경쟁자인 말렌코프를 제치고 서기장으로 취임하였다. 흐루시초프는 1956년 2월 시작된 제20차 소련 공산당대회에서 스탈린이 행한 당원들에 대한 숙청과 개인숭배를 비밀연설을 통해 강력히 비판하였다. 뿐만 아니라 스탈린 제거를 요구한 레닌의 유서, 역사 날조, 히틀러 침공대비 실패, 소수민족의 강제이주, 유고슬라비아와의 외교단절 실책 등을 비난하였다. 그 결과 '스탈린주의(Stalinist)'에 입각한 국제공산주의운동은 흔들리기 시작했다.

흐루시초프의 스탈린 격화운동에 가장 강력하게 반발한 것은 소(小)스탈린 주의를 추구했던 중국의 모택동(毛澤東)과 북한의 김일성이었다. 국제공산주의운동의 또 다른 축인 중국은 모택동을 중심으로 스탈린 격화운동이후 흐루시초프의 노선을 '수정주의'로 규정하였다. 무엇보다 흐루시초프가 쿠바에 미사일을 배치했지만 소련의 재래식 병력을 일방적으로 감축했으며 미국과의 화해를 주도하는 등 친서방정책을 펼쳤기 때문이었다. 소련에 대한 중국의 '수정주의' 비판은 중국에 대한 소련의 "교조주의" 비판으로 이어졌으며, 국제공산주의운동의 두 종주국인 소련과 중국의 분쟁은 국제공산주의 혁명을 뿌리째 흔드는 사건이었다.

스탈린주의를 신봉했던 김일성에게 흐루시초프의 행동은 매우 충격적인 사건이 아닐 수 없었다. 김일성은 자신의 회고록을 통해 "흐루시초프와 같은 야심가가 나타나 스탈린의 위업에 도전하고 국제공산주의운동에 막대한 해독을 끼쳤다"고 비판하면서 레닌과 스탈린의 위업을 계승하는 문제, 즉 수령의 후계자를 제대로 해결해야 하는 이유를 흐루시초프의 스탈린 격화운동에서 찾았다.[3] 북한 지도부로서는 후계자의 중요성을 생각하지 않을 수 없었다.

국제공산주의운동의 경험에서 중국의 권력계승과정은 소련보다 더 복잡한 양상을 띠었다. 1971년 모택동의 후계자 임표(林彪: 린뱌오)의 쿠데타(9.13)와 4인방 사건 등이다. 중국은 1950년대 후반부터 60년대에 걸쳐 중·소분쟁에 따른 소련과의 관계악화와 계속되는 자연재해 (1959-61) 그리고 인민 공사를 축으로 하는 '대약진 운동'의 실패로 심각한 체제 위기를 맞게 되었다. 1959년 국가주석을 유소기(劉少奇)에게 넘긴 모택동은 국제공산주의운동의 기본노선을 둘러싸고 중국공산당과 소련공산당 사이에 대립이 있었다. 이에 소련노선에 가까운 유소기파와 그것을 수정주의 노선으로 보는 모택동파 사이의 상반된 의견이 존재하였다. 그 결과 1966년 5월 정치투쟁, 계급투쟁, 권력투쟁의 모습을 띤 「무산계급 문화대혁명」은 점차 모택동과 그 주변인물이 권력탈환을 위해 일으킨 계급투쟁으로 확대되었다.

모택동은 1968년 10월의 중국공산당 제8기 중앙위원회 제12회 전체회의에서 유소기 등을 당내외 일체의 직무에서 추방할 것을 결의하였다. 또한 1969년 4월에 열린 제9회 당 전국대표대회에서 문화대혁명을 계속 추진할 것을 결의하고, 중국공산당 장정을 개정하면서 임표를 '마오쩌둥 동지의 친밀한 전우이자 후계자'라고 법규화 하여 일련의 혼란을 종식하고자 했다. 그러나 정국의 혼란은 거듭되었고, 급기야 임표의 9.13 쿠데타 사건이 터졌다. 1973년 중국 공산당 제10회 전국대표자대회에서 주은래(周恩來)는 정치보고를 통하여 〈임표사건〉의 진상에 대하여 다음과 같이 밝혔다. 임표는 1970년 8월 중국공산당 제9기 중앙위원회 제2차 총회에서 반혁명쿠데타를 일으키려다 미수로 끝났다. 1971년 3월 반혁명 무장쿠데타계획인 '571 공정기요(工程紀要)'를 입안하였고 1971년 9월 8일 반혁명 무장쿠데타를 일으켜 모택동을 모살(謀殺)하고 별도로 중앙정부를 수립하려고 하였다. 그러나 임표는 음모가 실패로 끝난 후 1971년 9월 13일 몰래 비행기를 타고 소련 수정주의 진영으로 도피 당과 나라를 배반하려다가 몽골의 운데르한에서 추락해 죽었다.4)

임표의 쿠데타 사건 이후 4인방 사건이 발행했다. 모택동 사후 그의 카리스마적 권위를 이용하여 당·정의 모든 권력을 장악하려고 기도한 강청(江靑)(정치국원), 장춘교(張春橋)(부수상, 당정치국 상무위원), 요문원(姚文元)(당 정치국원), 왕홍문(王洪文)(당 부주석) 등 4인방 문혁급진파가 추진하였다. 이들은 유소기를 비롯해 등소평과 정치투쟁을 시도하지만 결과적으로 등소평이 이끄는 개혁세력이 권력을 장악하게 되었다. 북한은 이와 같은 4인방 사건에 대해 "모택동 서거 후 당과 정부의 최고영도권을 장악하려는 음모로서 강청을 당주석으로, 장춘교를 국무원 총리로 앉히려는 반혁명음모였다"고 비판하며, "후계자 문제를 놓고 중국이 겪은 진통은 매우 심각한 것이라"고 평가하였다.[5]

2. 김정일에 대한 김일성과 빨치산 그룹의 인식

후계자의 권력 계승의 중요성에 대한 국제공산주의운동의 교훈은 북한최고지도부에게 후계자 선정의 정치적 의미를 새로운 각도에서 모색하게 만든 중요한 원인이었다. 이때부터 북한은 후계자를 "수령의 모든 것을 그대로 받아 안고 수령의 대를 이어가는 지도자"로 규정하고 대를 이어 충성하는 계속혁명의 중요성을 강조하기 시작하였다.[6] 1970년 제5차 당대회는 사회주의 종주국인 소련과 중국에서도 시도하지 않은 부자세습이 본격적으로 제기된 해이다. 1960년대 북한의 후계구도는 부자세습이 아닌 형제세습이었다. '김일성-김영주-다음세대'라는 잠정적인 구도에 맞춰져 있었다. 그러나 1967년 갑산파 숙청이후 권력무대에 본격적으로 등장한 김정일이 삼촌 김영주와의 권력 투쟁을 피하지 않았다. 그 결과 김영주는 신경계통이 병이 심해졌고, 빨치산 혁명 1세대들은 김정일을 새로운 대안으로 추대하고자 하였다.

1970년 제5차 당대회부터 김일, 최용건, 오진우, 최현 등 빨치산 혁명 1세대를 중심으로 "김영주대(代)를 생략하고 다음세대로 후계자로 이월하자"는 얘기가 공식적으로 제기 되었고, 이때부터 김정일을 후계자로 옹립하기 위한 수순이 밟아졌다.[7] 제5차 당대회 이후 본격적으로 김정일을 당 중앙위원으로 올려놓아야 한다는 의견이 제기되었으나, 김일성은 당시 28살인 김정일의 나이를 감안하여 비난을 받을 소지가 있다고 판단, 혁명 1세대들의 제안을 일단 보류했다.[8] 김정일에 대한 후계자 논의는 1971년 4월 당 중앙위원회 제5기 2차 전원회의 직후 개최된 당 정치위원회 회의에서 다시 논의되었다. 이 자리에서 김영주가 직접 김정일을 당 조직 및 사상비서에 앉히자는 제안을 했다. 김영주의 제안은 다른 빨치산 혁명 1세대에게는 호응을 얻었지만 김일성은 "조금만 더 두고 보자"며 또 다시 보류결정을 내렸다.[9]

김일성의 거듭된 거부 의사에도 불구하고 김영주를 비롯한 김일, 최용건, 오진우, 최현 등 빨치산 혁명 1세대들이 김정일을 후계자로 결정하자고 제안한 것은 김일성의 의도를 미리 간파한 이들의 충성심으로 보는 것이 타당할 것이다. 김일성이 자신의 후계자로 아들인 김정일을 결정한 것은 후계자의 배신으로 인한 국제공산주의운동의 경험이 큰 영향을 미쳤을 것이다. 아무리 충성스러운 인물(흐루시초프, 임표)이 후계자가 된다고 해도 결국 혈통승계를 선택할 수밖에 없었다는 것이다. 그러나 당시 김일성으로서는 사회주의 종주국인 소련과 중국으로부터 봉건제의 유산인 혈통승계에 대한 비판이 두려웠을 것이다. 결국 김일성은 혁명 1세대를 앞세워 김정일이 수령의 아들이기 때문이 아니라 자신의 능력을 혁명세대로부터 인정받았기 때문이라는 상황논리를 만들어 낼 필요가 있었다.

북한최고지도부는 후계자로서 김정일의 필연성과 정당성을 지속적으로 강조하였으며, 북한의 언론매체들 또한 "혁명위업을 대를 이어 끝까지 완성하여 종국적 승리"를 강조하기 시작하였다.[10] "민중의 절실한 염원은 전국 각지로부터 매일같이 조선로동당 중앙위원회에 쇄도하는

편지, 청원서로 나타나게 되었다"라며 김정일을 위업의 계승자로 모시
고자 하는 민중의 열망을 소개하였다.[11]

결과적으로 1973년 당 중앙위원회 제5기 제7차 전원회의에서 김정일
은 당 중앙위원회 조직담당비서 겸 조직지도부장, 선전선동비서 겸 선
전선동부장에 선출되어 후계자로서 핵심 권력을 넘겨받게 되었다. 그
리고 이듬해 1974년 제5기 제8차 전원회의에서 정치국 정치위원으로
선출됨으로써 후계자로 공식 추대되었다. 김정일의 후계자 추대는 사
실상 1980년 6차 당 대회 때까지 비밀에 붙여졌으며, 북한의 모든 매체
들은 김정일을 "당중앙"으로 호칭하기 시작하였다. 김정일은 후계자로
내정된 1974년부터 대외적으로 공식화된 1980년까지 후계자로서 당·
정·군의 모든 권력체계 내에 그리고 인민대중의 사업체계 안에서 자
신의 유일지도체제를 확립하여 북한식 '후계자론'을 정립하게 되었다.

III. 1970년대 후계자의 유일지도체제의 확립

1. 후계자 유일지도체제의 정의

후계자로 내정된 이후 김정일은 자신의 후계체제를 공고히 하고자
수령체제를 더욱 공고화하는 전략을 구사했다. 가장 먼저 1974년 4월
'당 유일사상 확립을 위한 10대 원칙'을 공표하였다. 김정일은 수령에
대한 절대성 및 무조건성을 강요하기 위해 후계자로서 자신의 권력구
조도 함께 공고히 하였다. 따라서 앞에서 제기했던 1970년대 김정일의
후계자 정치가 김정은 시대에 주는 함의를 논하기 위해서는 1970년대
김정일이 후계자로서 자신의 유일지도체제를 어떻게 확립했는지를 살
펴보는 것은 매우 중요하다.

북한의 후계자 선정이 다른 사회주의 국가들과 다른 가장 큰 특징은

선임수령이 살아 있는 동안 후계자를 선택한다는 것이다. 북한『후계자론』에 따르면, "후계자의 유일지도체제는 수령이 살아 있는 동안에 완성된다".[12] 따라서 후계자에게는 두 가지 시기가 있다. 첫 번째 시기는 수령이 살아 있는 동안, 수령의 보호아래 후계자의 유일지도체제를 구축해야 하는 공동정권 기간이 있다. 그리고 두 번째 시기에는 선임수령이 사망한 후, 본래의 수령의 지위와 역할을 맡는 것을 의미한다. 따라서 북한 후계체제의 본질은 "후계자의 선출뿐만 아니라 선출된 후계자가 자신의 유일지도체제를 구축할 때 비로소 완성된다"는 것이다.[13]

북한의 '수령체제'가 북한 사회주의 건설에서 정치, 경제, 사회적 발전의 결과물이라면, 이러한 수령체제를 북한 사회주의의 지표로서 설정하고 제도화한 것은 바로 후계자의 유일지도체제의 완성이다.[14] 즉, 후계자의 유일지도체제의 형성과 공고화 과정이 북한 수령체제의 형성과 공고화에 매우 중요한 동기였던 것이다. 그것은 북한식 사회주의 발전과정에서 후계자를 수령이 살아 있을 때 결정하는 북한의 독특한 정치 시스템 때문이며, 이런 이유에서 북한의 수령체제는 소련과 중국 등 다른 사회주의 국가들과 다른 정치구조로 발전하였다. 수령체제와 유일지도체제가 만나는 접점은 바로 당이며, 그것은 수령체제 하에서 당의 지위와 역할 때문이다.

북한의 수령체제는 크게 두 개의 축으로 구성되어 있다. 첫째, 세로축은 영도체계(leadership system)로서 '수령-당-국가'체계이며, 이것은 통치를 위한 억압체계이다. 둘째, 가로축은 통합체계(combination system)로서 '수령-당-인민대중'의 통일체이며, 수령에 대한 주민들의 자발적 지지를 의미한다.[15] 그리고 이와 같은 고도의 억압체계와 통합체계를 조정하는 핵심은 바로 '당'이다. 영도체계 내에서 당의 역할은 "수령의 지도를 실현하는 유일한 통로"이며 또한 통합체계 내에서는 "수령과 인민

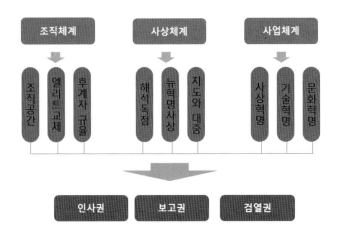

〈그림 1〉 유일지도체제 내용과 구조

대중을 하나로 결합시켜주는 중추"의 기능을 한다. 그런 이유에서 북한은 "후계자를 당의 영도자로 선출한다"는 원칙을 정립하였던 것이다.[16]

2. 후계자 유일지도체제의 내용

〈그림 1〉에서 보듯 후계자의 유일지도체제란 "당의 영도자로서 후계자의 조직·정치적 지반을 튼튼히 닦고 그의 영도를 완전히 실현하기 위한 사상체계, 조직체계, 사업체계 등을 통틀어 말하는 것이다."[17] 그렇기 때문에 후계자를 선출하는 것은 후계구도의 첫 단계이며, 사실 더 중요한 것은 후계자가 자신의 '조직체계'와 '사상체계' 그리고 '사업체계'를 철저히 완성하는 것이다.

첫째, 가장 우선적으로 고려해야 할 것이 후계자가 자신의 '조직체계(organization system)'를 철저히 세우는 것이다. 이를 위해서는 세 가지 기본 요건이 필요하다. 첫째, 후계자가 자신의 조직체계를 확립할 수 있는 당내 '조직공간'을 마련해야 한다. 둘째, 조직공간 내에서 활동하는 모든 간부(엘리트)들을 후계자에게 충실한 사람으로 교체해야 한다.[18] 셋째, 후계자의 지시에 무조건 복종하는 혁명적 기풍을 마련하기 위해 당내 새로운 규율과 사상을 정립해야 한다는 것이다.[19]

둘째, 후계자가 자신의 '사상체계(ideology system)'를 확립하여 자신의 유일사상체계를 완성하는 것이다. 이를 위해 세 가지 기본 요건이 필요하다. 첫째, 수령의 혁명사상에 대해 후계자의 독점적 해석권이 이루어져야 하다. 둘째, 후계자는 수령의 혁명사상인 주체사상을 더욱 발전시켜 나갈 유일한 계승자이다.[20] 셋째, 후계자는 수령의 혁명사상을 계속 이어나갈 새로운 혁명사상을 창조해야 한다는 것이다.

셋째, 후계자는 인민대중의 지도자로서 그들의 지지와 신뢰를 받을 수 있는 '사업체계(mobilization system)'를 확립해야 한다. 이를 위해 가장 중요한 원칙은 '지도와 대중의 결합'이다. 세 가지 기본요건이 필요하다. 첫째, 당 일군들이 혁명적 군중관점을 확립해야 하며, 둘째, 당의 인민대중노선에 철저히 복종하고, 셋째, 당의 노선에 맞게 인민대중과의 사업방법을 점차 개선해 나가야 한다는 것이다.[21]

유일지도체제 확립의 과정에서 김정일은 1974년 2월 후계자로 내정된 이후, 1980년 6차 당 대회에서 후계자로 공인될 때까지 약 6년간 당의 핵심 부서인 조직지도부를 통해 후계자의 조직공간으로 확정하고, 또한 '3대혁명소조원' 중심의 엘리트 교체를 주도하였고, 1974년 2월 19일 "온 사회의 주체사상화"와 "주체사상의 김일성주의화"를 실현하기 위해 유일사상확립 10대 원칙을 선포하고, 이를 통해 후계자에게 무조건 복종하는 규율과 원칙을 확립함으로써 후계자 중심의 조직체계를 완성했다.[22] 그리고 김정일은 1982년 발표된 '주체사상에 대하여'를 통해 혁명과 건설에서 주인으로서 인민대중의 역할과 지도의 주체로서 수령과 후계자의 역할과 지위를 지도와 대중의 결합으로 설명함으로써 인민대중에 대한 사업체계를 완성하였다. 마지막으로 1986년 '사회정치적 생명체론'을 통해 인민대중이 영생하는 사회정치적 생명을 얻기 위해서는 수령의 혁명사상과 항시적으로 연결되어 있어야 함과 동시에 이를 실현하기 위한 공간으로서 당의 지위와 역할에 대한 사상체계를 완성하였다.

결과적으로 김정일은 후계체제 기간 동안 자신의 조직체계와 사상체계 그리고 사업체계를 모두 구축하여 후계자 중심의 '유일지도체제'를 완성하였다. 이를 통해 김정일은 1980년 이후 당·정·군의 모든 간부들에 대한 '인사권'과 '검열권', 그리고 '보고권'을 실질적으로 통제하기 시작하였으며, 1985년을 기점으로 모든 기관들을 후계자 중심으로 재편할 수 있었다. 그 결과 1990년대 이후 국방위원장직 승계를 시작으로 군부에 대한 통수권을 장악하였다. 이런 이유에서 1994년 김일성의 사망과 1995년 이후 3년의 고난의 행군 가운데서도 김정일의 지도체제가 흔들리지 않았던 것이다.

IV. 1970년대 후계자 정치가 김정은 시대에 주는 함의

1. 후계자로서 김정은 리더십의 함의 (2009~2011)

2008년 김정일은 뇌졸중으로 쓰러진 이후 대중의 눈에서 완전히 사라졌다. 그는 심지어 조선인민민주의공화국 수립일은 9·9절과 조선노동당 창건일인 10·10절에도 모습을 보이지 않았다. 그리고 김정일이 2009년 1월 말 공식석상에 다시 등장하기 전 그가 가장 먼저 한 일은 자신의 삼남인 김정은을 후계자로 내정한 것이다.

김정일은 2010년 9월 28일 3차 당 대표자 대회에서 김정은을 당중앙군사위원회 부위원장에 임명하였다. 김정은이 비록 어리고 경험이 부족하지만, 북한의 정치 시스템 하에서 후계자의 지위와 역할을 고려하면 그는 북한의 미래를 결정하는 가장 중요한 핵심 인물임을 알 수 있다.

김정은이 후계자로서 자신의 유일지도체제를 확립하기 위해서는 가장 먼저 후계자 중심의 조직체계를 마련해야 한다. 사실 북한에서 후계자의 조직체계를 만들 수 있는 곳은 '조직지도부'가 최적의 공간이었다. 김정일은 1974년 후계자로 내정되지 전 이미 1973년 제5기 제7차 전원회의에서 조직부장과 비서를 겸직했다. 김일성 다음의 후계자로 여겨졌던 김영주 또한 조직부장으로 후계자 수업을 받았다.

그러나 김정일은 김정은에게 조직지도부를 맡기지 않았다. 오히려 조직지도부 내의 파워 엘리트의 숙청을 추진했다. 2010년 6월 장성택의 최대 정치적 라이벌인 이제강 조직지도부 제1부부장이 의문의 교통사고로 사망했다. 이제강뿐만 아니라 조직지도부에서 군 조직, 인사업무를 1994년 이후 16년 동안 맡아온 이용철 조직지도부 제1부부장도 2010년 4월 말 갑작스러운 심장마비로 사망했다. 김정일 후계체제의 본산이며, '당 속의 당'인 조직지도부 내의 중앙당과 군부를 맡고 있던 제1부부장 두 명의 갑작스럽게 사망은 조직지도부의 당 장악력을 추락시켰다.

조직지도부의 약화는 반대로 장성택의 당 행정부의 지위와 역할을 강화시켰다. 당 행정부는 북한 내 공안기능을 담당하는 곳으로 국가안전보위부, 인민보안부, 법원, 검찰 등을 지도하고 있다. 또한 군의 총정치국과 군보위부도 직간접적인 영향범위에 들어간다. 김정은의 후계체제는 시작되었지만, 정작 후계자의 조직체계를 마련해야 할 조직지도부는 공백상태가 됨으로써 김정은은 후계준비기간 동안 효율적인 조직체계를 만들 기회를 잃어버렸다.

그 결과 후계자로 내정된 2009년 1월 이후에도 김정은은 자신의 유일지도체제 형성을 위한 조직, 사상 및 사업체계를 효과적으로 구축할 수 없었다. 그 대신 김정은 후계체제의 방향은 자신의 정통성과 우상화를 강조하는 인물 리더십에 초점이 맞춰졌다. 두 가지로 정리해 볼 수 있다. 첫째, '만경대 혈통'과 '백두의 혈통'을 전면에 등장시켜 후계자의 정통성을 확립하였다. '혈통본위'에 기반을 둔 김정은의 인물 리더십은 2010년 9월 제3차 당 대회 이후 '김일성 주석 따라 하기'로 훨씬 더 강화되었다. 3차 당 대표자대회에 나타난 김정은은 김일성의 젊은 시절 모습을 그대로 모방하였다. 체중뿐만 아니라 헤어스타일 그리고 인민복, 스킨십 등 모든 부분에서 김일성을 모방하여 김일성에 대한 인민들의 정서를 자극할 뿐 아니라 약점인 나이와 경험 부족을 보충하려 하였다.

둘째, 김정은에 대한 개인 우상화에 집중하였다. 북한 조선중앙방송은 2009년 10월 9일 김정일과 주민들이 참석한 황해북도 예술극장 개관공연에서 김정은의 찬양가요인 '발걸음'이 합창되는 장면을 방영했다.[23] 또한 북한은 김정은이 후계자로 지명된 2009년을 '변이 난 해'라고 주장하며 김정은의 축포야회를 북한의 밝은 미래와 연결시키고 있으며, 2009년 4월 광명성 2호를 김정은의 선군업적으로, 산업시설에 CNC화를 김정은의 과학기술 능력으로 선전하였다.

결과적으로 김정일과 김정은의 후계체제 구축과정을 비교할 때 김정은은 자신의 유일지도체제를 구축할 수 있는 시간이 충분하지 못했다. 2009년 1월 김정일에 의해 후계자로 내정된 이후, 김정은은 조직지도부 혹은 선전선동부 등 조직체계를 확립할 수 있는 공식 직책을 맡지 않은 채, 2010년 9월에 이르러 당 중앙군사위 부위원장직에 임명되었다. 그리고 약 1년 뒤인 2011년 12월 17일 김정일이 사망하였다. 김정은의 공식적인 후계체제 확립기간은 20년이었던 김정일과 달리 3년에도 미치는 못하는 짧은 기간이었다.

김정은 유일지도체제의 미완성은 권력의 몸통만 있고 손과 발이 없는 본질적인 문제를 안게 되었다.

2. 최고지도자로서 김정은 리더십의 함의 (2012~2014)

2011년 12월 19일 북한은 12시 특별방송을 통해 12월 17일 8시 30분 김정일이 사망했다고 발표했다.[24] 12월 28일 평양 금수산 기념궁전 앞에서 열린 영결식을 끝으로 37년간 북한을 철권통치 했던 김정일의 시대는 모두 끝이 났다. 이제 김정은의 시대가 시작된 것이다.

김정일 사망이후 김정은은 후계자 시절 취약했던 유일지도체제를 강화하기 위해 크게 두 가지 차원에서 제도적 기반을 추진하였다. 첫째, 김정은은 신속한 공식권력승계를 통해 권력을 강화하였다. 2011년 12월 28일 김정일의 영결식이 끝난 직후, 12월 30일 정치국은 김정은을 인민군 최고사령관직에 추대하였다. 그리고 이듬해 2012년 4월 15일 김일성 100주기 기념식 직전인 4월 11일 제4차 당대표자대회와 4월 13일 최고인민회의 12기 5차 회의에서 김정일을 '영원한 총비서'와 '영원한 국방위원장'에 추대하고, 대신 김정은을 조선노동당 '제1비서'와 국방위원회 '제1위원장'에 각각 추대하였다. 김정은의 공식적인 직위승계는 김정일 사망 후 약 4개월 만에 이루어진 것으로 과거 김정일이 김일성 사망 후 3년 만에 이루어진 공식적인 권력승계와 비교할 때 매우 빠르게 진행되었음을 알 수 있다. 뿐만 아니라 북한은 2012년 7월 18일 조선중앙통신과 평양방송을 통해 12시 '중대발표'를 예고하며, 김정은에게 '공화국 원수' 칭호를 부여하였다.

김정은의 조속한 제도적 승계는 반대로 북한 권력의 불안정성을 또 다른 차원에서 보여주고 있다. 김정일의 경우와 비교할 때 그의 권력승계가 매우 이례적이었다. 김정일은 1994년 김일성이 사망하자, 3년 추모기간을 선포하고 당과 국가의 수반직을 공석으로 둔 채 유훈통치를 실시하였다. 북한은 1995년 이후 약 3년 동안 '고난의 행군' 시기를 거치면서 심각한 정치적 불안정에 놓이게 되었다. 그러나 김정일은 이 시기에도 권력 승계를 미룬 채 '영원한 수령' 김일성의 유훈통치를 이어 갔다.

김정일의 권력 승계는 1997년 고난의 행군 종식과 함께 조선노동당 총비서를 승계함으로 시작되었다. 그리고 1998년 헌법개정을 통해 국가주석을 폐지하고 김일성을 영원한 주석으로 규정하였다. 국가주석의 권한을 삼분하여 형식적인 국가수반은 최고인민위원회 상임위원장에게, 내각의 통솔권은 총리에게 위임하고, 자신은 국방위원장을 국가 최고 권력기구로 만든 이후 통수권을 행사하였다. 김정일의 이러한 권력이양은 표면적으로는 제도적 권력을 분산시켰음에도 불구하고 실질적인 내용에 있어서는 김정일의 권력 장악력을 더욱 확고하게 했음을 반증하는 것이었다. 그런 의미에서 김정은의 제도권 권력의 조기 승계는 그의 취약한 권력 기반을 반증한 것이다.

두 번째, 김정은은 권력 엘리트 집단을 새롭게 재편하였다. 김정일은 지난 20년 동안 유일지도체제를 준비했던 자신과 달리 나이와 경험 부족으로 권력기반을 제대로 구축하지 못한 김정은이 유일영도체계를 구축할 때까지 안정적인 시간을 벌기 위해 엘리트 간의 충성경쟁 구도를 만들었다. 이를 위해 2010년 6월 장성택을 국방위원회 부위원장으로 임명하여 '백두혈통'의 후견인으로 삼았다. 그리고 2010년 9월 김정은을 후계자로 공인하면서, 군부의 신망이 두터운 이영호를 내세워 김정은을 보위하도록 만들었다. 결과적으로 김정일은 장성택과 이영호의 충성경쟁을 유도했던 것이다.

그러나 김정일의 생각과 달리 김정은의 초기 권력 엘리트 구도는 충성경쟁보다는 권력투쟁의 양상을 띠게 되었다. 김정은은 2012년 4월 당 관료 출신인 최룡해를 총정치국장에 임명하였다. 뿐만 아니라 최룡해를 당 정치국 상무위원, 당 중앙군사위 부위원장으로 임명함으로써 당시 권력 2인자였던 이영호보다 한 단계 더 올려놓았다. 이 사건 이후 당 출신 엘리트들의 약진이 두드러졌다. 먼저 장성택이 정치국 위원으로, 김경희가 당의 조직비서로 임명되었다. 또한 당 행정부장인 장성택의 지휘를 받는 국가안전보위부장에 총정치국 부국장인 김원홍이 임명되었다. 또한 장성택의 지휘를 받는 이명수 인민보안부장과 김원홍 국가안전보위부장 그리고 최룡해 총정치국장이 모두 국방위원회 위원으로 임명되었다. 이 시기 당 행정부의 역할이 강화되면서 장성택이 김정은 체제의 권력 핵심으로 등장했다.

반대로 군부에 대한 통제는 강화되었다. 2012년 7월 15일 정치국 회의에서 이영호는 정치국 상무위원, 당 중앙군사위 부위원장, 인민군 총참모장, 차수 등 모든 직책에서 직무를 정지당하였다. 2010년 9월 28일 제3차 당 대표자대회에서 김정일과 김정은 사이에 앉아 김정일로부터 후계자 김정은의 수호자로 임명된 이영호는 김정일이 사망 한지 7개월 만에 전격 숙청된 것이다.

이영호 숙청 직후 이영호의 직위에 임명된 현영철은 3개월 만에 차수에서 대장으로 강등되었다.[25] 그리고 천안함의 주역인 김영철 정찰총국장도 대장에서 중장으로 2계급 강등되었으며 김정각도 인민무력부장에 임명 된지 7개월 만에 해임되고 김격식이 임명되었다.[26] 그리고 다시 인민무력부장에 장정남 5군단장과 총참모장에 이영길 작전국장을 임명하였다. 이처럼 군 수뇌부의 잦은 교체로 인해 군부의 불만이 점차 커져갔다.

반대로 장성택의 당 행정부는 과도한 권력집중이 야기되었다. 이와 같은 권력집중은 장성택과 최룡해 사이의 무역회사 등 경제권 배분을 둘러싼 권력 분화로 다시 촉발하였다. 2013년 초부터 장성택에 대한 견제가 시작되어 9월 김경희가 건강 악화로 러시아에 출구한 이후 11

월 국가안전보위부는 그를 가택 연금시켰고, 11월 21~26일 사이에 장성택의 최측근인 이용하 제1부부장과 장수길 부부장을 공개처형하였다. 결국 조선중앙통신은 2013년 12월 12일 국가안전보위부 특별군사재판소가 장성택 국방위원회 부위원장에 대한 사형을 판결하고 즉시 집행했다고 보도했다. 지난 12월 8일 정치국 확대회의에서 '반당반혁명종파행위'로 낙인찍혀 회의장에서 끌려 나간 지 나흘 만에 장성택은 형법 제60조 '국가전복음모행위' 혐의로 사형을 선고받고 형장이 이슬로 사라졌다.

김정은 유일영도체계의 한 축인 엘리트 구조의 잦은 변동은 김정은 체제가 그만큼 불안정하다는 것을 의미한다. 현 권력 구조 하에서 권력 엘리트 집단 간의 충성경쟁이 권력투쟁으로 확대된 것은 김정은이 후계자 시절 자신의 유일지도체제를 확립하지 못했기 때문이며, 그 결과 권력의 컨트롤 타워로서 안정적인 권력 행사보다는 공포 정치를 통한 권력 장악에 초점을 맞추는 또 다른 부작용을 만들고 있는 것이다.

V. 결론

2012~13년 김정은은 대내외적으로 두 가지 매우 상반된 정책을 시행하였다. 첫째는 경제적 차원에서 인민들의 생활향상을 약속한 것이었고, 둘째는 국제사회를 향하여 우주 개발권을 주장하면서 장거리 로켓을 발사하고, 선군혁명위업을 강조하며 3차 핵실험을 감행하였다.

먼저 김정은은 지난 2012년 4월 15일 김일성 100주기 기념식 연설에서 "인민들이 허리띠를 졸라매게 하는 일이 없도록 하겠다"고 공언했다. 그에 따른 후속 조치로서 6월 28일 "우리식의 새로운 경제관리 체계를 확립할 데 대하여"라는 제목으로 '6·28 방침'을 공포하여 인민들의 생활에 직접적인 영향을 미치는 협동농장과 기업소에 대한 개선조치를 발표했다.

이와 반대로 김정은은 2012년 12월 12일 국제사회의 반대에도 불구하고 은하3호 장거리 로켓을 발사하였고, 2013년 2월에는 3차 핵실험을 감행했다. 그러나 국제사회는 강력한 유엔결의안 2094호를 통과시켰다. 북한은 이를 빌미로 한미 연례 군사훈련인 '키리졸브(Key Resolve)'를 전쟁 준비 훈련으로 규정하고, 전국적인 전쟁분위기를 고조시켰다.

이와 같은 상반된 정책은 북한의 새로운 국가 전략의 등장으로 재확인되었다. 2013년 3월 31일 북한은 당 전원회의를 열어 북한의 국가발전전략을 "경제건설과 핵무력건설을 병진"해 나갈 것임을 결정했다. 사실 김정은이 '핵무력건설'과 '경제건설'을 전면에 내세운 것은 핵과 강성대국 건설이 김정일의 유훈이라는 점도 있지만, 김정은 체제의 지지 기반인 엘리트 집단의 이해관계가 핵을 명분으로서 하는 군부 엘리트 집단의 이해관계와 경제건설을 명분으로 하는 당 엘리트 집단의 이해관계를 반영하고 있다는 것을 보여준다.

결과적으로 1970년대 김정일 후계체제라는 후계자 정치의 본질이 김정은에게 주는 가장 큰 함의는 김정은 체제의 '불안정성'에 있다. 그의 권력 취약성은 두 가지 차원에서 분석할 수 있다. 첫째, 후계자 시절 유일지도체제를 확립하지 못한 권력의 내재적 취약성과 둘째, 2009년 이후 경제적 이해관계로 분화된 북한 엘리트 집단의 분열이다. 물론 지금까지 표면적으로는 김정은 체제가 점차 안정성 찾아 간다고 볼 수 있다. 그러나 김정은은 새로운 혁명위업의 달성 보다는 오랜 기간 김일성-김정일의 혁명업적에 기댈 수밖에 없는 한계를 갖고 있다. 그의 제도적 지위는 예상보다 빨리 안정화 되었지만 충분하지 못한 유일지도체제와 권력 엘리트들의 잦은 교체 그리고 정책의 일관성 상실은 김정은 체제의 '불안정성'을 더욱 확대시키고 있다.

[제 2 장]

'혁명적 수령관'의 형성과 제도화

이 주 환

Ⅰ. 머리말

북한은 1970년대 들어 조선로동당과 국가체제를 일신하였다. 1970년 제5차 당대회를 개최하고 당의 조직체계를 정비하는 한편, 1972년 사회주의헌법 제정을 통해 국가 권력구조를 개편하였다. 또한 주체사상을 당과 국가의 지도이념으로 채택하였다. 그리고 1960년대 말부터 형성되기 시작한 '혁명적 수령관'은 1970년대 전반기를 거치면서 북한 사회에 확고하게 자리 잡았다. 이 과정에서 김일성에 대한 신격화와 절대화가 추진되었다. 김일성은 '조선인민의 위대한 수령'일뿐만 아니라 '국제공산주의운동의 탁월한 령도자의 한분'·'천재적 맑스-레닌주의자'로 지칭되기 시작하였다.[1] 그리고 경어 차원에서 간간이 불리던 '위대한 수령', '경애하는 수령'은, 1970년 4월 15일 김일성의 58회 생일부터는 그의 이름이 나올 때마다 따라붙기 시작하였다.[2] 하지만 북한의 어떠한 법령과 규정에도 수령이란 직제는 존재하지 않으며, 공식 통치체계에 수령의 지위는 포함되어 있지 않다. 그럼에도 수령의 위치나 역할 등에 관해서는 북한의 많은 문헌 속에 서술되어 있다.

이 시기의 북한적 현상에 대한 분석은 유격대국가론·수령제론·유일체제론 등으로 명명되며 1990년대 들어 본격화 되었다.[3] 먼저 와다 하루키에 따르면 북한의 체제 형성은 2단계를 거쳐 진행되었다. 그에 의하면 제1단계로 종파투쟁을 통해 당·정·군을 독점적으로 장악한 만주파가 1961년 4차 당대회를 거치면서 구소련·동유럽과 같은 국가사회주의체제를 만들었다. 그리고 1967년 5월 당 중앙위원회 제4기 15차 전원회의에서 유일사상체계가 확립된 것을 계기로 상부구조로서 유격대국가 성립하였다고 보았다. 1972년 사회주의헌법의 제정을 계기로 제도적으로 완성된다고 주장한다.[4] 그는 이 국가를 김일성이 유일한 최고사령관이고 북한 주민 전체가 만주파화, 곧 유격대원화 된 국가로 보고 있다. 한편 서동만은 와다의 국가사회주의론을 받아들여 1961년에 북한에 국가사회주의체제가 성립했음을 논증하였다.[5]

스즈키 마사유키는 이 시기의 북한을 "소련형 당국가 시스템 위에 수령을 얹은 수령제", "프롤레타리아 독재라는 사회주의체제의 특징을 가지면서도 당국가 시스템 위에 수령을 얹은 북한의 독특한 정치체제"라고 설명한다.[6] 그는 1967년 수령제가 '유일사상체계'의 구축과 동시에 시작된다고 보고 있으며, 제도적으로는 와다와 같이 1972년 사회주의헌법의 제정으로 완성된다고 하였다. 그는 수령제의 핵심이 '혁명적 수령관'과 '사회정치적 생명체론'이라고 설명한다. 그는 사회정치적 생명체론과 같은 이데올로기 체계의 변화에 주목하면서 이를 "사회주의 외피를 걷어치우고 전통 그 자체가 표면에 등장한 것"으로 보고 있다.[7]

이종석은 1967년 5월 당중앙위원회 제4기 15차 전원회의를 계기로 북한에서 유일지도체계와 유일체계가 성립했다고 파악했다. 유일지도체계는 김일성의 절대권력과 개인숭배에 기초해서 형성되기 시작했으며 혁명적 수령관과 사회정치적 생명체론이라는 목적론적 이론구조가 만들어짐으로써 완성되었다고 본다. 그는 비교적 합리적이었던 주체사상이 1967년을 거치면서 왜곡, 굴절되어 북한사회를 개인숭배와 기계적 집단주의가 만연한 사회로 만들었다고 비판한다.[8]

이상에서 살펴본 바와 같이 "수령제"라는 틀 속에서 1960년대 말과 1970년대 초반의 북한 사회의 변화를 규명하려는 연구들이 진행되어 왔다. 이들 연구들은 구체적인 북한의 역사와 현실에서 체제의 특징을 찾아내고자 하였다. 그리하여 많은 역사적 사실, 북한 정치를 결정하는 여러 요소와 환경 등이 해명되었다.[9]

기존 연구들은 1967년 이데올로기로서 유일사상의 체계화 시점, 1972년 사회주의헌법 제정을 통한 주석제의 제도화 시점 혹은 1974년의 후계자의 공식화 시점 등을 북한 사회의 변곡점으로 바라보고 있다. 그러나 한 가지 중요한 사실은 북한에서 수령으로 불리는 최고지도자의 권위와 권력은 각 시기를 거치는 과정에서 점차 강화되고 확대되어 나갔다는 점이다. 그리고 북한 사회에서의 최고지도자에 대한 입장과 태도는 최종적으로 '혁명적 수령관'으로 정식화 되어 나타났다.

현재 3대 세습체제를 이어가고 있는 북한에서도 1970년대의 의미는 각별하다. 북한의 리동찬 조선상표 및 공업도안·원산지명사무소 총국장은 2012년 10월 1일 『노동신문』의 정론을 통해 "우리가 창조해야 할 시대정신은 1970년대 시대정신의 계승"이라고까지 강조했다. 김정은 또한 2013년 신년사에서 "당사업을 1970년대처럼 화선식으로 전환시키고 김정일애국주의를 실천활동에서 철저히 구현되도록 하는데 당사업의 화력을 집중"할 것을 강조하였다.[10] 1970년대는 수령을 정점으로 하는 유일체제가 확립되고, 이를 바탕으로 일사불란하게 사회체제가 작동하던 시기였다. 따라서 김정은을 비롯한 현 북한지도부의 1970년대에 대한 강조는 자신들이 지향해 나갈 미래의 모범 답안으로 1970년대를 그리고 있다고 보여진다.

이 시기에 북한 사회에 제기된 조직적 과제는 수령제 정치체제를 제도적으로 보장할 수 있는 '수령제 관료체제'의 형성과 강화였으며, 사상적 과제로는 수령제 정치체제를 뒷받침할 이데올로기의 확립과 이의 재생산이었다.[11] 이 글에서는 선행연구의 성과를 최대한 수용하면서 1960년대 말에서 1970년대 전반기를 새롭게 분석해고자 한다. 즉, 각 시기별 정치·국가체제 변화의 내용과 그 의미를 포착하고, 이를 '혁명적 수령관의 대두와 제도화'라는 관점에서 살펴볼 것이다.

II. '혁명적 수령론'의 대두

1. 중·소와의 갈등과 주체사상의 확립

중·소 이념 갈등과 1962년 10월 쿠바사태를 지켜보며 위기를 느낀 북한은 1962년 12월 당 중앙위원회 제4기 제5차 전원회의에서 경제-국방 병진 노선과 전군대의 간부화, 전군대의 현대화, 전인민의 무장화, 전국의 요새화 등의 4대군사화 노선을 채택했다.[12]

북한은 중·소분쟁의 와중에서 정치적 자주노선을 더욱 공고히 할 수 있었고 어부지리도 취했다. 1961년 7월 7일과 7월 11일 북한은 각기 조·소 및 조·중 "우호협력 및 호상 원조 조약"의 공동방위조약을 체결하였다.[13]

그러나 조약 체결에도 불구하고 북한은 중국과 소련 어느 쪽으로부터도 적극적인 경제·군사원조를 얻어낼 수 없었다. 1960년대 들어서면서 북한은 친중(親中) 입장으로 기울었다. 그러나 중국은 자력갱생의 원칙에 의한 일국사회주의 경제 건설의 본보기는 되었을지언정, 당시 대약진운동의 실패와 이념 분쟁에 따른 소련의 경제적·기술적 지원의 중단으로 말미암아 북한에 대한 경제원조가 곤란한 실정이었다.[14]

소련의 흐루시초프(N. Khrushchev)는 1956년 2월 소련공산당 제20차대회에서 '세 가지 평화론'을 내놓았다.[15] '세 가지 평화론'의 내용은 사회주의가 자본주의를 이기는 길은 혁명의 길이 아니라 두 제도간의 "평화적 공존", "평화적 경쟁", "평화적 이행"이라는 것이다. 이후 1961년 10월 소련공산당 제22차대회에서 "전인민적 국가", "전인민적 당"의 내용을 추가하여 이를 '소련공산당 강령'으로 선포하였다.[16] 이후 소련은 주변 사회주의국가들에 대하여 이 강령을 채택할 것과 코메콘(comecon)으로의 경제통합 등 사회주의 국가들 간의 분업체계 안에 들어올 것에 대한 정치적 압력을 행사하였다.[17] 이를 거부하는 북한에 대하여는 "교조주의", "스탈린주의", "민족주의" 등으로 비난하였다.[18] 또한, 북한의 자립경제노선에 대해서는 "민족주의적 편향", "사회주의체계로부터의 고립화", "폐쇄적 경제", "정치적으로 위험하며 경제적으로 유해로운 로선"이라고 비난하였다.[19] 그리고 전후 북한에 지원하기로 약속한 기계설비의 지원을 거부하였으며, 북한과 체결한 협정까지 파기하고 북한과의 교역을 차단하였다.[20]

김일성은 이러한 소련의 행태에 대하여 조선로동당 중앙위원회 제4기 제3차 전원회의 확대회의에서 "제국주의에 대하여는 적극 아부하며 접근하면서 사회주의진영안에서는 불화를 일으키고 있다"고 비난하고, 전 당적으로 "수정주의에 반대하는 사상사업"과 "양풍을 반대하는 투쟁"을 철저히 진행할 것을 주문하였다.[21]

북한의 입장에서는 소련의 원조 중단은 경제 부문 보다 군사 부문의 타격이 더 컸다. 소련으로부터 연료, 신무기 및 부품 등을 의존하고 있는 상황에서 군사력 유지에 심각한 장애를 받게 되었으며, 유사시 소련의 적극적인 군사지원도 회의적으로 되어갔다.[22]

이와 같이 대외 지원이 중단된 상황 속에서 경제와 국방 병진 노선의 추구는 국방비의 비중을 큰 폭으로 증가시켰을 것으로 추정된다.[23] 이 과정에서 1961년부터 개시된 7개년 계획 수행이 난항을 겪었다.[24]

1960년대 중반 베트남 전쟁 확대와 한일국교 정상화 추진, 남한의 베트남 파병 결정, 국제공산주의운동의 분열, 중국과의 갈등 고조 등의 대외 정치·군사적 상황은 북한이 위기라고 느끼기에 충분하였다.

이러한 대내외적 위기를 극복하기 위한 김일성의 대응은 주체사상의 확립을 통한 내부 통제의 강화와 경제-국방 병진 노선의 재천명으로 나타났다.

1965년 4월 김일성은 수카르노 대통령의 초청으로 인도네시아를 방문하고, '알리 알함 사회과학원'에서 강연했다. 그는 "우리 당이 조선인민 조선인민의 혁명투쟁과 건설사업을 옳게 령도하기 위하여 무엇보다도 중요한 것은 주체를 철저히 세우는 것이었다"라고 말하고 주체에 대하여 다음과 같이 설명하였다.

> 주체를 세운다는 것은 혁명과 건설의 모든 문제를 독자적으로, 자기 나라의 실정에 맞게 그리고 주로 자체의 힘으로 풀어나가는 원칙을 견지한다는 것을 의미한다.……주체사상은……사상에서의 주체, 정치에서의 자주, 경제에서의 자립, 국방에서의 자위, 이것이 우리 당이 일관하게 견지하고 있는 립장이다.[25]

이 연설에서 처음 표명된 주체사상은 이후 이론화 과정을 통해 당과 국가의 공식 이데올로기로 등장한다.

1966년 10월 5일부터 열린 제2차 당대표자회의에서 김일성은 소련의 수정주의와 중국의 교조주의를 공식적으로 비판하고 내외에 자주성을 선언하였다.[26] 이 회의에서 김일성은 대외적 정세로 인하여 "인민경제의 발전속도를 조절하더라도" 국방력을 강화하는데 큰 힘을 돌려야 합니다"라며 경제-국방 병진 노선을 재천명했다.[27] 1962년 12월의 경제-국방 병진 노선이 국방 건설과 경제 건설에 "거의 동등한 역량"을 돌리는 것을 의미했다면, 1966년의 경제-국방 병진 노선은 사실상 국방력 강화에 더 큰 힘을 쏟는 선군후경(先軍後經)이었다. 그리고 이 노선을 관철하는 방침으로 전사회의 혁명화·노동계급화가 추진되었다.[28]

북한은 뒤이어 열린 1966년 10월 12일에 열린 당 중앙위원회 제4기 제14차 전원회의에서 당의 조직 지도 체계와 당 지도부를 개편하였다. 기존의 당 위원장, 부위원장 직제를 폐지하고 김일성을 총비서로 하는 비서국 체제를 출범하였으며, 정치위원회 내에 상무위원회를 신설하였다. 최고 권력기구인 정치위원회 상무위원으로는 김일성, 최용건, 김일, 박금철, 이효순, 김광협 등 6인을 선출하였다. 이들은 모두 비서국 비서의 역할을 겸하였다. 이러한 지도부 재구성에서 나타난 중요한 특징은 만주파가 대거 부상하였다는 점이다. 경제-국방 병진 노선의 재천명에 따라 기술 관료들이 모두 후퇴하고, 정치위원으로 김창봉, 최현, 이영호, 석산, 허봉학, 최광, 오진우 등의 군부세력이 권력의 전면에 새롭게 등장하였다. 군부세력이 권력의 전면에 나서게 된 데에는 군부에 대한 김일성의 신뢰가 크게 작용한 것으로 보여 진다. 당시 군부를 지도하고 있었던 자들은 거의 김일성과 함께 항일무장투쟁을 하였던 '전우들'이었으며, "당과 수령이 준 과업을 무조건 접수하고 어김없이 집행하는 혁명적 기풍"이 서 있다고 평가 받았다.[29]

반면 당 간부들에 대한 신뢰도는 현저히 낮았다. 김일성은 "1967년 3월 17~24일 간 진행된 '도·시·군 및 공장당책임비서협의회'에 참석하여 한 연설에서 당의 유일사상체계를 철저히 세울 것을 강조하였다. 그는 "우리 일군들은 당에서 무엇을 하라고 하면 이핑계 저핑계 하면서 잘 집행하지 않는다"고 실 사례를 들어가며 비판하였다. 이는 당 안에 유일사상체계가 제대로 잡혀 있지 않아서 생긴 결과라고 인식하고 있었다.[30] 김일성의 이러한 당 간부들에 평가와 인식은 당 내에 큰 파장을 알리는 신호탄이었다.

한편 당 조직 지도 체계 개편의 가장 큰 특징은 총비서제와 비서국의 설치였다. 정치위원회가 정책기구라면, 비서국은 집행기구였으며, 당권은 사실상 비서국에 집중되었다. 이것은 곧 당 총비서에게 권력이 집중됨을 의미하는 것이었다.[31]

하지만 경제건설과 국방건설 간의 우선순위를 중심으로 한 자원 배분의 경합은 정책 노선의 경합을 의미하는 것이기도 하였다. 이는 곧 당 내의 갈등을 수반하지 않을 수 없었다.[32]

2. 유일사상체계의 확립

1967년 5월 4일부터 8일까지 5일간 진행된 조선로동당 중앙위원회 제4기 제15차 전원회의는 북한에서 "당의 유일사상체계확립에서의 결정적 전환"이었다고 알려져 있다.[33] 이 회의의 주제는 김일성을 중심으로 한 조선로동당의 유일사상체계를 세우는 것이었으며, 갑산파로 알려져 있는 박금철, 이효순 등이 이른바 '반당수정주의분자'로 몰려 숙청되었다.[34]

그러나 이 회의에서의 김일성의 발언이나 역할, 당시의 분위기를 알 수 있는 자료는 현재까지도 공개되지 않고 있다. 당시의『노동신문』이나『근로자』, 1992년 김일성의 80회 생일을 맞이하여 발간하기 시작한 『김일성전집』에서조차 그 내용을 확인할 수 없다. 다만 사후적 평가로써 서술되어 1970년대 후반에 출간된 조선노동당의 공식 역사서인『조선로동당략사(1979년판)』[35]와『김일성전집』및『김정일선집』의 극히 일부분에서 그 내용을 확인할 수 있다.

이 회의에서 숙청된 박금철, 이효순, 허석선, 김왈룡 등은 일제 강점시기 조국광복회 관련 인사들이었다. 이들은 1936년 가을 김일성이 항일연군 1로군 제6사 지휘관으로 항일무장투쟁을 전개하던 시기에, 김일성과 연계하여 국내에 건설한 항일 지하조직인 '한인민족해방동맹' 출신들이었다.[36] 박금철은 숙청 당시 당 정치위원회 상무위원이자 비서국 비서였으며, 이효순은 조국광복회원으로 김일성과 연계하여 활동하다 혜산진 사건으로 1945년 서대문 형무소에서 사형당한 이제순의 친동생이었다. 이효순은 정치위원회 상무위원회 위원, 비서국 비서, 중앙당 대남 연락국장 등을 역임하고 있었다.[37]

이들은 이 회의에서 "부르죠아분자, 수정주의분자"로 낙인 찍혔다. 이들의 혐의는 김일성을 중심으로 한 당의 유일사상체계를 훼손한 것이었다.[38]

> 부르죠아분자들은 혁명전통의 폭을 "상하좌우로 넓혀야 한다"는 궤변을 들고나와 "30년대의 혁명운동만이 혁명전통이라고 생각하는 것은 옳지 못하다"느니, "해방전에 일제를 반대한 투쟁은 다 혁명전통"이라느니 하면서 우리 당의 혁명전통에 오가잡탕을 끌어 넣으려고 하였다. 뿐 아니라 조선로동당력사연구실을 없애려고 하였으며 신문과 방송에서 혁명전통기사를 싣고 내보내는 것을 이러저러한 구실로 가로막았다.[39]

이밖에도 이들은 당의 총노선인 "자립적 민족경제 건설로선", "대안의 사업체계", "경제건설과 국방건설 병진 로선", "천리마운동" 등에도 해독을 끼쳤다고 비판되었다.[40]

이 같은 갑산파의 숙청에는 김일성의 후계자 문제가 내재돼 있었다. 김일성 빨치산파에 속해 있으면서 1940~50년대 권력투쟁에서 살아남은 박금철·이효순 등은 1966년 당 정치위원으로 선출되면서 두각을 나타냈다. 이들은 박금철을 중심으로 김일성의 동생인 당 조직지도부장 김영주가 1966년 10월 제4기 14차 전원회의에서 정치위원회 후보위원으로 선출되자 강력 반발하였다고 한다. 항일운동의 경력이 의심스러운 김영주를 후계자로 인정할 수 없다는 것이었다. 이들은 1967년 3월부터 김영주를 비판하면서 박금철을 김일성의 후계자로 내세우려고까지 시도했다. 이들에게 동조한 김도만(선전 담당 비서 겸 선전선동부장), 박용국(국제부장), 허석선(과학교육부장), 고혁(부수상), 하앙천(최고인민회의 상임위원) 등도 숙청되었다.[41)

하지만 갑산파의 숙청은 단순히 권력투쟁만의 성격을 갖는 것은 아니었다. 이는 1961년부터 진행된 경제-국방 병진노선에 대한 당내 노선 갈등의 측면도 있는 것이 사실이다.[42)

이후 북한사회에서 모든 의식은 김일성에 대한 찬양으로부터 시작하였으며, 항일혁명 활동을 중심으로 대중학습이 이루어졌고, 신문 등은 김일성의 위대한 업적을 입증하는 기사로 치장되었다. 특히 『노동신문』은 1967년부터 김일성을 '국제진보운동세력의 지도자'로 이미지화하는 작업을 대대적으로 진행하였다.[43)

특히 김정일은 1967년 6월 15일 당 중앙위원회 선전선동부원들과의 담화에서 유일사상체계를 위한 사상교양사업을 진행할 것을 제시하였다.

> 우리는 반당반혁명분자들이 뿌려 놓은 사상여독을 뿌리빼고 당의 유일사상체계를 세우는데서 기본은 사상교양사업을 강화하여 당원들과 근로자들을 우리 당의 혁명사상으로 튼튼히 무장시키는 것입니다……우리는 당원들과 근로자들 속에서 당의 유일사상체계를 세우는데 기본을 두고 당정책교양과 혁명전통교양, 사회주의애국주의교양을 강화하여야 합니다. 위대한 수령님의 고전적 로작들을 대대적으로 출판하고 혁명전통교양자료를 비롯한 여러가지 교양자료들을 더 많이 만들어야 합니다. 이와 함께 혁명전적지와 혁명사적지들을 혁명전통교양의 거점으로 잘 꾸리고 그것을 통한 교양사업을 강화하여야 합니다.[44)

이에 따라 『혁명과 건설에 관한 김일성동지의 사상해설』(전 5권), 『조선로동당정책사』(전 40권)을 비롯한 도서들이 편찬되었다. 그리고 유일사상교양을 강화할 수 있도록 당학습 강령을 개편하고 교양 망들을 다시 정비하였으며 '조선로동당력사연구실'을 '김일성동지혁명력사연구실'로 개편하였다. 또한 『김일성동지혁명렬사도록』(전 65권)을 새로 편찬하였고, 혁명전적지와 혁명사적지, '김일성동지혁명사적관' 등을 대대적으로 정비하였다.[45]

당의 유일사상체계는 "곧 수령님의 사상체계이며 령도체계"였고,[46] 유일지도체계 확립은 "모든 당원이 김일성 동지의 혁명사상과 의지대로 사고하고 행동하며 김일성 동지를 수반으로 하는 당 중앙위원회를 목숨으로 지키고 김일성 동지의 두리에 단결하고 그 령도를 받아들여 조선혁명의 승리를 위하여 투쟁하는 것"이었다.[47]

따라서 이 시기를 즈음하여 "경애하는 수령" 혹은 "위대한 수령"이라는 용어는 일상화 되었다. 최현은 67년 7월 26일자 『노동신문』에 "당과 수령의 두리에 굳게 단결한 우리 인민의 힘은 필승불패이다"라는 제하의 글에서 "위대한 수령 김일성 동지"를 사용하였다. 최현의 논문을 전후하여 "위대한 수령"이라는 수식어가 "경애하는 수령"이라는 수식어와 함께 사용되었다.[48] 또한 수령의 역할은 다음과 같이 정식화되기 시작하였다.

> 혁명의 승리, 사회주의 공산주의건설의 성과적 추진여부는 당의 령도적 역할에 의존되며 당의 령도는 수령의 역할에 의하여 좌우된다. 수령은 로동계급 앞에 정확한 투쟁로선과 방침을 제시하며 혁명력량을 튼튼히 결속시키고 그들을 조직동원하여 혁명의 승리를 보장함에 있어서 결정적 역할을 논다.[49]

이 시기부터 쓰인 수령의 호칭은 단순히 유일적인 최고지도자라는 뜻을 넘어서 새롭게 이 용어에 '상응하는' 이론·실천체계를 가지기 시작한 것이다. 이 함축은 1960년대 말에 이르러 혁명적 수령관의 원형으로 나타나게 되고 뒤이어 현실적 제도화로 이어졌다.[50]

한편 1967년 12월에 새롭게 구성된 최고인민회의 제4기 제1차 전원회의는 김일성의 요청에 따라 주체사상을 정부의 공식 지도노선으로 승인하였다. 김일성은 12월 16일 발표한 정부보고에서 "우리 당의 주체사상을 모든 부문에 걸쳐 구현할 것"을 보고하고 정강으로 채택하게 하였다.[51] 이 시기 북한의 '당의 유일사상체계' 확립을 위한 투쟁은 스탈린식 수령 독재보다 더욱 극단적인 수령의 절대독재를 수립하고 이론적으로 정당화하는 방향으로 전개되었다.[52]

III. '수령제' 권력구조의 제도화

1. 1970년 5차 당대회-당규약 개정

1967년 제4기 제15차 전원회의를 계기로 하여 수령개념의 이론화가 전개되기 시작하였다. 비록 유일사상체계 확립이 1967년에 이루어졌다고 할지라도 아직 수령에 대한 이론적 정립은 미비한 상태였다. 또한, 『근로자』등의 대중매체에서도 김일성에 대해 "위대한 수령"이라는 호칭이 항상 사용되고 있지도 않았다. 아직까지 수령의 이론화와 수령체계의 내부적인 제도화는 이루어지지 않고 있었던 것이다. 북한에게 있어서 시급한 문제는 수령 개념의 이론화와 함께, 유일사상체계 확립, 수령의 영도체계를 세우는 것이었다.[53]

1970년 11월 2일 13일까지 만수대의사당에서 제5차 당대회가 개최되었다. 김일성은 조선로동당 중앙위원회 총비서의 자격으로 "지난 시기 당사업에 대한 사업총화"를 보고했다. 이 보고에서 김일성은 1960년대에 이룩한 사회주의 건설의 성과로서 다음의 다섯 가지를 적시하였다.

① 사회주의 공업국가로의 전변, ② 문화혁명에서 이룩한 성과, ③ 전체 인민의 정치사상적 통일의 공고화, ④ 전 인민적·전국가적 방위체계의 수립, ⑤ 사회주의경제관리체계의 전면적 확립 등이다.[54]

제5차 당대회는 총화보고에서 나타난 이상과 같은 성과를 토대로 하여 사회주의제도를 공고히 발전시키기 위한 1970년대의 과제를 설정하였다. 이에 따라 1970년대 북한사회주의제도의 발전을 위해 역점적으로 추진해야 할 과업으로 첫째 사회주의 경제건설의 중심과업으로 3대 기술혁명의 추진, 둘째 사회주의 문화의 건설, 셋째 사상혁명과 온 사회의 혁명화·노동계급화, 넷째 국방력 강화, 다섯째 인민생활의 균형적인 발전 도모 등이 제시되었다.[55]

이러한 제5차 당대회에서 가장 주목할 만한 내용은 당 규약 개정을 통해 유일사상체계의 제도적 기반을 마련하였다는 것이다.[56] 기존의 당 규약은 당의 지도이념을 '마르크스·레닌주의로' 그리고 당의 전통을 '민족적 독립과 해방을 위하여 일본 및 기타 식민주의자들을 반대하여 투쟁한 조선 인민의 혁명적 전통의 계승자'라고 규정하고 있었다.[57] 그러나 개정된 당 규약에서는 "조선로동당은 우리 나라 혁명 수행 및 당 건설에서 유일사상체계를 당 안에 세우는 것을 기본원칙으로 한다"고 처음으로 유일사상체계 확립 문제를 규정하였다.[58] 또한 제5차대회 결정서에서는 다음과 같이 주체사상을 당의 공식 지도이념으로 채택하였다.[59]

우리 당의 로선과 정책은 맑스-레닌주의의 일반원리를 우리나라의 구체적 현실에 창조적으로 적용하여 발전시킨 것으로 김일성동지의 위대한 주체사상을 구현한 올바른 전략과 전술이며 우리의 모든 활동의 지침이다.
당원들과 근로자들 속에서 당 정책 교양을 더욱 강화하여 그들이 모두다 당의 유일사상, 김일성동지의 위대한 혁명사상으로 튼튼히 무장하여

그 어떤 어려운 조건에서도 당정책을 끝까지 옹호 관철하기 위하여 견결
히 투쟁하도록 할 것이다.[60]

이와 같이 당의 유일사상체계 확립 방침은 제5차 당대회에서 주체사
상이 당 규약에 명문화되는 형태를 통해 공식화되었다. 주체사상은 마
르크스-레닌주의와 함께 당의 유일지도사상으로서 공식적으로 선언되
었다. 그리고 당 조직으로는 당의 군부장악을 확실히 하기 위해 당 중
앙위원회 내에 군사위원회를 신설하였으며 또한 1966년 10월 신설된
비서국의 위상을 한층 강화시켰다.[61] 또한 제5차 당대회의 토론과정은
혁명적 수령관의 이론화에 중요한 계기로 작용하였다. 이 자리에서 양
형섭은 "수령은 당 계급 및 대중을 하나로 묶어세우는 통일단결의 유
일한 중심이며 당과 대중의 의사와 지향을 가장 정확히 대표하며 혁명
과 건설에 대한 유일적 령도를 실현하는 혁명의 최고 뇌수"로 비유하
였다.[62]

혁명적 수령관의 초기 형태는 1969년부터 나타나기 시작하였다. 1969
년 4월에 열린 전국사회과학자토론회에서 수령은 "전체 당원들과 근로
자들을 통일 단결시키는 유일한 중심이며 혁명과 건설의 향도적 력량
인 당과 정권기관, 근로단체들을 유일적으로 지도하는 최고 뇌수"로 정
의되었으며, "프롤레타리아 독재체계는 수령에 의하여 하나의 전일적
체계로 이루어지며 수령은 프롤레타리아 독재체계의 총체를 지도하는
유일한 최고 령도자"로 규정되었다.[63]

김정일에 의하면 혁명적 수령관은 "로동계급의 혁명투쟁에서 수령이
차지하는 지위와 역할에 대한 가장 올바른 견해와 관점"과 "수령을 진
심으로 높이 모시는 립장과 자세"의 두 가지 내용으로 구성되어 있다
고 한다.[64] 이에 대한 북한의 공식적인 해설에 따르면, "혁명투쟁에서
수령이 차지하는 지위와 역할에 대한 가장 올바른 견해와 관점"이란

"로동계급의 혁명투쟁에서 수령이 절대적 지위를 차지하고 결정적 역할을 한다"는 것을 뜻하며, "수령을 진심으로 높이 모시는 립장과 자세"란 곧 "수령에게 충성을 다하는 것"이라는 설명이다.[65]

결국 혁명적 수령관의 핵심은 수령·당·대중이라는 프롤레타리아 독재체재 속에서 수령이 차지하는 지위와 역할을 규명하는 것이라고 할 수 있으며, 이는 곧 수령과 당, 수령과 대중, 당과 대중의 관계를 해명하는 일도 포함하게 된다.[66] 혁명적 수령관에서 수령은 "인민대중의 자주적인 의사와 요구를 한 몸에 체현한 유일한 대표자이며 그들에게 자주적인 사상의식과 창조적인 활동능력을 키워주는 정치적령도자"로 규정된다.[67]

이와 같이 제5차 당대회를 통해서 드러난 권력구조와 당 지도부의 변동은 수령의 영도체계가 확립되었음을 선포하는 공식행사로서의 의미를 지닌다고 할 수 있다.[68]

2. 사회주의헌법의 제정과 주석제

사회주의 국가의 헌법은 그 사회가 달성한 성과뿐 아니라, 앞으로 그 국가가 수행해야할 과업까지도 규제하고 있다.[69] 따라서 사회주의 국가의 헌법을 보면 대체적인 그 나라의 발전단계와 앞으로의 지향을 알 수 있다.[70] 1972년 12월에 제정된 사회주의헌법에는 전문(前文)은 없지만 그 규제 대상이 확대되었고 많은 강령적 규정을 두게 되었다.[71]

북한은 1948년 9월 9일에 '조선민주주의인민공화국 헌법'이 제정된 이래로 5차에 걸쳐 부분적인 수정을 통하여 개정하여 오다가,[72] 1972년 12월 27일에 이르러 최고인민회의 제5기 1차 회의에서 전문 11장 149조로 된 '조선민주주의인민공화국 사회주의헌법'을 채택하였다.

1972년 12월 25일 최고인민회의 제5기 제1차 회의에서 행한 연설에서 김일성은 '사회주의헌법'의 필요성을 다음과 같이 제기하고 있다.

> 동지들! 조선인민이 자기 력사에서 처음으로 참다운 인민의 법을 가지
> 고 공화국의 기치밑에 새 사회, 새 생활을 창조하는 길에 들어선 때로부
> 터 24년이 지났습니다.……
> 오늘 우리나라의 현실은 새로운 사회주의헌법을 제정함으로써 사회주
> 의혁명과 사회주의건설에서 우리 인민이 이룩한 위대한 성과들을 법적으
> 로 고착시키며 사회주의사회에서의 정치, 경제, 문화 분야의 제원칙들을
> 법적으로 규제할 것을 절박하게 요구하고 있습니다.[73]

사회주의헌법에서 두드러진 특징은 당 규약에 이어 주체사상이 북한
의 국가 지도 이념으로 공식화되었다는 점이다. 헌법의 제4조에서 "맑
스-레닌주의를 우리나라의 현실에 창조적으로 적용한 조선로동당의 주
체사상을 자기 활동의 지도적 지침으로 삼는다"고 하여 주체사상을 헌
법상에 최초로 규범화하였다. 이러한 헌법상의 규정으로 말미암아 '온
사회의 주체사상화'를 목표로 한 북한의 발전노선은 헌법적 차원의 규
범력을 갖게 되었다.[74]

또 한 가지 중요한 변화는 국가주석을 정점으로 한 권력집중의 제도
화였다. 구헌법 하의 최고인민회의 및 내각의 권한은 신설된 주석과
주석의 지도를 받는 중앙인민위원회에 배분되었다. 그리고 내각은 단
순히 '행정적 집행기관'인 정무원으로 축소되어 중앙인민위원회의 지도
를 받게 되었다.[75] 이에 대해 북한은 "새 사회주의헌법에 의하여 제정
된 국가기관체계는 국가 기관들의 조직과 활동에서, 전반적인 혁명투
쟁과 건설 사업에서 수령님의 유일적 영도를 확고히 보장할 수 있는
가장 혁명적이고 우월한 국가정치체계"라고 주장하였다.[76] 또한 새로
제정된 사회주의헌법은 "새 사회주의 국가에 관한 위대한 수령 김일성
동지의 독창적 리론이 철저히 구현되어 주석제를 기본으로 하는 강력

한 국가기구체계가 마련됨으로써 우리 인민은 국가사업과 국가활동 전반에 대한 위대한 수령님의 유일적 령도를 가장 철저히 보장하는 담보를 가질 수 있게 되었다"며 주석제로의 변화를 설명하고 있다.[77] 이같은 주석직 창설은 수령의 유일적 영도의 실현, 사회주의·공산주의 건설의 무기로서 인민정권의 기능과 역할의 제고, 사회전반에 대한 당의 유일사상체계 확립 등의 필요에 따른 것이었다.[78]

북한의 새로운 국가기관체계의 구성 원칙은 '수령의 유일적 영도제'와 '민주주의 중앙집권제'로 설정되었다. 국가기관에 대한 '수령의 유일적 영도'가 요구되는 이유를 북한에서는 다음과 같이 설명하고 있다.

수령의 유일적 령도 밑에 모든 국가기관들이 조직·운영되며 활동할 수 있도록 그의 구성과 임무, 활동원칙을 헌법에 규정하는 것은 혁명과 건설에서 노는 수령의 결정적 역할과 혁명사상 실현에서 국가기관이 차지하는 위치와 역할의 중요성과 관련된다.[79]

여기서 '수령의 유일적 령도'는 '조선민주주의인민공화국 주석'의 '유일적 령도'를 의미하는데, 이러한 입장에 따라 '주석제'를 신설하였고 주석의 절대적 역할이 보장되었다.[80] 그리고 사회주의헌법의 실질적 토대로서 정치적인 지도는 "로동계급이 령도하는 로농동맹에 기초"하여 프롤레타리아 독재를 실시할 것을 명문화하였다. 경제적인 영역에서는 사회주의적 경제 질서의 확립·강화를 위해 국가소유 위주의 사회주의적 소유 제도를 확립하게 되었다. 동시에 '계획경제'가 북한 경제를 지탱하는 중심원리로 헌법상에 명문화되었다. 이에 따라 북한의 사회주의헌법은 사회주의체제의 헌법적 내용을 정치경제적 영역에서 포괄하게 되었다. 사회주의헌법은 공민의 권리와 의무에 있어 '하나는 전체를 위하여, 전체는 하나를 위하여'라는 집단주의 원칙을 내세우고 있다. 그 결과 개인의 이익보다는 사회의 이익을 우선시하는 규범이 확립되었다. 이로써 '사회정치적 생명체론'에 입각한 집단주의적 원리 아래 '온 사회의 주체사상화'를 실현하는 다양한 이론적 · 조직적 실천이 가능하게 되었다.[81]

사회주의헌법에 나타난 권력구조의 변화를 종합해보면, 우선 북한의 국가기구는 주체사상을 기반으로 한 김일성 중심의 유일적 영도체계를 철저히 보장할 수 있는 법적 · 제도적 장치를 완비했다고 할 수 있다. 과거 최고인민회의 상임위원장과 수상이 나누어 가졌던 권력은 신설된 주석에게 집중되었다. 헌법 제 89조는 "조선민주주의인민공화국 주석은 국가의 수반이며 조선민주주의 인민공화국 국가 주권을 대표한다"고 규정하였다. 그리고 주석에게 조약의 비준과 폐기, 다른 나라 사신의 신임장 및 소환장 접수, 특사권, 중앙인민위원회의 지도, 정무원회의 소집과 지도, 일체 무력의 지휘 통솔권을 부여하고 있다. 주석은 전반적 무력의 최고사령관, 국방위원회 위원장, 그리고 국가주권의 최고지도기관인 중앙인민위원회의 수위까지 겸임하도록 되어 있다. 또 주석은 "자기 사업에 대하여 최고인민회의 앞에 책임을 진다"(제98조)고 규정하고 있어 최고인민회의를 제외한 모든 국가기관에 대한 통치권을 갖고 있다. 그러나 주석은 최고인민회의에 의해 선출되지만 소환되지는 않으며, 최고인민회의가 부주석, 중앙인민위원회 서기장, 위원들, 정무원 총리, 국방위원회 부위원장을 선출하거나 소환할 때는 반드시 주석의 제의에 의해서만 가능하도록 규정하고 있다. 이것은 주석이 국가권력의 핵심이며, 최고인민회의는 헌법상 최고 주권기관이지만 선언적 권한만을 갖는 형식적 기구에 지나지 않는다는 것을 의미한다. 이런 점에서 1948년의 헌법은 분단된 한반도에서 북한의 정부를 정당화하는 내각책임제 헌법이고, 1972년의 헌법은 김일성의 유일영도를 실현하기 위한 주석 중심제 헌법이라고 할 수 있다.[82]

사회주의헌법의 또 하나의 특징은 중앙인민위원회의 신설이다. 중앙
인민위원회는 국가의 대내외 정책 수립, 국방 및 국가 정치 보위 사업
지도, 정무원 성원의 임명과 해임, 대사와 공사의 임명 및 소환, 중요
군사 간부의 임명 및 해임, 대사의 실시 등 과거 최고 인민위원회가
사법, 검찰기관의 사업까지 지도할 수 있어 그 위상과 권한이 막강했
다. 중앙인민위원회는 주석, 부주석, 서기장, 위원들로 구성되는데 이들
대부분이 조선로동당과 정무원의 고위 간부를 겸하고 있어 중앙인민위
원회가 당정협의체의 성격을 갖고 있다고 볼 수 있다.[83]

북한이 이처럼 헌법 개정을 통해 주석과 중앙인민위원회를 만든 것
은 무엇보다도 김정일의 권력 승계와 깊은 관계가 있다. 즉 김일성 자
신은 국가의 주석으로서 중앙 인민위원회를 통해 국가 주요 현안을 챙
기고 김정일에게 노동당의 운영을 맡겨 장차 권력 승계에 대비하고자
한 것이다.[84] 1974년 2월 김정일이 비밀리에 후계자로 선출된 후 1980
년 10월 후계자로서 공개될 때까지 '당 중앙'으로 호칭된 것도 이런 맥
락에서 이해할 수 있을 것이다.

IV. 맺음말: '유일사상 10대 원칙'과 장성택의 숙청

북한은 1967년 소위 갑산파를 숙청하면서 확립된 유일사상체계를 바
탕으로, 주체사상을 당과 국가의 공식 지도 이념으로 채택하고 이데올
로기 우위에 의한 정치를 제도화 하였다. 김일성의 항일부장투쟁은 혁
명전통으로 확고히 자리 잡게 되었고, 김일성에 대한 신격화와 절대화
가 추진되었다. 이를 토대로 수령 중심의 당-국가체제를 구축하였다.
당과 국가 기관은 수령의 지도하에 수령의 혁명사상과 정책을 체현하
는 기관으로 변모되었다.

1974년 4월, 혁명적 수령관의 완성이라 평가 받고 있는 '당의 유일사상체계 확립을 위한 10대 원칙'(이하 '유일사상 10대 원칙')이 발표되었다.[85] 김정일은 1974년 2월 당 중앙위원회 전원회의에서 후계자로 추대된 이후 자신의 후계체제를 강화할 목적으로 같은 해 4월 14일 '유일사상 10대 원칙'을 재정리 하여 발표하였다.[86] '유일사상 10대 원칙'은 모두 10개조, 64항으로 으로 구성되어 있다.[87] 이 원칙은 '신격화, 절대화, 신조화, 무조건성'의 충실성의 '4대 원칙'과 주체사상의 일색화, 김일성을 중심으로 한, '당의 통일단결 보장'·'김일성의 유일적 영도체계 확립' 등 김일성에게 충성하기 위해 간부와 당원들, 근로자들이 견지해야 할 행동지침과 규범을 명시한 북한 사회의 실질적인 '최고지상법'으로 군림하였다는 평가를 받고 있다.[88]

김정일은 '유일사상 10대 원칙'을 주도적으로 작성, 공표함으로써 북한 사회의 이념 해석권을 장악했으며, 이를 위반할 경우에는 누구를 막론하고 곧바로 반당적·박혁명적 행위로 단호하게 처벌 받았다.[89]

2013년 12월 김정은 체제 하의 북한에서 발생한 장성택의 숙청은 혁명적 수령관이 오늘날 북한에서 어떻게 작용하고 있는지 알려주는 생생한 증언이라 할 수 있다.

이하에서는 장성택 숙청에 대한 전말과 2013년 8월 개정된 것으로 알려진 '유일사상 10대 원칙'을 살펴보는 것으로 결론을 대신하고자 한다.

2013년 12월 8일 김정은 조선노동당 제1비서가 주재한 당 중앙위원회 정치국 확대회의가 개최되었다. 이 회의는 회의의 주최자와 참여자만 달랐을 뿐, 회의의 결과는 1967년 5월의 조선노동당 중앙위원회 제4기 제15차 전원회의의 복사판이었다. 그동안 외부에 제2인자로 알려져 있던 북한의 장성택 노동당 행정부장 겸 국방위원회 부위원장이 전격 숙청된 것이다. 장성택은 이 회의에서 "반당반혁명적 종파행위"와 "반

국가적, 반인민적범죄행위"의 혐의로, "모든 직무에서 해임하고 일체 칭호를 박탈하며 출당, 제명" 당했다. 장성택은 "당의 유일적 영도체계를 세우는 사업을 저해"하였을 뿐만 아니라, "당의 로선과 정책을 왜곡"하였고, "나라의 경제사업과 인민생활향상에 막대한 지장"을 주었으며, "부정부패와, 부화타락한 생활, 권력을 람용"하였다고 비판 받았다.[90] 그리고 4일 후인 12일 장성택은 국가안전보위부 특별군사재판에서 '국가전복행위' 혐의로 사형을 선고 받고, 즉시 집행됐다.[91] 한때 남한에서는 장성택을 북한의 2인자 혹은 김정은의 후견인 등으로 인식하고 있었고, 김정은의 고모부였기에 그에 대한 숙청은 충격적인 사건으로 받아들여졌다.[92]

하지만 장성택에 대한 혐의 내용과 지난 2013년 6월에 39년 만에 개정된 것으로 알려진 '유일사상 10대 원칙'의 내용을 비교해 보면, 그의 숙청은 어느 정도 예견된 것이었다고 볼 수 있다. 그리고 전광석화와도 같은 장성택의 숙청은 그가 바로 '유일사상 10대 원칙'의 역린을 건드렸기 때문에 발생한 것이라고 봐야 한다.

2013년 6월 19일 김정은은 '직접 노동당과 군, 국가, 근로단체, 출판보도 부문 '책임일군'(고위간부) 앞에서 "혁명발전의 요구에 맞게 당의 유일적 영도체계를 더욱 철저히 세울데 대하여"라는 제목으로 연설했고, 조선노동당출판사는 이 연설을 7월 1일자 소책자로 발행했다.[93] 기존의 10조 65항으로 이뤄졌던 '유일사상 10대 원칙'을 10조 60항으로 개정했다.[94] '김일성'이라는 문구를 '김일성·김정일'로 바꾸고 '김일성의 혁명사상'을 '김일성-김정일주의'로 변경했다.[95] 제3조 4항에 '백두산 절세위인들'이라는 표현을 추가하고 제10조 1항을 "김일성·김정일의 위업을 대를 이어 끝까지 계승 완성해야 한다"로 바꿔 김정은 제1위원장의 권력 계승을 정당화했다. 또 제6조 4항에 "개별적 간부들의 직권에 눌리워 맹종맹동(맹목적으로 복종해 행동하는 것) 하거나 비 원칙적으로 행동하는 현상을 철저히 없애야 한다"는 내용을 추가하고, 5항에 단결을 파괴하는 현상으로 '동상이몽'과 '양봉음위'(겉으로는 복종하는 체하면서 내심으로는 배반함)를 더했다. 제7조에서는 배척해야 할 대상으로 '세도(勢道)'를 가장 앞에 내세워 김정은 제1위원장의 권력 공고화에 장애가 될 수 있는 문제를 예방하겠다는 의지를 드러냈다. 특히 이번에 개정된 10대 원칙에서는 각각 제1조 3항과 같은 조 4항에 있던 '프롤레타리아 독재정권'과 '공산주의'라는 표현이 사라졌다.

1967년 이래 김일성과 김정일을 비롯한 북한의 지도부는 '혁명적 수령관'을 확립하기 위하여 당원을 비롯한 모든 사람들에게 혁명전통에 대한 교양을 주입해 왔었다. 그리고 '혁명적 수령관'의 핵심은 수령뿐만 아니라 수령의 후계자에게도 끝없는 충성을 다하는 것이었다. '유일사상 10대 원칙'이란 바로 수령과 그 후계자에게 모두 해당되는 내용이었다.

그런데 장성택은 자신에 대한 "환상과 우상화를 조장"하고 "1번동지"로 불리며, "전당, 전군, 전민의 일치한 념원과 의사에 따라 경애하는 김정은 동지를 위대한 장군님의 유일한 후계자로 높이 추대할데 대한 중대한 문제가 토의되는 시기에 원새끼를 꼬면서 령도의 계승문제를 음으로 양으로 방해하는 천추에 용납 못할 대역죄"를 지은 것이다.[96] 결국 역린을 건드린 것에 대한 결과는 그의 죽음이었다.

혁명적 수령관은 그 대두 시점부터 미래의 어느 시점까지 북한 사회의 실질적인 '최고지상법'으로 지속될 것으로 보이며, 그에 반하는 행위에 대하여는 장성택과 같은 운명을 벗어나지 못할 것으로 보인다.

[제 3 장]

김정일의 영군체계 확립 과정

– 군정체계 완성을 중심으로 –

김병욱

Ⅰ. 문제제기

1980년 10월에 진행된 노동당 제6차 대회에서 김정일은 당 중앙위원회 군사위원회 위원으로 임명되었다. 이 시기부터 노동당 군사위원회도 당시 김정일의 대명사인 "당중앙"이라는 호칭을 붙인 당중앙위원회 군사위원회로 승격되었다.[1] 북한의 공식문헌은 이 시기를 기점으로 김정일이 "인민군대를 비롯한 전반적 혁명무력에 대한 군사행정적 령도를 실현하는 새로운 체계"가 수립되었다고 평가하고 있다.[2] 그러면서 이 시기부터 "인민군대안의 주요지휘관들이 긴급하게 중요한 문제들을 직접 장군님(김정일)께 보고드릴 수 있는 새로운 보고체계도 확립되고 전군에 대한 경애하는 김정일 동지의 명령지휘체계도 철저히 서게 되었다"고 밝히고 있다.[3] 위의 문헌을 통해 북한에서 군사행정적 영도체계와 명령지휘체계가 동일어로 사용되고 있음을 알 수 있다.

한편 1982년 6월 12일 진행된 당중앙 군사위원회의에서 김일성은 김정일이 북한군을 당적으로만 지도하고 있는데 군사적으로도 직접 지도하도록 하여야 한다고 강조하였다. 이는 1980년대 이후에 들어서야 김정일이 군을 군사적으로 지도 할 수 있게 되었다는 것을 의미한다. 이를 통해 1980년대 이전과 이후 시기 김정일의 군에 대한 지도성격이 다르다는 것을 알 수 있다.

그렇다면 김정일의 군 장악이 왜 당적으로 지도하기 위한 활동부터 시작되었는가하는 문제, 앞서 강조한 군사행정적 영도체계와 명령지휘체계와 어떠한 관계에 있는가 하는 문제, 더 나아가 김정일의 영군체계 수립에서 1970년대와 1980년대는 어떠한 관계에 있는가 하는 문제에 대한 의문이 제기된다.

군에 대한 통수권이 군령체계와 군정체계 수립을 통해 이루어진다는 점을 고려한다면, 김정일의 영군체계 수립을 위한 활동을 심도 있게 분석하는 것이 필요할 것이다.

김정일의 영군체계 수립과 관련해 적지 않은 연구가 진행되었으나 영군체계의 하위범주를 군령 및 군정 체계로 구분하여 접근한 경우가 없다.[4] 이로부터 영군체계 수립에서 군령 및 군정 체계 수립이 갖는 의미나 특징, 이를 위한 대책 등이 논의되지 않고 있다. 보다 중요하게는 영군체계 수립을 위한 활동에서 1970년대와 1980년대에 이르는 논리적 연관을 제대로 설명하기 어렵다. 이는 김정일의 영군체계 수립을 위한 활동연구에서 또 다른 접근이 필요하다는 것을 보여준다.

이러한 문제의식 하에 본 연구에서는 김정일의 영군체계 수립을 위한 북한의 대책과 김정일의 활동, 이에 따른 특징을 통해 살펴보면서 최근 김정은의 영군체계 수립에 대한 시사점을 구하고자 한다.

II. 군사지도체계와 북한의 영군체계

1. 군정권 및 군령권과 북한

군의 운영과 지휘는 군정과 군령을 통해 이루어진다.[5] 군정(Military Administration)은 국방목표 달성을 위하여 군사력을 건설, 유지, 관리하는 기능으로서 국방정책의 수립, 국방 관계법령의 제정, 개정 및 시행, 국방자원의 획득배분과 관리, 군사작전지원 등을 의미한다면, 군령(Military Command)은 국방목표를 달성하기 위하여 군사력을 운용하는 용병기능으로서 군사전략기획, 군사력 건설에 대한 소요제기 및 작전계획의 수립과 작전부대에 대한 작전지휘 및 운용 등을 가리킨다. 이 둘 사이의 차이를 표로 나타내면 다음과 같다.

〈표 1〉 군정과 군령의 비교[6]

구분	군정	군령
국방기능	군사정책(양병)	군사전략(용병)
군사기획	군사력조성(유지)	군사력사용(운용)
환류과정	건설-유지-관리	사용-수정-요구
통솔·지휘계통	행정	작전
담당	민간인	군인
기관	국방부	합참

군정권(軍政權)과 군령권(軍令權)이 행사되는 구체적 사례는 남북한 군정 및 군령 통할기구와 집행기구의 비교를 통해 이해할 수 있다. 한국인 경우 대통령이,[7] 북한은 당중앙 군사위원회 위원장이 이러한 권한을 동시적으로 행사할 수 있다. 우리나라 대통령은 헌법적 절차에 의해 계선조직인 군정군령 통할기구와 이를 집행하기 위한 기구를 경

유하여 수직적으로 권한을 행사한다. 이에 북한의 당중앙 군사위원장
은 최고사령관을 겸하므로 당중앙군사위원회의 집체적 권한으로 군정
및 군령권을 행사할 수 있다. 북한에서 군령권은 개인적 권한으로도
행사할 수 있는데 최고사령관인 경우 가능하다.

군정·군령 집행기구 기능을 보면 남북한의 차이점을 발견할 수 있
다. 한국의 국방부는 군정·군령에 관련된 의사결정사항을 집행한다.
즉, 국방장관은 국방부 본부와 각 군 본부를 통하여 각 군 부대에 군
정업무를 집행하고, 군령업무는 합동참모본부를 경유하거나 또는 작전
사령부로 직접 행사하고 있다. 북한의 경우 군정·군령 통할기구가 없
는 대신 국방위원장과 최고사령관으로부터 각기 인민무력부와 총참모
부를 통해 군정 및 군령과 관련한 업무를 분리하여 집행하고 있다.

〈표 2〉 남북한 국방체제 구성요소 비교8)

구분		남한	북한
최고통수권자		대통령	당중앙군사위원장
국방정책결정기구		국가안전보장회의	당중앙군사위원회, 국방위원회
국력동원기구		국무회의	국방위원회 (내각은 부적절)
군정령 통할기구		국방장관	없음 (군령과 군정의 분리)
군정 및 군령 집행기구	군정	국방본부, 각 군본부	무력부(행정), 총정치국(정치)
	군령	합동참모본부, 작전사령부	총참모부

2. 북한문헌에서 본 영군체계의 구분

위에서 소개된 북한의 공식문헌에서는 1980년대를 기점으로 김정일
의 군사행정적 령도를 실현하는 새로운 체계가 수립되었다고 하면서

구체적인 사례로 명령지휘체계를 들고 있다. 이를 통해 북한이 말하는 군사행정적 영도체계는 군령체계 수립을 의미한다는 것을 알 수 있다. 군령체계는 군정체계와 더불어 국방운영의 2대 부문이다. 군사행정적 영군체계가 군령체계 수립을 의미한다면 군사 정치적 영도체계는 군정체계 수립을 의미한다는 것을 알 수 있다.

이상의 논의를 통해 북한이 말하는 영군체계에 대한 하위범주를 도출해 낼 수 있다. 북한이 말하는 영군체계가 군에 대한 영도체계를 의미하므로 이는 군사행정적 영도체계와 군사 정치적 영도체계로 구분할 수 있다.

김정일의 영군체계 수립과 관련해 군사행정적 영도체계가 군사정책을 실무적으로 집행하기 위한 기구의 운영과 관련한 한 것이라면, 군사정치적 영도체계는 군사정책의 방향 제시 및 결정과 관련한 것이라 할 수 있다.

김정일의 영군체계 수립에서 군사행정적 영도체계와 군사 정치적 영도체계는 밀접히 연관되어 있다. 군사정치적 영도체계가 군사정책 방향을 제시하거나 집행과정에 제기되는 이여의 문제에 대한 키잡이 역할을 통해 영군체계가 올바로 수립될 수 있게 한다면, 군사행정적 영도체계는 정책집행과 통제를 통해 결정된 영군체계가 실질적으로 가동될 수 있게 한다.

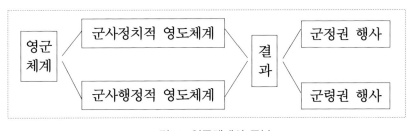

〈그림 1〉 영군체계의 구분

III. 영군체계 수립의 환경조성

1. 1970년대 영군체계 수립의 필요성

1970년대에 들어서면서 북한체제 운영에서는 김정일에 의한 영군체계 수립이 주요문제로 등장하였다. 이는 당시 북한군 운영에 미친 군벌주의 후유증 청산, 후계자로 내세운 김정일의 사업 상 한계 등과 연관이 있다.

1960년대 베트남전에서 북부베트콩이 얻는 성과에 힘을 얻은 북한은 무력에 의한 적화통일에 관심을 두었다. 당시 군부에는 인민무력부장 김창봉을 비롯해 빨찌산파들이 대거 망라되어 있었는데 남조선혁명에 대한 김일성의 관심과 더불어 군부의 힘이 급속히 커졌다. 일부에서는 당적통제에서 벗어나려는 현상이 나타났고 청와대기습사건을 비롯해 남한국민의 안보의식을 높여주고 군부정권을 강화하는 역효과도 가져왔다. 김일성은 이러한 책임을 전가하기 위해 군부의 행위를 군벌주의로 규탄하였다. 이에 따라 인민무력부장 김창봉, 대남사업총국장 허봉학, 총참모장 최광, 무력부 부부장 겸 특수작전국장 김정태, 제1집단군 사령관 최민철, 제2군단사령관 정병갑, 해군사령관 리영호 등을 비롯해 고급지휘관의 5분의 1이상이 숙청당하였다.[9] 당적영도를 거세하려던 군벌주의 영향을 청산하기 위해서는 김정일의 영군체계를 세워야 했다.

이 시기 들어 김일성이 환갑 나이에 이르면서 후계자 문제에 대한 관심이 높아졌다. 김일성은 1971년 6월 사회주의노농청년동맹 제6차 대회에서 자라나는 새로운 세대들이 혁명을 계속하여야만 혁명을 대를 이어나갈 수 있다고 강조하였다.

혁명은 계속되며 세대는 끊임없이 바뀌여집니다. 혁명의 과녁은 변하지 않았는데 세대는 바뀌여 벌써 해방 후 자라난 새로운 세대들이 우리

국가와 사회의 주인으로 등장하고 있습니다. 자라나는 새세대들이 혁명을 계속하여야만 혁명의 대를 이어나갈 수 있으며 우리의 성스러운 혁명위업을 완수할 수 있습니다.[10]

북한의 언론들도 후계자 계승문제를 강조해 나섰다. 북한은 같은 해 7월 노동당 이론잡지 '근로자'는 편집국 논설을 통해 "노동계급이 혁명위업은 새로운 세대들에 의해 계승 완수된다고 하면서 아버지가 다 하지 못하면 아들이 대를 이어 나가면서 실현할 수 있다고 지적하였다.[11]

김일성은 1972년 4월 혁명의 1세대와 군부의 장령들이 함께 한 자리에서 "우리 혁명대오의 핵심을 더욱 튼튼히 꾸리고 우리 혁명의 교대자, 계승자들을 잘 키워서 혁명의 대를 꿋꿋이 이어나가도록 하여야하겠습니다"고 강조했다.

김일성이 이 시기 김정일의 영군체계 수립에 더더욱 관심을 둔 것은 군을 장악하기 위한 분야와 거리가 먼 것에서 후계자 수업을 해온 것과 관련된다. 김정일은 군복무 경력이 없었다. 김정일의 군에 대한 경험이라면 대학생 시절, 평양시 용성구역 어은동에 위치한 대학생 교도대 훈련소에서 6개월간의 교도대 훈련을 해본 것이 전부였다. 대학생 교도대는 북한의 대학생들이면 의례히 참여하여야 하는 과정이므로 군경력이라고 볼 수 없다. 김정일은 1964년 김일성종합대학을 대학졸업 후 노동당에 들어갔고 노동당 선전부에서 문화예술부문을 지도해온 것으로 하여 북한군에 후계자로의 자기의 존재를 직접적으로 알리고 영향력을 직접적으로 행사할 수 있는 기회가 없었다.

2. 당규약 개정을 통한 군정권 명시

1970년 9월 노동당 제5차 대회를 진행하면서 북한은 당규약을 개정하였다. 규약의 제3장 27항에서 "노동당 군사위원회는 당 군사정책 집행방법을 토의결정하며, 군수산업과 인민군대와 모든 무력의 강화를 위한 사업을 조직하며, 우리나라의 군사력을 지도한다"(제3장 27항)고 명시하였다. 또한 규약 47조를 통해 "조선인민군 내 각급 단위에 당 조직을 형성하며 조선인민군의 전체 당 조직을 유일적으로 망라하는 조선인민군 당위원회를 조직한다. 조선인민군 당위원회는 조선로동당 중앙위원회에 직속하며, 자기 사업에 대하여 당중앙위원회 앞에 정상적으로 보고한다"고 명문화하였다. 규약은 북한군에 대해 노동당이 군정권을 행사할 수 있음을 명시한 것이다. 당시 김정일이 노동당을 거점으로 활동하고 있는 것과 결부시켜 보면, 당규약 개정은 김정일의 군정체계 수립을 지원하기 위한 것으로 볼 수 있다.

한편 1974년에 김정일의 주도로 "당의 유일사상 체계 확립의 10대원칙"이 만들어지고 전 국민에게 배포되었다. 이어 10대원칙 재접수·재토의 사업이 사상투쟁의 방식으로 전개되었다.[12] 10대원칙에는 주민들에 대한 통제 뿐 아니라 김정일의 영군체계 수립에 잠재적 위험군(群)이 될 수 있는 군 간부의 파벌주의, 반당행위를 경계하는 내용도 상당수 들어있다. 1967년에 나왔던 "당의 유일사상 체계 확립의 10대원칙"이 김일성의 유일사상체계를 확립과 관련한 것이었다면, 이 시기 개정된 10대원칙은 김일성의 유일사상뿐 아니라 김정일의 영군체계 수립에 긍정적 영향을 조성하기 위한 것이었다.

3. 영군체계 수립을 지원하기 위한 대책

김일성은 1970년 11월 노동당 제5차 대회에서 "군대 안의 당위원회들은 특히 군사지휘관들이 언제나 당위원회 의거하여 사업하며 당 조직생활에 충실히 참가하도록 당적 통제를 강화하여야 한다"고 강조하였다.

김정일은 1974년 2월 조선로동당 중앙위원회 제5기 8차 전원회의에서 정치위원으로 선출되는 것과 동시에 후계자로 지명되었다. 이때로부터 김정일의 영군체계를 수립하기 위한 활동이 본격적인 단계에 들어서게 되었다. 북한은 김정일이 노동당의 핵심부서인 조직지도부와 선전선동부에 들어가 활동함으로써 군에 대한 영향력을 행사할 수 있는 권한을 부여했다.

1964년 김정일은 정계 진출 이후 노동당 선전선동부 지도원으로 사업하였다. 북한의 선전선동부는 총정치국을 통해 군인들의 정치사상교양에 대한 당적통제를 수행한다. 김정일은 노동당 선전선동부를 거점으로 하여 인민군 총정치국에 대한 당의 지도체계 강화하도록 하였다. 1973년 9월의 당 중앙위원회 제5기 제7차 전원회의에서 당 중앙위원회 선전선동부장 및 선전비서 그리고 조직부장 및 비서로 선출되었다. 이로써 김정일은 당내의 핵심부서를 몽땅 장악하고 4명의 직권을 혼자서 행사할 수 있는 무소불위의 권력자로 등장하게 되었다.

북한은 간부들에 대한 인사권을 당 조직지도부에 집중시켰다. 총정치국의 군 간부들에 대한 인사권이 조직지도부 간부과로 이관되었다. 이에 따라 김정일은 총정치국을 비롯한 군 내 핵심 간부들의 인사권과 통제권을 장악하는 공식적인 권한을 갖게 되었다. 김정일은 영군체계 수립에 적합한 인물들로 군 간부대력을 꾸리기 위해 노력하였다. 수령과 당중앙에 대한 충실성을 간부의 첫째가는 징표로 제시하였다.[13]

김정일은 군 간부들에 대한 검열사업을 정례화하고 조직지도부를 중심으로 정연한 검열지도체계에 따라 진행하도록 하였다. 이에 따라 1974년 하반기부터 군대 내 당조직에 대한 일체 검열이 실시되었다. 검열 목적은 김정일이 군에 내려 보낸 지시와 방침, 구호, 지도서를 군에서 어떻게 집행하고 있는가 하는 것이었는데 김정일에게 충실한 군 관료들로 교체하기 위한 의도를 내포하고 있었다. 이러한 준비작업에 기초해 세대교체, 혁명의 2세를 포함한 간부대렬을 노·중·청으로 구성해야 한다는 명분하에 간부사업이 진행되었다.[14] 중대장은 30~40세에서 32세 미만으로, 대대장은 40~50세에서 32~35세로, 연대장은 50~60세에서 35~40세로 연령이 하향조정하였으며 군 장교의 핵심집단을 만경대혁명학원 출신 등 김정일과 함께 할 혁명의 2세대들로 충원하였다.[15] 이와 함께 총정치국에 내려 보내거나 올라오는 모든 문건을 김정일을 거쳐 김일성에게 보고하도록 하였다.[16] 이 시기 군내부 동향에 대한 보고체계를 강화하기 위해 총정치국 산하인 군부대내 정치부를 통한 보고체계와 참모계통을 통한 보고체계, 보위계통을 통한 3선 보고체계를 세우도록 하였고 주요사안에 대해서는 총정치국을 거치지 않고도 김정일에게 직접 보고하도록 했다(직보체계 운영).[17] 이로 인해 1975년 지나면서 군에서는 김정일의 승인이 없으면 어느 하나도 하지 못할 정도의 분위기 감지되었다.[18]

한편 군내 보위기관의 기능을 강화하기 위한 기구개편도 실시하였는데 1970년 중엽 인민군정치안전국을 인민군보위국으로 개명하였다. 이어 군단과 사단, 연대에는 보위소대를, 중대에는 보위지도원 편제를 두도록 하였다. 김정일의 영군체계를 세우는 것을 인민군보위국이 주되는 과제로 내세우고 군 전반에 대한 감시와 대책을 강화하도록 하였다.

정무원(내각)을 비롯한 주요 국가기관에 김정일의 초상화가 대대적으로 내걸리기 시작한 것이 1983년경이다. 북한은 이보다 훨씬 앞선 1975년에 군부대 병영과 사무실에 김일성과 같은 크기, 같은 위치에 김정일의 초상화를 내걸도록 하였다. 또한 부대단위로 김일성동지 혁명력사연구실과 함께 김정일동지 사상이론연구실을 꾸리도록 했다.

4. 중요회의 발언을 통한 김일성의 직접적인 지원

김일성은 김정일의 영군체계를 수립하기 위한 활동을 적극적으로 지원했다. 이는 군 관련 각종 대회에서 한 발언에서 찾아볼 수 있다. 1977년 11월 30일 진행된 제7회 인민군 선동원대회에서 김일성은 인민군 군인들이 지켜야 할 10대 준수사항을 제시하면서 당중앙의 결정 및 지시에 충실할 것을 강조하였다. 또한 1979년 10월 25일 인민군 특무장 강습 종료식에서 당 중앙위원회가 인민군의 강화를 위해 역할을 높일 것을 기대한다고 강조하였다. 이상의 내용에서 당중앙은 김정일을 뜻하는 것으로 김정일의 영군체계 수립에 대한 노골적인 관심과 기대를 드러낸 것이라 할 수 있다.

김정일의 영군체계를 수립하기 위한 활동을 지원하기 위한 김일성의 지원은 중요회의에서 한 발언에서 찾아볼 수 있다. 1977년 8월 20일 당 중앙위원회 정치위원회 회의를 열어 조직지도부가 군 총정치국 간부들의 당조직 생활을 철저히 장악 통제할 수 있도록 조치를 취했다.[19] 1979년 2월에는 당 중앙위원회 군사위원회를 소집해서 중앙으로부터 하부 말단 단위에 이르기까지 당사업과 군사사업을 비롯한 모든 중요한 문제들을 김정일에게 집중시키고 김정일의 결론에 따라 집행해나가는'강한 조직규율'을 세우도록 하였다.[20] 이러한 속에 1979년 12월 18일 조선노동당, 조선인민군 당 위원회 확대 전원회의에서는 김정일의 군 지도력을 강화할데 대해 결의가 채택되었다. 이 회의를 계기로 김정일이 당 조직을 통해 군사부문을 직접 지도하는 단계로 이행하였다. 1982년 6월 12일 진행된 당중앙 군사위원회의에서 김일성은 인민군대 앞에 나서는 가장 중요한 과정은 전군에 김정일 동지의 영군체계를 튼튼히 세우는 것이라고 하시면서 지금 김정일동지가 인민군대를 당적으로만 지도하고 있는데 군사적으로도 직접 지도하도록 하여야 한다고,

한 나라의 지도자가 군대를 직접 지도하는 것은 당연한 일이라고 까지 치켜세웠다. 그러면서 인민군대안의 모든 사업을 김정일에게 집중시키고 유일적 결론에 따라 처리해나갈 데 대해서도 강조하였다.[21]

Ⅳ. 영군체계 수립을 위한 김정일의 활동

1. 군정체계 수립에 대한 김정일의 인식

김정일은 군에 대한 장악에서 무엇보다도 군정체계 수립에 관심을 두게 되었다. 이는 김정일이 1968년 군벌주의가 미친 여독과 이를 근절하기 위한 과제에서 당적영도 강화의 필요성을 심각히 느끼고 있는 것과 연관이 있다. 이는 이 시기 김정일의 문헌에서 찾아볼 수 있다.

김정일은 군벌관료주의자들이 당조직과 정치기관들을 자기 손에 틀어쥐고 당의 영도를 거부해 나섰다고 지적하였다.

> … 군벌관료주의자들은 이러저러한 방법으로 당조직과 정치기관들의 기능을 약화시켰으며 군인들속에서 정치사상사업을 제대로 하지 못하게 방해하였습니다.… 군벌관료주의자들이 얼마나 당조직을 무시하고 전횡을 부렸는가 하는 것은 당회의들에서 사령관이 결론을 하게 하고 정치부가 당정치사업에 대한 통보를 참모부를 통해서 하도록 강요한 것을 보아도 잘 알 수 있습니다.[22]

김정일은 군벌관료주의가 군대에 미친 영향을 가시기 위해 당적영도를 강화해야 한다고 지적하였다.

> 수령님께서는 군벌관료주의자들이 끼친 해독적후과를 빨리 가시고 인민군대의 전투준비와 전투력을 강화하기 위하여서는 무엇보다먼저 당조

직과 정치기관들의 기능과 역할을 높여야 한다고 하시면서 당 중앙위원
회 조직지도부에서 인민군대안의 당조직과 정치기관들에 대한 지도를 잘
하여야 하겠다고 교시하시였습니다.[23]

김정일은 당의 로선과 정책이 아무리 옳아도 군이 이를 무장으로 담
보해주지 않으면 제대로 관철될 수 없다고 하였다.

당이 아무리 새로운 로선과 정책을 내놓아도 무장대오가 당의 위업에
충실하지 못하고 그것을 군사적으로 담보할 수 있게 준비되어 있지 못하
면 그 어떤 노선과 정책도 제대로 관철될 수 없습니다.[24]

김정일은 혁명군대에 있어서 당의 령도는 생명과 같다고 강조하면서
군대안의 당조직들과 정치기관들을 당의 로선과 정책을 철처히 옹호관
철하는 생기발랄하고 전투적인 산조직으로 만들어야 한다고 강조하였
다.[25]

2. 당조직지도부 및 군보의 기능강화

영군체계를 수립에 대한 김일성의 공개적인 지원속에 상응해 김정일
도 이와 관련한 활동에 주력하였다. 김정일은 당적으로 군을 장악하기
위해 군 관련 인사권을 당 조직지도부에 집중시키도록 했다. 종래에는
당 간부부의 지도아래 부서 및 기관별로 운영되었으나 김정일이 조직
비서 사업을 맡으면서 조직부의 엄격한 지도통제하에 놓이게 되었다.

군보인 인민군 신문을 통해 당 제 5차대회 결정을 관철하기 위한 전
군적인 사상공세를 전개해나가도록 하였다. 1970년 11월 24일에 있은
인민군 총정치국 책임일군 담화에서 군기자보의 사설을 정책적으로 하
고 취재활동을 혁명적으로 전투적으로 해나가야 한다고 강조하였다.[26]

1972년 당적영도체계 수립에서 부대정치위원들의 위치와 임무에 대해 지시하였다. 정치위원은 해당 부대에 파견된 당의 대표라고 하면서 당의 유일사상체계를 세우는 사업에서 한 치도 물러서지 말아야 한다고 하였다. 이렇게 하지 않으면 군벌관료주의가 또 다시 나올 수 있다고 까지 경고하였다.[27]

3. 당의 유일적 지도체제 강화

김정일은 1974년 1월에 들어 당의 군대의 본성에 맞게 전군에 당의 유일적 지도체제를 철저히 세워야 한다면서 강조하였다.

> 당의 령도를 떠나서는 인민군군대의 존재와 강화발전에 대해 생각할 수도 없으며 수령의 군대, 당의 군대로서의 사명과 임무를 다할 수 없습니다. … 당에서 인민군대에 담벽도 밀고나가라고 하면 무조건 밀고나가야 하며 열가지를 하고 싶어도 오직 한가지를 하라고 하면 한 가지만 하여야 합니다. 전군이 당중앙의 유일적 지도밑에 하나와 같이 움직이려면 인민군대사업에서 제기되는 중요한 원칙적 문제들을 반드시 당중앙의 결론에 따라 처리하는 혁명적 사업체계와 질서를 세워야 합니다.[28]

1974년 2월 인민무력부 일군들과 한 담화를 통해 인민군대가 노동당의 위업을 실현해 나가는데서 앞장에 서야 한다고 하였다.[29] 4월에는 인민군 지휘성원들 부터가 참다운 김일성주의 정수분자가 되어야 한다고 강조하였다.

> 인민군대는 온 사회를 김일성주의화 하기 위한 투쟁에서 앞장서 나가야 하며 사회의 본보기가 되어야 합니다. 그러자면 우리혁명무력의 핵심 골간이며 혁명의 지휘성원들인 인민군대안의 간부들 … 부터가 김일성주의정수분자가 되어야 합니다.[30]

1975년에 들어 사회에서 실행되었던 하부지도체계의 일환인 간부들이 산하단위에 내려가는 사업체계를 군에서도 실행하도록 하였다. 이에 따라 군 고위 장교들이 현실체험 형태로 병사생활을 하거나 중대에 파견되어 사업을 현지에서 지도하고 올라오도록 하였다. 이는 사회에서 일반화되었던 중앙과 도의 간부들이 월 20일간 담당단위에 내려가 조직정치사업을 진행하고 10일간 올라와 재무장, 재작전하고 다시 내려가는 것과 유사한 사업방식이었다.[31]

4. 군인들의 정치사상수준 제고

1976년에는 인민군대 앞에 "위대한 수령님을 위하여 한목숨 바쳐 싸우자"라는 구호를 제시하고 실천해나가도록 하였다.

> 나는 온 사회의 김일성주의화가 전면에 나서고 우리 혁명이 보다 높은 단계에로 심화발전하는 력사적전환기의 요구에 맞게 인민군대앞에 혁명적이며 전투적인 투쟁구호를 제시하려고 합니다. 〈위대한 수령님을 위하여 한목숨 바쳐 싸우자〉 이것이 내가 오늘 인민군대앞에 제기하는 충성의 구호입니다.[32]

군대내 당조직들에서 군인들의 정치사상 수준을 높이기 위해 항일유격대식 정치사업방법을 구현해 나가도록 하였다.

> 인민군대의 당정치사업은 항일유격대식정치사업방법으로 하여야 합니다. … 인민군 정치일군들은 항일유격대식정치사업방법대로 배낭을 메고 아래에 내려가 사업을 료해하며 아래일군들과 군인들을 가르쳐 주고 이끌어주어야 합니다.[33]

그러면서 군대내 당정치사업은 당의 유일적 지도체계를 세우는 것을 주선으로 하여 밀고나가야 한다고 하였다.

> 인민군대당정치사업의 주선은 당의 유일적지도체계를 튼튼히 세우는
> 것입니다. 전군에 당의 유일적 지도체계를 확고히 세우는 여기에 인민군
> 대의 불패의 힘의 원천이 있으며 인민군대가 수령의 군대, 당의 군대로
> 서의 사명과 다 할 수 있다는 근본담보가 있습니다. 당의 유일적 지도체
> 제를 세우는 사업을 떠나서는 인민군대 당정치사업에 대하여 말할 수 없
> 습니다.[34]

김정일은 1977년 7월 당의 의도대로 선전선동사업을 잘 할데 대한
과업,[35] 1979년 2월 군대내에서 선전선동사업을 개선강화할데 대한 과
업을 제시한 것을 비롯해 군인들의 정치사상 수준을 높이기 위한 사업
을 적극 추진하였다.[36]

5. 전형을 내세우고 따라 배우기 위한 사업 추진

김정일은 시대적 요구에 따른 전형을 내세우고 이들의 삶을 군인들
이 따라 배우도록 하였다.

> 인민군대에서 리수복영웅을 전형으로 내세우고 그들을 따라배우기 위
> 한 투쟁을 힘이있게 벌리면 군인들이 위훈에 대한 열망으로 가슴 불태우
> 며 자신을 리수복과 같은 참된 혁명전사로 준비하기 위하여 적극 노력할
> 것입니다.[37]

오중흡의 서거 40돌을 맞으면서 인민군지휘관들 속에서 오중흡을 따
라 배우기 위한 사업을 벌려 부대를 항일유격대식으로 능숙하게 지휘
할 줄 아는 유능한 지휘관으로 준비하도록 하였다.

인민군대에서는 당의 의도대로 오중흡동지를 따라배우기 위한 사업을
근기있게 밀고나가야 합니다. 특히 지휘관성원들이 오중흡동지를 적극
따라배우도록 하여야 합니다. …인민군대안의 각급 당조직들과 정치기관
들은 지휘성원들이 오중흡동지를 따라배우도록 하기 위한 사업을 잘 조
직하여야 합니다.[38]

6. 전군 김일성주의화를 명문으로 한 당중앙의 유일영도 강화

김정일의 영군체계 수립에서 중요한 계기가 된 것은 1975년 1월에
있는 북한군 총정치국 책임일군들과 한 담화였다. 여기서 군을 강화하
기 위해서는 전군을 김일성주의화 하여야 한다고 강조하였다. 이를 위
해서는 당의 영도체계를 철저히 세워야 한다고 하였다.

당의 령도는 인민군대의 생명선입니다. 우리나라에서 수령, 당, 군대
는 떼려야 뗄 수 없는 일심동체입니다. 인민군대는 수령의 군대, 당의 군
대이며 인민군대에 대한 수령의 령도는 당을 통하여 실현됩니다. 우리
당의 령도를 떠나서는 인민군대의 존재와 그 활동에 대하여 생각할 수
없으며 인민군대는 오직 당의 령도밑에서만 자기의 사명과 임무를 원만
히 수행해나갈 수 있습니다.[39]

이 시기부터 군에서 충실성 교양이 강도 높게 진행되었다. 1979년 2
월에 전군을 주체사상화 하기 위한 정치사상교양방법과 관련해 항일유
격대식 선전선동사업을 받아들여 선전과 선동을 화선식 선전, 화선식
선동으로 진행해 나갈 데 대해 강조하였다. 이에 따라 부대내에 "훈련
도 학습도 생활도 항일유격대 식으로"라는 구호가 제시되고 혁명전통
교양이 강화되었다.

김정일은 군의 간부대렬을 꾸리는 데도 관심하였다. 김정일은 사람
의 사상은 고정불변한 것이 아니라고 하면서 전군을 김일성주의화 하

기 위한 사업은 장기적인 사업이므로 후비간부육성을 잘 할데 대해 지적하였다.

> 인민군대안에서 세대교체가 끊임없이 진행되고 있는 조건에서 후비간부육성 사업을 잘 하는 것이 매우 중요합니다. 후비간부육성체계를 바로 세워 당과 수령에게 끝없이 충실하고 정치사상적으로, 군사적으로 튼튼히 준비된 새 세대 젊은 간부들을 많이 키워내야 하겠습니다.[40]

7. 정적 및 '곁가지' 숙청

김정일의 영군체계 수립을 위한 활동은 순탄치 않았다. 1976년 6월에 진행된 정치위원회 회의에서 국가 부주석이었던 김동규는 김정일이 노간부들을 제멋대로 갈아치우고 자기의 기분에 따라 젊은 사람들을 간부로 등용한다면서 간부정책이 당의 통일단결을 해친다고 비판하였다. 북한은 이러한 행동이 후계체제에 반대하는 것이라면서 김동규 뿐아니라 소극적으로 나마 그를 지지했던 관료들을 대대적으로 숙청하였다. 이용무(인민무력부 총정치국장), 유장직(정치원회 후보위원), 지경학(당중앙 검열위원장), 지병학(인민무력부 부부장), 장정환(인민무력부 부부장) 등을 들 수 있는데, 김동규와 유장식은 함경도 부전리의 정치범 관리소에 감금되었다. 가혹한 사상검토에 시달린 나머지 지경수는 1976년 8월, 지병학은 1977년 2월 각각 세상을 떠났으며 이용무와 지병학은 철직되어 자강도 산골로 추방되었다. 이들의 추종자 혹은 영향을 받은 자라는 이유로 군의 많은 고급장교들이 철직 당하였고 농장과 광산으로 쫓겨났다.[41]

1977년 12월 당 중앙위원회 제5기 15차 전원회의가 열렸는데 군부내 사단장급 이상 군지휘관, 정치간부의 90% 이상이 김정일의 측근이라 할 수 있는 만경대 혁명학원 1~3기생들과 김철만, 리을설, 주도일, 전

문섭, 리두익, 조순백 등 김일성의 동만빨찌산 출신들이 군 요직에 임명되었다.[42]

이 시기 김정일이 영군체계 수립에 위협을 느낀 것은 이붓 동생인 김평일을 위시로 한 군부 내 신진세력의 형성이었다. 김일성과 후처인 김성애 사이에서 출생한 김평일은 김일성이 일찍이 "우리 집안에 장군감이 났다"고 할 정도로 무관다운 기질이 있었다. 김평일도 "나는 무력으로 조국을 통일하고 아버지를 통일의 광장에 모시겠다"고 하면서 다녔고 [43] 1976년 8.18 도끼만행 사건이 발생하였을 때에는 자진하여 군에 입대하였고 1979년에는 호위사령부 작전부대대장으로 대좌(대령)까지 진급했다. 당시 그의 곁에는 국가안전보위부장의 아들인 김창하, 전문섭 호위사령관의 아들인 전휘 등을 비롯해 국가핵심요직에 있는 자제들이 많았다. 이들은 김평일을 후계자로 옹위하려는 움직임까지 보였다. 당시 김일성이 '당은 김정일, 군은 김평일, 경제는 김영일' 식의 분할 승계구도를 구상하고 있었다는 설까지 나올 정도였다.[44] 이에 위기감을 느낀 김정일은 특별조직인 10호실을 통해 김평일의 모든 동태를 파악하도록 하였다. 김평일의 행동이 후계자 체계구축을 방해하였다는 명목아래 처벌하였고 그와 사진을 찍었거나 연계가 있는 모든 군관들을 제대시켰다.[45] 지어는 김평일과 절친이었던 전휘에 대한 자녀교육을 제대로 하지 않는 것을 구실삼아 그의 아버지인 호위사령관 전문섭을 좌천하였다. 또한 만약의 사태에 대배해 제2호위부를 따로 조직하여 상호견제하도록 했다.

8. 문학예술 부문 지도 및 대중운동 조직을 통한 지도력 과시

1971년에 들어 김정일은 사회에서 오랫동안 침체상태에 있던 가극예술부문에서 혁신하기 위한 투쟁이 벌어지고 있다면서 군에서도 군사물

가극을 만들데 대해 지시하였다.

> 인민군협주단에서는 군대안의 예술단체인 것만큼 안영애를 형상한 예술영화 〈한 간호원에 대한 이야기〉를 가지고 가극을 만들어야 하겠습니다. … 이 영화를 가지고 가극을 만들면 인민군군인들을 당과 수령에 대한 끝없는 충실성으로 교양하고 그들이 높은 당성, 혁명성을 가지고 살며 투쟁하도록 하는데서 큰 실효를 나타낼 것입니다.[46]

김정일은 군사물 가극을 만들데 대해 지시한 데 이어 두 달이 지난 9월에는 조선인민군협주단을 노동당 산하에 계속 배속시켜 혁명적이고 전투적인 예술단체로 만들어야 한다고 강조하였다. [47]

김정일은 1975년 11월부터는 사상, 기술, 문화도 주체의 요구대로 한다는 구호를 내걸고 3대혁명붉은기쟁취운동을 전개하였다. 김일성이 1973년에 전개한 3대혁명소조운동을 모방한 이 운동은 수령과 당중앙에 대한 충실성 고양을 목표로 한 운동이다. 김정일은 이 운동을 군에서도 전개해 나가도록 함으로써 군에 대한 지도력을 강화해나갔다.

> 우리 당은 온 사회를 김일성주의화 하기 위한 투쟁이 힘있게 벌어지고 있는 현실발전의 요구에 맞게 인민군대에서도 3대혁명붉은기쟁취운동을 벌리기로 하였습니다.[48]

1979년 12월 6일부터는 모든 군인들이 김일성의 항일혁명투쟁 시기 충성했다는 오중흡을 따라배우기 위한 '오중흡연대쟁취운동'을 전개하도록 지시하였다. 3대혁명붉은기쟁취운동과 달리 이 운동은 북한군 연대급을 단위로 진행되는 운동이다. 형식 상 김일성의 명령집행에서 무조건성을 내세웠으나 김정일의 영군체계를 강화하기 위한 것이었다. 김정일은 이러한 목적을 달성하자면 군내 당조직과 정치기관의 역할을 높여야 한다고 지시하였고 이 운동을 지도하는 과정을 통해 군내의 당 조직과 정치기관에 대한 장악을 강화하도록 하였다. 이와 함께 군대 내 모든 부대들에서 "훈련도 학습도 생활도 항일유격대식으로"라는 구호를 제시하고 항일유격대식으로 군부대운영이나 일과생활을 요구하도록 하였다.

이러한 활동은 김정일이 영군체계 수립을 위해 자기의 지도력을 보여주기 위한 노력의 일환이라 할 수 있다.

V. 영군체계 수립을 위한 활동의 특징

1970년대 김정일의 영군체계를 수립하기 위한 활동을 보면, 첫 시작을 군정체계 수립부터 시작한 것, 노동당 규약개정을 통해 이러한 활동에 대한 법적지원을 강화한 것에서 특징을 찾아볼 수 있다.

1. 군정권 행사를 통한 영군체계 수립의 시작

1970년대에 들어 북한은 김정일 영군체계 수립을 위한 일련의 대책을 내세웠다. 이러한 대책에는 ① 노동당 제5차 대회에서 당규약을 개정하면서 북한 군사력에 대한 노동당 군사위원회의 군정권 행사를 규제한 것, ② 김정일이 노동당 조직지도부와 선전부를 거점으로 당적지도를 통해 군에 대한 통제를 강화한 것, ③ 군에 대한 지도가 혁명가극 "한 간호원에 대한 이야기"나 오증흡연대쟁취운동과 같은 대중운동을 통해 이루어진 것 등을 들 수 있다.

이러한 대책은 군인들의 정신적 무장을 촉구하기 위한 것으로 군사실무적 자질을 높이기 위한 사업과 거리가 멀다. 김정일의 영군체계을 수립하기 위한 활동의 차원에서 보면 군사행정적 영도체계와 군사 정치적 영도체계 중 전자에 가까운 것이라 할 수 있다. 이를 통해 김정일의 영군체계 하위범주 가운데서 군정체계 확립을 위한 활동이 1970년대를 통해 이루어 졌음을 알 수 있다.

2. 노동당 규약 개정을 통한 군에 대한 직접적 지도강화

김정일의 영군체계를 수립하기 위한 활동은 노동당 규약개정을 통해 제도적 대책을 강화하기 위한 활동과 함께 진행되었다. 이는 5차 당대회와 6차 당대회를 계기로 개정된 당 규약을 통해 설명할 수 있다.

북한의 당중앙군사위원회는 군사부문에 대한 당의 집체적 지도를 보장하기 위한 기구이다. 현재의 당중앙 군사위원회는 당시의 노동당 군사위원회의 명칭으로, 1961년 9월 제4차 당대회 이후 조직된 것으로 알려지고 있다. 이는 1964년 6월 15일 "개별적 또는 집체적으로 의거하여 오는 적 군대 복무자들을 우대함에 관하여"에 대한 노동당 군사위원회 결정이 『노동신문』에 발표된 것을 통해 알 수 있다.[49] 당시 노동당 4차 당 대회가 끝난 직후였으므로 노동당 군사위원회의 실체가 당 규약에 반영된 것은 1970년 11월에 열린 노동당 제5차 대회에서였다. 1980년 김정일의 노동당 군사위원회 위원 임명과 동반한 당규약 개정을 통해 노동당 군사위원회의 군에 대한 지휘권을 명문화했다. 동규약의 개정으로 당중앙 군사위원회는 "당 · 정 · 군 비상설 집체적 지도기구 가운데" 군령권을 행사할 수 있는 유일한 기구로 자리매김하게 되었다.[50]

〈표 3〉 군에 대한 당중앙 군사위원회 통제권 변화[51]

노동당 군사위원회	당중앙 군사위원회
• 당 군사정책 집행방법을 토의 결정 • 군수산업과 인민군대와 모든 무력의 강화를 위한 사업 조직 • 우리나라의 군사력을 지도	• 당 군사정책 수행방법을 토의 결정 • 군수산업과 인민군대를 포함한 전 무장력 강화, 군수산업 발전사업 조직지도 • 우리나라의 군대를 지휘
당 5차대회 제정된 노동당 규약 제3장 27절	당 6차대회에서 제정된 노동당 규약 제3장 24조

당규약 내용의 변화에서 알 수 있듯이 1980년대에 들어 김정일의 영군체계 수립을 위한 활동은 군령체계 수립을 위한 활동단계에 들어서게 된다. 이는 1979년 12월에 있은 조선로동당, 조선인민군 당 위원회 확대 전원회의를 계기로 김정일이 당조직을 통한 군사부분에 대한 지도에서 당중앙군사위원회의 직접적인 지도로 이행하게 되었다는 선행 연구의 주장과 일치한다.[52]

1980년 당 6차대회를 통한 당중앙 군사위원회의 군에 대한 통제권 변화를 비롯한 이여의 움직임은 이 시기에 들어 군령체계 수립을 위한 활동으로 이행되었음을 확증해준다. 1982년 4월 김일성은 북한군이 수령의 군대뿐 아니라 후계자의 군대로의 충실성을 동시에 겸비할 데 대해 강조하였다.[53] 두 달이 지난 6월에는 김정일이 군령권을 행사할 수 있게 군대안의 보고체계를 개편했다.[54]

VI. 나오며: 김정일 영군체계 수립을 위한 활동의 시사점

노동당 국가인 북한체제 운영 특성상 군사행정적 영도체계와 군사

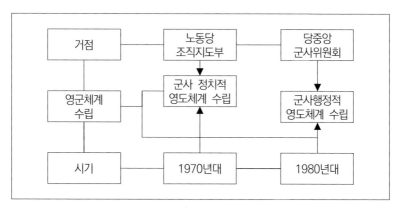

〈그림 2〉 김정일의 영군체계 수립과정

정치적 영도체계 수립은 떼어놓을 수 없다. 1980년대 들어 김정일의 군령체계가 수립될 수 있은 것은 1970년대에 군정체계를 수립하기 위한 활동이 있어 가능하였다.

본 연구를 통해 김정일의 영군체계 수립을 위한 활동은 크게 두 가지 단계를 통해 진행되었음을 알 수 있다. 첫 단계는 1970년대 당 중앙위원회 조직비서 자격을 통한 군정체계 수립이며 다음단계는 1980년대 당중앙군사위원회 위원의 자격을 통한 군령체계 수립이다.

이와 관련해 두 가지 의문이 든다. 하나는 1970년대 김정일의 영군체계 수립을 위한 활동이 왜 군정체계 수립부터 시작되었느냐 하는 것과 1980년대 김정일의 당중앙군사위원회를 통한 군령체계 수립이 1991년 최고사령관 자격을 통한 군령체계 수립과 무엇이 다른가 하는 것이다.

김정일의 영군체계 수립을 위한 활동이 군정체계 수립을 위한 활동에서부터 시작된 것은 ① 정계의 첫 시작을 노동당을 거점으로 활동한 것, ② 군 장악의 초기조건, ③ 1970년대 들어 북한군이 당의 군대로 전환한 것의 세 가지로 설명할 수 있다. 앞서 살펴본 것과 같이 1970

년대 초에 들어 김정일은 노동당의 선전 및 조직부의 최고직위에서 활동하였다. 1968년 군벌주의 청산과 더불어 군에 대한 장악을 위해서는 군정체계 수립을 우선시 할 수밖에 없었다. 북한군은 초기 통일전선의 군대라는 성격하에 국가군대로 존재해왔다.[55] 그러나 역사적 행로에서 보면 군부장악을 위한 정적숙정을 통해 성격이 변화되었다. 1958년 8월 종파 숙청으로부터 시작해 1967년 갑산파 숙청, 그리고 1968년 군벌주의를 숙청하면서 노동당 군대로 변화되었다.[56]

그렇다면 김정일의 군령체계 수립에서 1980년대 당중앙 군사위원회를 통한 활동과 1991년 최고사령관 자격을 통한 활동이 다른 것은 무엇 때문인가? 이는 군령권 행사에서 집체성과 개별성의 차이로 설명할 수 있다. 1980년대는 당중앙 군사위원회의 집체지휘에 의존한 것이며 1991년대는 개별적 지휘에 토대한 것이다.

본 연구에서 밝혀진 김정일의 이러한 행적은 후계자로 지목받고 있는 김정은의 앞으로 행보에 적지 않은 시사점을 준다. 2010년 9월 말에 있은 제3차 당대표자회의에서 김정은이 당중앙 군사위원회 부위원장으로 선출 된 것은 집단적인 군령체계 수립을 위한 활동의 시작이었다. 이는 김정일이 1980년대 당중앙군사위원회 위원자격을 통해 군령체계 수립에 들어선 것과 유사한 행보이다. 이를 통해 북한에서 후계자들이 영군체계 수립에서 선 집단지도체계 구축, 후 개인적 지도체계 구축은 하나의 관례임을 알 수 있다. 1970년대 군정체계가 수립됨으로써 1980년대 군령체계 수립을 위한 활동이 시작될 수 있었다.

그러면 김정은의 영군체계 수립에서 군정체계 수립이라는 과정이 크게 드러나지 않는 이유는 무엇인가? 노동당 관료출신인 김정일과 달리 김정은이 군관료 출신으로 후계자 수업기간이 짧은 것과 관련이 있다. 군에 대한 통수권을 장악하는데서 군정체계가 제대로 서있지 않으면 강권에 의해 군령체계를 확립해 나갈 수 없게 된다. 김정은의 이러한 권력승계 방식은 집권초기부터 많은 문제를 발생하고 있다. 이영호를 비롯한 군 핵심 관료들의 빈번한 교체 등 인사실패나 장성택 처형에 따른 극악한 공포정치의 실행 등이 보여주고 있다. 이는 군정체계 수립을 위한 기간이 미약한 것으로 김정은 체제안정에서는 이를 해소하는 것이 또 다른 과제로 제기될 것으로 판단된다.

[제 4 장]

북한의 남북대화 전략과 평가

윤미량

Ⅰ. 문제제기

6.25전쟁으로 인한 분단과 적대적 대결이 이어지던 1970년대에 '돌연히' 남북대화가 개시되었다. 1968년의 첨예한 무력대치의 기억이 채 사라지기도 전인 1971년 8월 남북적십자회담의 개최를 위한 예비회담이 진행되고, 판문점에서는 남북적십자간 직통전화가 연결되었다. 뒤이어 1972년에는 남북통일의 3대 원칙을 천명하는 '7.4 남북공동성명'이 발표되었다.

남북대화로 인한 남북한 주민들의 기쁨은 1973년 8월 북한이 일방적으로 대화중단을 선언하면서 급속히 얼어붙었다. 대화중단 이후에도 1970년대에 여러 가지 명칭과 형태로 남북간의 대좌는 이어졌으나, 공식적인 남북대화라고 할 수는 없었다. 이러한 남북대화의 갑작스런 개시와 중단은 일반 국민들뿐만 아니라 대부분의 학자나 연구자들에게도 이해하기 힘든 것이었으므로 그 원인에 대해 많은 연구가 이어져 왔다.

초기의 연구는 대부분 1969년 닉슨의 괌 독트린 이후 전개된 국제적 데탕트와 그로 인한 한반도 주변의 급격한 정세변화에 남북한이 대응하기 위하여 대화를 추진한 것으로 해석하였다.[1] 당시의 정부 관계자들은 박정희 대통령이 국제 데탕트 속에서 국가안보상의 위협을 해소하기 위해 "적의 한쪽 손을 잡"기로 하였다고 기록하고 있다.[2] 배긍찬은 특히 닉슨독트린이 주한미군 철수로 귀결되는 것에 대한 남한정부의 우려가 권위주의 정부수립을 촉진했다고 보았다.[3] 민병천은 북한이 1967년과 1968년에 대남도발을 강화하고 있는 가운데 미국이 고립주의로 돌아섰다는 두려움에서 남측이 남북대화라는 수세적 전술을 택한 것으로 보았다.[4]

1990년대 중반 이후 남한의 민주화가 진전되면서, 데탕트라는 국제 정치적 변화가 미친 강한 영향을 인정하면서도 남북한 지도자의 개인적 권력의지 및 남북한 정치의 닮은 꼴 변화를 조명하게 되었다. 즉 남한과 북한은 국제정세 변화에 부응하면서 내부적으로는 각각 정권구조를 변화·강화시키는 방안으로서 남북대화를 이용했다는 시각이다. 유세희는 남북대화가 결과적으로 유일사상체계와 유신체제라는 두 개의 권위주의 체제를 서로 강화하는데 이용되었다고 보았다.[5] 김일한은 냉전시대 남북관계를 이종석이 북한 연구방법론으로 제시한 '적대적 상호의존관계' 또는 '거울영상효과(mirror image effect)'의 틀[6]로 분석하면서, 남북대화는 유신체제와 유일사상체제, 새마을운동과 천리마운동, 외자유치 전략과 자립경제라는 대칭적이고 모방적인 정치경제상황의 전개를 가능하게 만드는 계기로 기능하였다고 평가하였다.[7]

2000년도 이후에는 1999년 비밀해제된 미국 국무부의 냉전시대 외교 문서 등을 분석하면서 이전의 연구결과를 재확인 또는 재평가하게 되었다. 박건영 등은 민병천의 초기 연구처럼 남한은 미국이 고립주의로 돌아섰다는 두려움에서 수세적으로 전술을 변화시킨 것으로 해석하고 있다.[8] 한편 홍석률은 당시 미국과 중국은 한반도에서 자신들의 영향력 유지를 위하여 분단 현상을 유지하는 방향에서 남북대화의 개시를

압박하였으며, 그 결과 남북한 관계에서 분단을 '내재화'시켰다고 분석하고 있다.[9]

이상의 연구들은 대부분 남한의 문헌과 증언들, 그리고 미국 등 외국의 외교문서 분석을 통해 남북대화를 남한의 시각에서 분석하고 있다. 아직까지 국내에서 1970년대의 남북대화를 북한의 입장에서 분석한 연구는 찾아보기 어렵다. 이때 북한의 입장이란 북한을 옹호한다는 의미가 아니라 북한의 담론과 논리를 따라가면서 남북대화사를 재정리한다는 의미이다.

본 연구는 돌연히 시작되어 갑작스레 중단된 1970년대의 남북대화를 북한의 담론 또는 주장을 따라 재조명하는 것을 목적으로 한다. 다만 북한연구자 모두가 주지하는 바와 같이 1970년대 북한문헌은 아직 완전히 남한에 수입되거나 공개되지 못했으므로 이 연구는 일정한 한계가 있다. 그러나 북한연구의 성과는 누적적이며 한 연구가 다른 연구를 촉진시키는 계기가 되기도 한다는 점에서 필자의 시도가 북한연구에 기여하게 되기를 기대한다.

II. 1970년대 남북대화의 전개

1. 1950-60년대의 남북관계

북한은 1948년 7월 5일 『남북조선 제정당·사회단체 지도자 협의회』 결정서를 통해 "비법적으로 조직된 남조선국회와 이를 토대로 한 남조선정부가 조직될 경우 이를 배격"할 것이라고 선언한[10] 이후 일관되게 남한정부를 '미제의 괴뢰' 또는 '주구'로 간주하면서 남한정부의 대표성을 부인하였다. 북한은 대남 평화공세를 전개할 때에도 남한 당국 대신 정당·사회단체 또는 '민주적 인사'를 대상으로 각종 제의를 내놓았고, 당국에 제의하는 경우에는 외세배격(주한미군 철수)을 전제조건으로 제기하였다.

　1960년대에 들어서면서 북한은 한편으로 조선로동당 중앙위원회 제4기5차 전원회의에서 김일성이 제시한 4대 군사노선을 채택하여 군사력을 강화하고, 다른 한편으로는 연이어 대남 협상제의를 하는 양면정책을 구사하였다. 남한에서 5.16 쿠데타로 군사정부가 들어서게 되자 북한 최고인민회의는 "남북조선 정권당국간 무력불행사 협약"(남북 불가침협정)을 체결하자고 제의함과 동시에 미군철수와 군축을 의제로 하는 "남북조선 당국간의 협상"을 제의하였다.[11] 또 1962년에는 동경올림픽 단일팀 구성을 위한 체육회담 제의,[12] 1963년 미군철거 조건하에서 "남북이 상호 공격을 하지 않을데 대한 협정" 체결 제의,[13] 같은 해 미군철수 조건하에서 "상호공격을 하지 않을데 대한 남북 평화협정 체결"과 동시 10만 이하로의 군대 축소, 남북 제정당·사회단체 및 개별적 인사와 남북조선 국회대표들의 협상 제의[14] 등으로 대화공세를 이어갔다. 그러면서도 김일성은 1965년 "조국통일과 조선혁명의 전국적 승리는 3대 혁명역량의 강화에" 달려있다고 하여 남한정부의 전복을 통한 통일이 북한의 변함없는 통일전략임을 명백히 하였다.[15]

　1960년대 초반의 대화공세는 1960년대 후반기에 대남 무력공세로 전환한다. 1966년 10월의 조선로동당 대표자대회에서 김일성은 "先 남조선혁명, 後 합작통일"이라는 방침과 함께 "혁명력량은 투쟁없이 저절로 준비될 수 없"다고 하면서 남한정부 전복을 재차 강조하였다.[16] 이와 발맞추어 김일성과 빨치산·군부세력은 1967년 특수부대를 창설하고 대남 무력도발을 강화하였는데, 1968년에 들어서서는 북한의 무력도발은 회수와 강도에 있어 6.25전쟁 이래 최고조에 달했다.[17] 1968년 1월 21일의 청와대기습사건을 필두로, 푸에블로호 나포, 울진·삼척지구 무장간첩 남파 등 한 해 동안 북한의 대남 무장침투 및 공격사건은 무려

573회에 달했다.[18]

그러면서도 1969년부터는 다시 평화공세를 재개, 7월에 김일성은 이라크 통신과의 회견에서 남한에서 미군철수와 함께 "민주주의적이며 진보적 세력이 권력을 쥔다면" 통일협상을 할 용의가 있다고 밝혔다.[19] 그 해 8월의 정부비망록도 미군철수를 전제로 평화협정 체결과 군축문제를 협상할 수 있다고 하였고,[20] 1970년 6월 22일의 정부비망록도 미군철수 후 남북간 평화협정 체결과 경제·과학·문화·예술·체육 교류 실시를 요구하였다.[21]

1950~60년대의 북한의 대남정책은 표현상의 차이에도 불구하고 일관되게 남한정부의 대표성을 부정하면서, 매우 공세적으로 남한에 대해 통일협상을 제안하고 인적 교류 및 합작을 강조하였다. 반면 남한은 북한의 공세에 대해 소극적으로 대응하면서 "先건설 後통일" 입장하에 남북대화의 여지를 두지 않았다. 그러나 국제정치 상황의 변화와 함께 1970년대에 남한도 대북제의에 보다 적극적 태도를 보이게 된다.

2. 남북대화의 시작

북한이 남한 정부의 전복 또는 미군철수를 전제하지 않고 남한당국과 대화할 가능성을 연 것은 1971년 8월 6일 시아누크 캄보디아 국왕의 평양방문 환영대회에서 한 김일성 연설이 처음이다. 김일성은 이 연설에서 남한의 민주공화당과도 조건 없이 접촉할 용의가 있다고 밝혔다.[22]

이러한 김일성의 대화제의에 남한은 이례적으로 신속하게 반응하였다. 일주일도 지나지 않아 1971년 8월 12일 대한적십자사 최두선 총재 명의로 남북적십자회담을 제의한 것이다. 한적은 이산가족 찾기 운동을 협의하기 위해 10월중에 제네바에서 만날 것을 제의하였다.

북한은 이틀 뒤인 8월 14일, 북한 적십자회 중앙위원회 위원장 손성필 명의의 서한을 발표, 김일성의 8월 6일 제의를 상기시키면서 남측이 북측의 제의에 호응한 것은 참으로 다행한 일이라고 평가하였다. 손성필은 "남북으로 흩어진 가족들과 친척·친우들의 자유로운 래왕과 상호방문을 실현하는 문제" 등 3개의 의제를 제안하면서, 8월 20일 판문점에서 남북적십자 파견원 접촉을 갖자고 수정제의하였다.

그리하여 1971년 8월 20일 판문점에서 남북적십자 파견원 접촉이 이루어지게 되었다. 이로부터 9월 16일까지 남북적십자는 5차례의 파견원 접촉을 진행하고, 9월 20일에 남북적십자회담 제1차 예비회담을 개최하여 본회담의 의제와 진행절차에 대해 논의하기로 합의하였다.

남북적십자회담 제1차 예비회담에서는 남북적십자 연락사무소 설치 및 남북적십자간 직통전화 가설이 합의되었다. 이에 따라 이틀 후 북측 판문각과 남측 자유의 집 사이에 직통전화가 설치되었다. 그 이후 남북대화는 원칙적으로 이 적십자 직통전화를 통해 전화통지문을 주고받으면서 의제나 절차 등을 협의하는 것이 관례가 되었다.

남북적십자회담 제2차 예비회담에서는 회담 운영절차와 이후의 예비회담에서 논의할 의제 순서에 대해 합의를 이루었다. 이어 제3차 예비회담에서는 본회담 장소를 서울-평양에서 번갈아 개최하는 것으로 합의하였다. 그러나 제4차 예비회담에서부터는 본회담 개최 일시 및 의제문제로 8개월간 지루한 공방이 계속되었다.

적십자회담 예비회담이 진전 없이 지리멸렬하자 남측 대표 정홍진은 11월 19일 제9차 예비회담에서 북측의 김덕현에게 당국간 비밀접촉을 제의하였다. 이로부터 11월 20일부터 시작된 정홍진-김덕현간의 비밀접촉은 1972년 3월까지 11차례 계속되어 이후락-김영주간 회담 개최와 이후락 중앙정보부장의 평양방문을 이끌어내었다. 이후락은 평양방문에서 김일성과 두 차례 회동하였는데, 이때 김일성은 남북적십자회담과 별도인 '남북조절위원회'를 구성·운영하자고 제의하면서 남북한 상호 군축문제도 함께 제기하였다.

이후락의 평양방문에 대한 답방으로 북한은 박성철을 서울로 파견했다. 원래 남한은 김영주가 김일성의 후계자가 되리라 기대하여 김영주를 선호하였으나, 북한은 김영주가 와병중이라는 이유로 "김영주를 대리하여" 박성철을 남북회담에 파견하였고, 김영주는 이후 단 한 번도 남북대화 석상에 실제로는 나타나지 않았다.

서울에서 진행된 이후락-박성철 회동은 김일성의 제의를 확인하는 것으로 진행되었다. 남북한은 서울측 대표로 이후락, 평양측 대표로 김영주가 공동위원장이 되고 각기 3~5명의 대표로 구성되는 '남북조절위원회'를 구성·운영하기로 하고, 조절위 안에 분야별 분과위원회를 설치하여 남북간의 다양한 교류와 협력을 추진하기로 합의하였다. 이렇게 하여 1972년 7월 4일 오전 서울과 평양에서 동시에 '7.4 남북공동성명'을 발표하였다.

한편, 정홍진-김덕현의 비밀접촉이 진행되면서 적십자회담도 진전을 보게 되는데, 10차례의 추가적 예비회담과 13차례의 의제문안 실무회의 결과 5개항의 본회담 의제가 합의되어 제20차 예비회담에서 공표되었다. 8개월간의 공방 끝에 타결된 5개 항의 본회담 의제는 오늘까지도 계속 적십자회담의 의제이면서 해결되지 못한 과제로 남아있다.[23] 그 후에도 대표단 구성과 진행절차에 관한 지리한 공방이 이어지다가 마침내 1972년 8월 30일 평양에서 남북적십자회담 제1차 본회담을 개최하게 되었다.

3. 회담의 전개

1) 남북적십자회담

제1차 남북적십자회담은 세계적인 관심과 남북주민의 환호 속에

1972년 8월 29일부터 4박 5일간 평양 대동강회관에서 진행되었다. 남한의 대표단이 공개적으로 판문점을 넘어서 평양으로 향한 첫 사례였다. 제1차 남북적십자회담에서는 제20차 예비회담에서 합의된 5개항의 의제를 재확인하고, 7.4 남북공동성명과 적십자 인도주의원칙에 기초하여 의제들을 토의해 나가기로 합의하였다. 제2차 남북적십자회담은 9월 12일부터 16일까지 서울 조선호텔에서 진행되었다. 이 회담에서 이전에 합의된 회담의 기본원칙을 재확인하고, 제3차 회담과 제4차 회담의 개최 일자와 장소에 합의하였다.

본회담 의제에 대한 실질적 토의는 열렬한 축제분위기가 가시고난 제3차 남북적십자회담에서부터 시작되었다. 제3차 회담에서 북한은 의제 제1항, 이산가족의 주소·생사확인을 위해서는 남한의 법률적, 사회적 조건·환경이 먼저 개선되어야 한다는 4개 항의 선결조건을 제기하였다.[24] 남한은 이에 대해 적십자 인도주의원칙을 들어 선결조건은 정치선전이라고 반박하였는데, 사실상 남북적십자회담은 제3차 회담에서부터 교착상태에 들어가게 된다.

제4차 남북적십자회담에서 남북은 '남북적십자 공동위원회'와 '남북적십자 판문점 공동사업소'를 설치한다는 기본입장에 합의하였으나, 제5차 회담에서는 다시 북한이 제기한 반공법·국가보안법 철폐 문제, 이산가족의 범위 문제로 난항을 겪게 되었다. 제6차 회담에서도 북한은 제3차 회담에서 제기한 4개항의 토의를 계속 고집하여 회담은 표류하였고, 제7차 회담에서도 북한의 선결조건 토의 주장과 남한의 추석 성묘단 제안이 대립되었다. 결국 제7차 회담은 다음 회담의 일자만이라도 합의해온 전례를 깨고 제8차 남북적십자회담 일자는 남북적십자간 직통전화나 적십자 연락대표 사이의 연락을 통해서 추후 논의하는 것으로 하고 마무리되었다.

그러나 제8차 남북적십자회담 개최는 계속 지연되어, 1978년까지 연락책임자 접촉, 7차례의 '대표회의' 및 25차례의 '실무회의' 등, 회담 재 개를 위한 협의만 6년간 계속하게 되었다. 그러다 북한은 1978년 3월 20일로 예정된 제26차 적십자 실무회의를 하루 앞둔 3월 19일, 평양방 송을 통해 한미합동군사기동훈련(Team Spirit 78)이 "적십자 회담에 인 위적인 난관을 조성"시킨다고 비난하면서 제26차 실무회의를 무기연기 한다고 선언하였다. 이로써 남북적십자간의 접촉은 1980년대 중반까지 완전히 단절되었다.

2) 남북조절위원회 회의

7.4 남북공동성명 제6항은 이후락과 김영주를 각각 서울과 평양측 공동위원장으로 하는 남북조절위원회를 구성 · 운영하기로 규정하고 있 다. 이 남북조절위원회의 구성과 발족을 토의하기 위해서 남북공동위 원장회의가 3차례에 걸쳐 개최되었다. 그러나 남북조절위원회의 출범 이전 공동위원장회의에서부터 남북은 현격한 입장차이를 노정하였다.

1972년 10월 개최된 제1차 공동위원장회의에서 박성철은 남한에 대 해 반공정책의 포기, 자유민주주의체제의 옹호 중지, UN 배제, 주한미 군 철수 등 북한이 기존에 주장해온 정치적 의제들을 정면으로 제기하 였다. 이에 대해 이후락은 먼저 남북조절위원회를 구성 · 발족시킨 후 에 이를 통해 공동성명 제2항~6항의 합의사항을 실천에 옮겨나가야 하 며, 상호간의 체제 내부문제는 간섭해서는 안 된다고 주장하였다. 이러 한 입장 차이에도 불구하고 남북은 제2차와 제3차 공동위원장회의를 통해 「남북조절위원회 구성 및 운영에 관한 합의서」를 채택하고[25] 남 북 각각 5명의 조절위원 명단을 발표함으로써 공동위원장회의를 마무 리하였다.

그러나 남북조절위원회 제1차 회의에서 남북은 다시 상호 비방 · 중 상과 군비축소, 내정간섭 중지 등의 문제를 가지고 공방을 벌였고, 제2

차 회의에서는 경제와 사회문화 교류를 우선하자는 남측과 군사문제 우선 또는 5개 분과위원회 동시 설치라는 북측의 제안이 팽팽하게 평행선을 그었다. 이리하여 제2차 회의는 그동안 대표단이 김일성을 면담하던 관례를 깨고 김일성 면담이나 공동발표문도 없이 마무리 되었다. 1973년 6월의 진행된 남북조절위원회 제3차 회의도 북측의 군사우선, '남북정당·사회단체연석회의' 개최, 5개 분과위원회 동시설치 주장과 남측의 경제 및 사회문화 교류 우선 주장이 반복되면서 합의 없이 마무리되었다. 제3차 회의 이후에는 평양측이 남북직통전화를 통한 연락마저 기피함에 따라 남북조절위원회가 개최되지 않았다.

3) 회담의 중단 선언

1973년 8월 28일 평양방송은 정규방송을 중단하고 '중대방송'으로 남북조절위원회 평양측 공동위원장 김영주의 명의로 된 장문의 성명을 발표하였다. 이 성명에서 북한은 8월 8일 동경에서 발생한 김대중 납치사건과 관련하여 남북조절위 서울측 공동위원장 이후락을 맹비난하고, "이후락을 비롯한 남조선 중앙정보부 깡패들과는 마주앉아 국가대사를 논의할 수 없다"고 남북조절위원회의 운영 중단을 선언하였다. 또한 이 성명은 1973년 6월 23일 발표된 박정희 대통령의 평화통일외교 정책선언이 "2개 조선 로선의 공개적 선포"라고 단정하고 "남북대화의 간판으로 인민을 기만하고 민족분열을 고정화하여 2개 조선을 조작하려 한다"고 비난하였다. 또한 북한은 6.23 선언으로써 남한이 남북공동 성명을 완전히 뒤집어엎었다고 주장하였다.[26]

이에 대해 이후락은 그 다음날인 1973년 8월 29일 내외신 기자회견을 갖고 그의 직책이 중앙정보부장이라는 것을 북한이 처음부터 알고 대화를 진행하였으며, 김일성도 그 점을 알고서 "그렇기 때문에 당신을

신임한다"고 언급한 점을 지적하고 북한에 대화 계속을 촉구하였다.[27]

남한은 남북조절위원회의 개편, 즉 이후락의 일선후퇴도 필요하다면 수용할 의사가 있다고 밝히면서 양측 간사위원간의 접촉을 제의하였으나, 북한은 6.23 선언의 취소와 남북 정당·사회단체 대표들로 남북조절위원회를 새로 구성할 것을 주장하였다. 일주일 후에는 남북조절위원회 남측 부위원장 장기영이 회담 재개 논의를 위한 부위원장회의를 제의하였는데, 북한이 이에는 호응하여 1973년 12월부터 1975년 3월까지 총 10차례의 부위원장회의가 개최되었다. 부위원장회의에서도 북한은 6.23 선언의 취소와 함께 남북조절위원회를 남북의 각계각층의 인민이 참여하는 '대민족회의' 또는 '남북정치협상회의'로 개편할 것, 반공법·국가보안법의 폐지, 6.23 선언 취소, 주한미군 철수 등을 주장하였다. 그러다 1975년 5월 29일, 그 다음날로 예정된 제11차 부위원장회의의 무기연기를 통고함으로써 남북조절위원회에서의 대화는 완전히 중단되게 된다.

한편, 1979년에는 남한 당국대표와 북한의 '조국통일민주주의전선'(민간) 대표간의 변칙대좌도 3차례 진행되었다. 이 변칙대좌에서 남한은 남북조절위원회의 재개를, 북한은 '전민족대회'를 전제로 하는 '민족통일준비위원회' 구성을 주장하여 평행선을 긋다가 중단되었다. 북한은 '괴뢰'인 남한당국이 아닌 민간과 협상한다는 입장에서 '대민족회의', '남북정치협상회의', '남북정당·사회단체연석회의'를 지속 주장해왔으며, '전민족대회'도 그 일환이었다. 이에 대해 남한이 당국대표를 파견하여 불균형한 대좌를 자초하였다.

III. 1970년대 남북대화의 개시 요인

1. 국제정세의 변화

정권 수립 초기부터 일관된 북한의 대외정책은 미제국주의 축출(반미공동투쟁)과 국제 사회주의 형제당들과의 친선이었다. 아직까지도 북한은 '미제국주의자들의 대북 적대시정책'을 북한의 위험스러운 군비증강 및 핵개발의 원인이라고 주장하면서 '미제타도'를 외치고 있다. 그러나 국제 사회주의 형제당과의 친선관계는 여러 차례의 조정을 거쳤는데, 1950년대 중반까지는 소련 편중 외교를, 1956년 이후 스탈린 격하운동과 관련하여 중국으로 치우쳤다. 1960년대 후반에는 문화혁명의 와중에 북중간의 갈등이 빚어졌는데, 1967년 1월부터 중국의 홍위병들이 김일성을 흐루시초프와 같은 수정주의자라고 비난하면서 중국과는 서로 현지대사를 소환할 정도로 관계가 악화되었다.[28] 북중간의 관계가 풀리기 시작한 것은 중국에서 문화혁명이 마무리된 1969년 가을부터였다. 북중관계는 1969년 10월 최고인민회의 상임위원장 최용건이 중화인민공화국 창건 20주년 기념행사에 참가하면서 크게 개선되었고, 1970년 4월 주은래의 평양방문과 10월 김일성의 북경방문으로 완전히 회복되었다.

미국에서는 1969년 닉슨행정부가 출범하면서 베트남전쟁의 종결과 미군의 해외개입 축소를 모색하기 시작하였다. 이는 당시의 국제적 미소 세력균형 틀을 흔들 우려가 있었으므로 미국은 중소갈등을 지렛대로 하여 새로운 국제적 세력균형 구도를 만들고자 하였다. 중소갈등의 와중에 미중관계 개선이 이루어지면 미국-중국-소련의 삼각관계 속에서 소련이 다시 미국과의 관계개선에 나오리라는 계산이었다.[29] 그런데 중국도 중소대립에서 균형을 맞추기 위해서는 대미관계 개선이 필요하다고 인식하게 되었고, 1971년 이른바 "핑퐁외교"를 성사시켰다. 그 결과 1971년 7월 닉슨대통령의 안보담당 특별보좌관 헨리 키신저가 북경을 비밀리에 방문하여 닉슨의 중국 방문에 대한 합의를 이루게 된다.

중국은 이때 주은래를 평양에 보내 닉슨의 중국방문 예정 사실을 김일성에게 사전설명을 하였다. 이에 대해 북한 지도부는 내부토론을 거쳐 입장을 정리하고, 김일 제1부수상을 북경으로 보내 중국측에 미국과의 회담시 전달해 줄 8가지 북측주장을 제시했다.[30] 주한미군 철수를 포함한 북한의 8가지 요구사항은 1971년 10월 하순 키신저의 두 번째 중국방문시 미국측에 전달되었으며, 김일성은 1971년 11월 1일 비밀리에 북경을 방문하여 주은래-키신저 회담의 경과와 북한요구에 대한 미국측의 반응을 직접 청취하였다.[31]

중국과의 사전조율에 따라 김일성은 1971년 8월 6일 시아누크 환영대회 연설에서 남한과의 조건 없는 대화 의지를 표명하였다. 미중관계 개선과 북중 밀월관계의 교차점에서 북한은 남북대화를 개시하는 것이 국제 데탕트의 와중에서 북한이 소외되지 않을 뿐만 아니라 미군철수를 촉진하는데 도움이 된다고 판단하였던 것이다.

2. 남조선혁명의 가능성

남한의 국내정세도 북한의 유화적 태도를 강화시키는데 기여하였다. 북한은 조선로동당 제5차 대회에서의 총화보고에서 남한에 대해 "민족적 및 계급적 모순이 더욱 첨예화되고 로동자, 농민을 비롯한 광범한 인민대중의 혁명적 진출이 적극화되었으며 따라서 미제의 식민지통치에는 보다 심각한 위기가 조성"[32]되고 있다고 진단하였다. 이는 남한의 4.19 혁명이나 통일혁명당의 결성, 그리고 1969년의 대통령 3선 개헌 시도에 대한 전국적인 반대움직임 등을 고려한 판단이었다.

1961년 9월의 제4차 당대회에서 김일성은 남한에서 4.19라는 운동고양기가 도래하였음에도 불구하고 5.16 군사쿠데타 앞에 격파되어 나간 것은 "혁명적 당이 없었고 뚜렷한 투쟁강령이 없었으며 따라서 기본군중인 로동자, 농민이 항쟁에 널리 참가하지 못하였기 때문"이라고 평가하였다. 김일성은 또 남한민중은 맑스-레닌주의 당을 가져야만 투쟁에서 승리할 수 있다고 강조하였다.[33]

이러한 인식하에 북한은 1964년 2월의 조선로동당 제4기8차 전원회의에서 대남사업에 무력을 병행시킬 것, 남한 혁명역량을 급속히 구축할 것을 결의하고, 이를 실행하기 위하여 기존의 조선로동당 연락국을 대남사업총국으로 개편·강화하였다.[34] 이에 따라 1964년부터 1968년까지 남한에 대규모 지하당 조직을 구축하는 공작을 전개하였다.

1968년 8월 남한을 뒤흔든 통일혁명당사건은 한반도 분단이후 가장 대규모의 공산주의조직 사건이었는데, 관련자가 158명에 구속자만도 50명에 달하여 김일성에게 "남조선 혁명력량"의 장성을 기대하게 만들기 충분하였다. 그런데 통일혁명당이 북한의 조선로동당 대남사업총국의 지령에 의해 조직되었는지, 남한의 자생적 조직이었는지는 분명하지 않다. 다만 통일혁명당의 핵심세력이 북한을 방문하고 자금지원을 받은 것은 사실이다.[35] 1965년 11월 맑스-레닌주의 정당을 표방하고 창립된 통일혁명당은 당 창립 선언문의 마지막을 "한국의 인민민주주의 혁명 만세! 김일성의 주체사상 만세!"[36]로 마무리하였으며, 『청맥』 출간, 학사주점 운영, 각 서클 조직 등 표면상 합법적인 활동을 하면서 비밀리에 조직을 확대하였다.

통일혁명당 사건 외에도 북한의 대남 자신감을 강화시킨 것은 1971년 4월의 대통령선거였다. 남한은 당시 대통령선거 과정에서 통일문제가 쟁점의 하나로 부각되어 정치적 논쟁이 가열되었다. 이 대통령선거에서 비록 박정희 대통령이 3선에 성공하기는 하였으나, "평화통일론"

을 들고 나온 야당의 김대중 후보에게 불과 100만 표의 근소한 차이로 신승하였던 것이다. 이 사실은 북한의 시각에서 볼 때 "반공"의 기반이 흔들리고 "용공"으로 접근하는 것으로 보였고,[37] 조봉암사건 이후 금기시되던 "평화통일론"이 대통령 선거의 쟁점으로 됨으로써 통일논의가 남남갈등의 계기가 될 수 있다는 전략적 유용성까지 보여준 것이었다.

이렇듯 남한내부에서 굳건한 반공체제에 균열을 만들면서 통일혁명당이 창립되고 대통령선거에서는 평화통일론이 제기되자, 북한은 당시 상황이 남조선혁명에 유리한 정국이라고 판단하여 남한 혁명역량에 힘을 실어주는 전략으로서 남북대화를 선택한 것이다.

3. 경제적 압박의 해소

6.25전쟁의 .대 참화이후 북한은 1954년 전후복구 3개년계획, 1957년 5개년계획 등을 수립·이행하면서 1958년 8월 농업의 협동화와 수공업 및 중소 상공업의 협동화를 완료, 공업발전의 토대를 일정하게 구축하였다. 이러한 성과에 힘입어 1961년 9월 조선로동당 제4차대회에서 발표된 인민경제발전 7개년 계획은 중공업을 우선 성장시키되 경공업과 농업도 동시에 발전시킬 것을 천명하였다.

그러나 1962년 10월의 쿠바 위기를 계기로 북한은 4대 군사노선을 채택하고 군사부문의 지출을 대폭 증대시켰다. 4대 군사노선의 결과 1953년 종전 당시 15.2%를 차지하다가 꾸준히 감소되어오던 국가예산에서의 국방비 지출 비중이 1963년에는 1.9%까지 하락하였으나 1964년 이후 다시 급속히 증가하여 1967년에는 30.4%, 1968년에는 32.4%에 달하기에 이르렀다.[38] 더욱이 이 해에 중소분쟁의 격화로 소련으로부터의 원조도 단절되면서[39] 외부자원의 동원도 어려움에 처하게 되었다.

북한은 당초 7개년 계획의 최종연도인 1967년에는 공업총생산액을

1960년의 약 3.2배, 그 중 생산수단의 생산은 3.2배, 소비재 생산은 3.1 배로 장성시킬 것을 목표로 하였다.[40] 각 분야별로도 구체적인 목표수치를 제시하였으나, 1966년 10월의 조선로동당 대표자회에서 발표된 바에 의하면 6년간의 실적은 계획목표에 비해 전력 73%, 석탄이 80%, 선철 및 입철이 56%, 곡물이 68%였으며, 철광석, 강철, 강재 등은 실적조차 발표하지 않았다.[41] 그럼에도 불구하고 동 대표자회에서 김일성은 "경제건설과 국방건설 병진은 당의 일관된 원칙"[42]이라고 강조하면서 군사력강화에 더욱 박차를 가하여, 1967년~1971년 동안 군사비 지출이 정부예산의 30% 이상을 계속 유지하게 된다. 그 결과 경제발전계획 기간을 3년 연장한 1970년까지로 늦추고서도 1970년에도 7개년 계획의 목표를 완전히 달성하지 못하였다. 이에 따라 1970년대 초반부터는 남북간의 경제역량이 전도되기 시작하였는데,[43] 이러한 경제적 압박 또한 북한으로 하여금 남북대화를 선택하도록 하는데 일정한 역할을 하였다고 보인다. 그런데 이러한 경제건설과 국방건설 병진정책은 김정은 시대에도 핵개발과 경제건설 병진이라는 형태로 지속되고 있다는 점을 유의할 필요가 있다.

Ⅳ. 1970년대 남북대화의 중단 요인

1. 주한미군 철수 지연과 북미대화로의 방향 전환

북한이 1970년대에 남북대화에 나선 가장 큰 요인은 데탕트에 편승하여 한반도에서의 미군철수를 확보하겠다는 계산이었다. 그런데 남북대화를 진행하는 과정에서 김일성은 점차 주한미군의 철수가 어렵겠다는 판단을 내리게 된다.

미국정부는 케네디행정부 이래 지속적으로 주한미군의 철수와 개입

축소를 검토해왔다. 존슨행정부 시기에도 주한미군 철수는 계속 검토
되어 왔지만, 박정희 대통령이 베트남에 한국군을 파병하면서 주한미
군 철수가 보류되었을 뿐이었다.[44] 그러다 닉슨행정부는 한국군 현대
화 지원을 조건으로 1971년 6월까지 주한미군 1개 사단 병력 약 2만
명을 철수시켰다.

그러나 그 이후 미중관계 회복과 남북회담의 개시에도 불구하고 추
가적인 주한미군 철수는 실현되지 않았다. 널리 알려진 『National Security
Study Memorandum 154 (NSSM 154)』에서도 주한미군의 철수는 정면으
로 검토되지 않았고, 단지 강대국간의 협상을 통해 1974 회계연도 이
후 주한미군의 감축을 고려하는 것으로 되어있었다.[45] 오히려 1973년
초 미국은 1974 회계연도에도 주한미군의 수준을 그대로 유지하기로
결정하였고, 이러한 결정은 북한이 회담중단 선언을 발표하기 이틀 전
인 1973년 8월26일 미국 국방장관 슐레진저의 기자회견에서 확인되어
남한 언론에 크게 보도되었다.[46]

그런데 남북대화는 북한에게 국제사회에서의 외교적 성과를 거두는
데 기여하였다. 북한은 남북대화 이전인 1971년 봄부터 서유럽과 북유
럽 각국에 기자단을 순방시키면서 정부관계자와 접촉하기 위해 노력했
다.[47] 남북대화로 한반도의 긴장이 완화되자 서구국가들의 태도도 좀
더 수용적으로 바뀌어, 1973년 4월 핀란드와 노르웨이가, 5월에는 덴마
크가 북한을 승인했다. 이렇듯 데탕트 국면에서 북한이 상대적으로 더
큰 외교적 성과를 거두어, 1970년까지 남한은 81개국과, 북한은 35개국
과 수교하였으나, 1975년에 남한은 93개국과 북한은 88개국과 수교함으
로써 남북간의 격차가 확연히 줄어들었다.[48] 특히 1973년 5월 17일의
WHO 가입 성공은 북한으로 하여금 미국과 직접 접촉할 수 있는 채널
을 열어주게 된다. 뉴욕의 UN 건물에 북한 대표부가 들어서게 된 것
이다.

이미 북한은 1969년부터 일부 학자들이 "인민외교"라고 칭하는 다양한 경로를 통해 미국과 민간차원의 접촉을 시도하였다.[49] 그러다가 미중간의 대화가 진척되면서 북한은 중국을 통해 미국과의 대화를 모색하였으며, 주은래를 통해 8개항의 요구조건을 미국에 전달한 것뿐만 아니라 1973년 베이징에 미국 연락사무소가 개설되자 8월27일 북한외교관들이 이 연락사무소를 방문하기도 하였다.[50] 미·북 외교관 접촉이 성사된 바로 그 다음날인 8월 28일 김영주 성명으로 남북대화를 중단시킨 것은 시사하는 바가 크다.

그 이후 북한은 세계 각지의 도시에서 다양한 방식으로 미국 외교관들과 접촉을 시도하였고, 1978년 미국무부 동아시아태평양 담당 차관보 홀브룩은 그때까지 미국이 다섯 차례 이상에 걸쳐 북한과 직접적인 접촉을 가졌다고 시인하였다.[51] 미국정부와의 직접대화를 모색하는 북한의 시도는 1974년에 최고인민회의 제5기 3차회의에서의 북미평화협정 제안 이후 더욱 본격화되었다.[52] 종래까지 대남공세에 불과했던 평화협정 제안은 이제 '괴뢰'가 아닌 그 '본국'을 대상으로 직접 평화협상을 추진하기로 한 것이다.

2. 박정희 대통령의 6.23 선언

1973년 박정희 대통령이 『평화통일 외교정책에 관한 특별선언』으로 발표한 6.23 선언은 남북한 동시유엔가입 및 공산권과의 호혜평등외교를 천명하고 있다. 그런데 이 6.23 선언은 사실상 데탕트기 한국 외교의 상대적 쇠퇴와 북한외교의 상대적 전진, 그리고 북한의 WHO 가입에 대한 남한의 수세적 대응으로 볼 수 있다. 한국은 자주성을 강조한 북한과 달리 UN한국위원회와 UN군사령부를 두 축으로 UN이 승인한 한반도의 유일국가라는 것을 외교적 정당성의 근거로 내세우고 있었다.

실제로 대부분의 국가가 UN한국위원회에서 철수하고 미중간에도 UN
한국위원회의 해체가 심도 있게 논의되는 과정에서도 한국정부는 한국
의 정통성의 근원인 UN한국위원회나 UN군사령부 해체에 동의할 수
없었다. 하지만 이미 북한이 WHO에 가입함으로써 UN총회 등에서 북
한이 발언하는 것을 막는 명분이 더욱 약화된 상황에서 그 충격을 최
소화하기 위해서는 오히려 공세적으로 대공산권 문호를 개방해야 한다
고 판단한 것이었다.[53]

남한입장에서 6.23 선언은 UN에서의 단독대표권을 포기한다는 정말
어려운 결정이었으나, 북한은 이 결정을 수용할 수 없었다. 북한은 남
북대화과정에서 이미 여러 차례 "두개의 조선" 논의나 "남북한 UN 동
시가입"이 반대한다는 입장을 명확하고 강력하게 전달해왔다. 김일성
개인적으로도 남북조절위원회 제2차 공동위원장회의에서 이후락에게
"대외적으로 이름은 하나라야지요. 분열된 나라로 유엔에 가입 안한다.
나는 절대로 안 들어갑니다. 남조선이 들어가려 해도 못 들어가지요.
거부권이 있지요"[54]라고 강조하였다. 홍석률의 지적대로 김일성이 강
조한 말을 뒤집는 것은 북한으로서는 상상할 수 없는 일이기도 하였
다.[55]

북한의 입장은 6.23 선언 불과 수 시간 후에 발표한 김일성의 조국
통일 5대강령에서 분명하게 밝혀졌다. 당시 평양을 방문한 체코 공산
당 제1서기 후사크 환영대회 연설에서 김일성이 천명한 5대강령은 남
조선혁명과 남한정부 부정을 전제로 하는 기존의 대남정책을 재확인
한 것이다.[56] 결국 실질적으로는 1973년 6월 23일에 남북관계는 대화
를 통해 수렴하는 대신 서로 반발하고 어긋나는 관계로 복귀한 것이
다.

3. 남한 유신체제의 공고화

남북대화를 추진하면서 남한과 북한은 똑같이 자신들의 체제내부의 결속을 강화하는 조치들을 취하였다. 박정희 대통령은 정홍진-김덕현의 비밀접촉이 진행됨과 동시에 1971년 12월 국가비상사태를 선포하였고, 남북조절위원회가 구성되어 회의가 진행 중이던 1972년 10월에는 유신을 단행하였다. 북한은 1972년 12월에 사회주의헌법을 채택하였다.

통상적으로는 남북간에는 이러한 상대방의 내부정세 변동에 대해 서로 격렬한 비난전을 전개하는 것이 마땅하겠으나, 1971년에서 1973년 초까지 서로 상대방의 정세 변동에 대해 큰 반응을 보이지 않았다. 북한은 남한이 1971년 비상사태를 선포한 데 대해 "조선민주법률가협회" 명의로 성명을 발표한 것 외에는 별다른 반응을 보이지 않았고,57) 유신체제에 대해서는 남북대화 중단 성명에서도 언급하지 않았다. 남한도 북한의 헌법 개정에 대해 "물어보지 않았다."58) 때문에 당시에도 남북간에 내부체제 공고화에 대해 상호 양해가 있었던 것이 아닌가 하는 의문이 제기되었으나59) 이후락은 일관되게 이를 부인하였다.

그러나 유신체제의 공고화는 북한이 의도한 남북대화의 긍정적 효과, 즉 남조선혁명의 여건조성에 장애가 될 뿐 아니라 오히려 남한의 반정부 세력에 큰 질곡이 된다는 것이 점차 분명해지게 되었다. 김영주의 8.28 성명에 나열된 남북대화를 중단시키게 된 첫 번째 계기는 김대중 납치사건으로서, 이는 "어떤 단순한 '형사사건'도 아니며 어느 한 개인에 대한 고립된 범죄행위도" 아니고, "사회의 민주화와 조국통일을 요구하는 남조선의 애국력량을 말살하기 위한 일대 정치적 음모"라고 규정하고 있다.60) 이어 김영주 성명은 박형규 목사 등 15인의 국가보안법 위반 사건, 윤필용사건 등을 나열하면서, 이러한 탄압이 남북 공동성명의 정신에 배치되는 것이라고 강조하였다.

북한은 1975년 5월 29일에는 남북조절위원회 부위원장회의도 중단시키는데, 이는 남한의 긴급조치 9호와 연관 지어 분석할 필요가 있다. 박정희 대통령은 베트남의 패망과 그로 인한 안보위기 등을 이유로 1975년 5월 13일 긴급조치 9호를 발령하였고, 그로부터 열흘 여 만에 여야 영수회담과 언론사들의 자율정화결의를 이끌어 내었다. 긴급조치 9호는 유신헌법에 대한 일체의 반대나 폐기 요구, 이에 대한 보도를 금지하고 위반자는 영장 없이 체포한다는 것으로, 10.26사태 직후 폐기될 때까지 4년간 유신체제를 지탱하는 가장 강력한 수단이 되었다.

북한은 정권수립 이후 남한에서 평화통일론이나 남북합작을 주장하는 이른바 "애국력량"과 "민주주의인사"들에 대해 일관되게 지지와 연대성을 표시해왔다. 남한 언론에서는 다루어지지 않는 반공법 위반이나 국가보안법 위반사건은 이러한 입장에서 매우 자세하게 『로동신문』 등에서 다루어졌다. 그런 상황에서 남한의 유신체제가 강화되고 "애국력량"이 탄압받는데 대해서는 어떤 형태로건 강력한 항의와 함께 이들에 대한 지지와 연대를 표시할 필요가 있었던 것이다.

V. 결어: 반복되는 어제, 위험한 변화

정권수립 초기부터 남한정부를 "미제의 식민지"로 간주하여 대표성을 부인하던 북한은 국제적 데탕트와 미중화해 추세에 대응하기 위하여 남한정부와의 대화를 모색하기 시작하였다. 당시 북한은 중국의 사전설명을 통해 미·중 화해의 진전과 미군철수의 가능성을 확인한 후, 1971년 8월 6일 김일성연설을 통해 당국을 포함한 남한의 모든 인사들과 대화를 하겠다고 선언한 것이다. 이후 남한의 호응에 따라 남북적십자회담과 남북조절위원회 회의가 빠른 속도로 전개되었다.

북한은 남북회담을 진행하면서도 주민들에게 대화나 협상은 혁명의 포기가 아니라 전술적 고려라는 것을 주지시켰다. 김일성이 "세계혁명 투쟁력사에는 공산주의자들이 제국주의자들과 무슨 조약을 맺거나 대화를 한다고 하여 반제적 립장을 버리거나 혁명을 포기한 실례가 없다"[61]고 지적한 것이다. 한편 북한은 "김일성의 8월 6일 연설에서 내놓은 새로운 조국통일방침과 그 결실로서 이루어진 남북공동성명"[62]이라고 설명하면서 남북회담과 7.4 남북공동성명이 김일성의 주도하에 이루어졌다고 강조하였다.

그러나 김일성의 주도로 개시되었다던 남북회담은 오래 지속되지 못하고 2년 만인 1973년 8월 28일 북한의 중단선언으로 우여곡절을 겪게 되었다. 그 이후 적십자회담은 6년간 본회담 재개를 위한 다양한 명칭의 접촉으로 이어졌는데, 이 접촉들은 회담이면서도 회담이 아닌 것이었다. 또, 남북조절위원회 회의는 2년 남짓 공동부위원장회의로 이어졌으나, 이조차 북한의 거부로 완전히 단절되었다.

1970년대의 남북회담에서 북한이 보여준 행태는 크게 세 가지로 요약된다. 첫째, 남북대화의 개시와 중단에서 북한의 일차적 고려는 미국과의 관계였다는 것이다. 북한은 미군철수 및 북미관계 개선의 가능성을 고려하여 남북화해 분위기를 조성하였고, 미군철수의 가능성이 없어지고 북·미간 대화창구가 열리게 되면서 남북회담 중단을 선언하였다.

둘째, 북한은 회담의 진행 중에도 변함없이 남한정부를 대등한 상대방이 아니라 '미제의 괴뢰', 그리고 전복시켜야 할 대상으로 인식하였다는 것이다. 적십자회담의 선결조건인 동시에 남북조절위원회에서 제기된 반공법·국가보안법 폐지 등은 '남조선혁명'을 위한 반정부투쟁이 가능한 환경을 조성하려는 것이었다. 또, 이산가족 찾기를 위한 '적십자 료해인원'의 파견은 남한정부가 조사하여 통보하는 이산가족을 인정하지 않고 북한이 직접 남한 전국을 누비면서 이산가족 실태와 그 희망사항을 파악하겠다는 뜻이었다.

셋째, 남북회담의 재개와 중단, 회담의 수준과 의제는 사실상 북한이 결정해왔다는 것이다. 남북회담의 문을 연 것이 김일성의 8월 6일 연설이었던 것, 남북대화를 중단시킨 것은 김영주의 성명이었던 것, 7.4 공동성명의 합의에도 불구하고 실제로는 박성철이 남북조절위원회 위원장 역할을 수행한 것, 그리고 1979년 변칙대좌에 끝끝내 민간의 모자를 쓴 '조국전선' 대표단을 내보낸 것 등이 모두 북한의 결정이었다. 또한 적십자회담에서도 선결조건이라는 명분으로 정치적 사안을 제기하는가 하면, 당국간 회담에서 갑자기 '대민족회의' 소집을 주장하는 등 자신들이 관심사를 지속적으로 협상의제로 제기하였다. 이렇듯 북한은 자신들이 필요로 할 때, 필요로 하는 수준에서, 필요로 하는 의제를 가지고서 남북대화를 개최하고, 유지하고, 중단시켜왔다.

그런데 이러한 북한의 행태는 1970년대만이 아니라 그 후의 남북회담에서 일관되게 표출되고 있다는 것을 유의해야 한다. 언론과 연구자들 사이에 '통미봉남'으로 명명된 북한의 대미 직접협상 전략은 1990년대 제1차 북핵위기와 제네바 협상과정, 2000년대의 제2차 북핵위기 및 6자회담 과정, 그리고 2014년의 억류 미국인 송환과정에서 반복되고 있다.

남한정부의 대표성을 부정하는 행태는 남북관계가 가장 우호적이었던 2000년대에도 민간단체의 대규모 남북공동행사에 집착하거나, 남한의 사법당국에서 이적단체로 판결 받은 '조국통일범민족연합'(범민련)의 활동을 지속적으로 지원하고 이들의 처벌을 비난하는 데에서 나타났다. 남북관계가 경색될 때면 '괴뢰'라는 표현도 노골적으로 재등장하곤 하였다.

남한은 1970년대 이후 여러 가지 사회적 상황으로 인해 회담을 먼저 중단하거나, 회담 재개를 거부하지 못했다. 결과적으로 여전히 북한이 회담의 중단과 재개, 회담의 수준 등에 결정권을 행사하고 있다. 2014년 제1차 고위급접촉의 남측 수석대표를 지정한 것도, 돌연히 아시안게임 폐막식에 고위급 3인방을 파견한 것도, 군사접촉을 제안한 것도 북한이었다.

그런데 남북회담과 관련한 북한의 태도는 2000년대 이후 부분적 변화를 보인다. 첫째는 남북회담에서 북한이 남한에 경제적 보상을 기대하는 경향이다. 때로는 노골적으로 대북지원을 요구하고, 때로는 우회적으로 남측에 위협을 가하면서 경제협력을 압박하곤 했는데, 김정은의 등장 이후에는 노골적 무력위협으로 형태가 바뀌기도 하였다. 그런데 이러한 변화는 1970년대까지는 남북한의 경제력 격차가 크지 않았던 것과 관련이 있다.

보다 위험한 두 번째 변화는 점차 무력위협의 정도가 심해지고 실질적 무력도발이 빈번해진 것으로, 세 차례의 핵실험 이후에 북한이 비대칭전력에 대한 자신감을 갖게 된 때문으로 보인다. 북한은 1962년 4대 군사노선의 천명이후 일관되게 군사력과 경제건설 병진노선을 추구해왔으며, 김정은의 핵무장과 경제건설 병진노선도 그 연장선상에 있다.

1970년대에 형성된 남북대화의 패턴과 북한의 대남시각은 현재에도 반복되고 있다. 남한정부는 수시로 이 패턴을 깨고자 시도하지만, 국민의 요구에 반응해야 하는 민주주의체제에서 대화를 먼저 중단한다는 결정은 거의 불가능하다. 일방이 대화의 지속을 원하는 한 그 일방이 약자가 되는 것은 피할 수 없다.

제2부

경제와 사회

[제 5 장]

북한 경제의 재고찰과 시사점*

−김정은의 1970 년대 경제 불러오기−

이창희

I. 들어가며

2013년 북한에서는 이례적으로 김정은의 육성으로 신년사가 낭독되었다. "당사업을 1970년대처럼 화선식으로 전환하고 김정일애국주의를 철저히 구현하도록 하는데 당사업의 화력을 집중해야 한다"며 '1970년대'를 강조하였다. 1970년대를 강조한 신년사는 2009년에도 있었다. "각급 당조직들은 위대한 령도자 김정일동지를 당과 혁명의 진두에 높이 모신 격정과 환희에 넘쳐 모든 분야에서 일대 앙양을 일으켜나가던 1970년대처럼 당사업에서 새로운 전환을 가져와야 한다"는 것이다. 이에 대해 많은 사람들은 당을 중심으로 김정은의 3대 세습체제를 강화하려고 김정일 후계체제가 확립된 '1970년대'를 불러오는 것이라고 해석하였다.

하지만 현재 북한의 '1970년대'에 대한 강조는 경제선동 및 건설에 대한 강조로도 활용되고 있다. 일반적으로 1970년대부터 북한 경제가 남한 경제에 추월당하는 등 본격적인 정체 국면이 시작되었다고 파악되었다. 그러나 김정은은 1970년대를 "온 사회를 김일성주의화하기 위한 투쟁속에서 정치와 군사, 경제와 문화를 비롯한 모든 분야에서 로동당시대의 대전성기가 펼쳐지게 되었다"고 강조하였다.[1] 2014년 5월 9일자『노동신문』'경제선동의 북소리 높이 모든 전선에서 대비약적혁신을 일으키자'라는 사설에서는 "사회주의 경제건설에서 대중의 열의를 발양시키려면 1970년대와 같이 집중적이고도 강력한 경제선동공세를 해야 한다"며, "당사상 사업부문을 비롯한 모든 부문, 모든 단위에서 경제선동의 화력을 집중하는 것이 최후승리를 위한 지름길"이라고 주장하였다.

따라서 본 연구는 1970년대 북한 경제에 대한 재고찰을 통해 특이점을 분석한다. 이를 통해 오늘날 북한 당국이 어려운 경제상황에서도 '1970년대'를 강조하는 까닭을 찾아보고자 한다.

II. 1970년대 북한경제에 대한 선행 연구

양문수[2] 등은 통일원의 발표에 의거하여 북한이 1971~1976년 연평균 16%의 경제성장률로 1960년대 10.1%보다 상승했음을 인정하지만 제2차 7개년 계획기(1978~1984)에 4.7%로 하강하였고, 경제관리방식이 크게 변하지 않아 계획경제를 더욱 어렵게 만들었다고 주장하였다. 1970년대 전반기 경제성장은 서방과의 경제관계 확대에 기초하였지만, 1970년대 중반 대외부채 문제로 디폴트(채무불이행)의 한계에 직면하는 동시에 사회주의의 정치적 경제운영 문제와 맞물리면서 경제성장률이 둔화되었다는 것이다. 당시 북한의 경제관리방식은 1960년대 형성된 계획의 일원화 및 세부화라는 기본 골격을 그대로 유지하면서, 사상을 강조한 속도전, 계획보다 우선순위를 내세운 주석폰드 형성 등으로 문제 상황을 돌파하려 하였지만 계획경제의 모순을 심화시켜, 1970년대 중반부터 자재공급의 차질 등을 발생시켰다. 결국 대외개방 시도는 적극적으로 평가해야 하지만, 1970년대 장기적인 경제 침체의 구조가 형성되었다는 것이다.

이러한 1970년대 북한 경제에 관한 기존 연구에서는 현재 북한 당국이 1970년대를 경제적 전성기로 강조하는 까닭을 찾기 어렵다. 하지만 이태섭[3]과 정영철[4] 등은 당시 경제위기에 대해서 1975년 '3대혁명 붉은기 쟁취운동' 등 대중운동을 통한 돌파전략이 비교적 수치상 성과적으로 진행되었다고 주장하였다. 1974년 진행된 '70일 전투'는 북한식 대중운동의 일상적 제도화의 상징이었다. 전투적 대중동원은 수령체제의 제도적 완성 및 조직사회주의 강화와 더불어 북한식 사회주의의 원형으로 확립되었다. 하지만 대중동원은 외연적 성장전략의 극대화로써 정치사상적 요인을 강조하는 '경제논리의 정치논리화'를 노정하여 장기적으로 경제적 비효율성이 증대되면서 북한 경제의 침체를 가져왔다는 것이다. 그러나 정치적인 경제위기 돌파전략 위주의 분석은 경제적 해결 노력보다 지나치게 정치적 처방만을 강조하는 문제점을 지니고 있다.

이에 비해 이정철[5] 이항동[6] 등은 1970년대 북한 경제관리방식의 변화를 주장하였다. 1960년대 중반 '경제-국방 병진노선'과 '계획의 일원화·세부화'조치로 인해서 형성된 '초중앙집권화체계'를 극복하는 차원에서 1970년대 '연합기업소' 등 기업분권과 '지방예산제' 등 지방분권, '독립채산제' 등 가치법칙의 부분적 활용 등이 담긴 현실적 경제정책을 모색하였다는 것이다. 이로 인해 계획목표를 비교적 달성하였고, 인민들의 생활수준이 향상되는 경제적 성과가 존재하였다. 그러나 청년 중심의 3대혁명소조운동에도 불구하고 간부들의 관료화가 사라지지 않아서 북한 경제는 장기적으로 활력을 잃었다. 또한 생산관리정책, 금융,

무역정책 등 경제정책의 변화는 합리성의 증대를 가져왔지만, 노동정책 등은 사상에 기초한 대중동원에 의존하면서 정책 간에 지속적인 불일치와 긴장이 발생하여 북한 경제를 어렵게 하는 지점으로 작용하였다. 하지만 이러한 연구들은 1970년대 북한의 경제위기를 경제운영방식의 변화로 극복하려는 지점에 주목하였다.

따라서 본 연구도 경제적 운영방식의 변화에 관심을 가지면서 1970년대 북한 경제를 재고찰하여 기간 선행연구가 주목하지 못한 부분이 존재하는가를 살펴보고자 한다. 이를 위해 북한에 대한 내재적 접근에 입각하여 1970년대 북한 경제의 장점과 단점을 재분석하는 동시에 선행연구들을 재종합하여 현재 북한 당국이 1970년대 경제를 불러오는 이유를 찾고자 한다.

III. 1960년대 후반 조성된 북한 경제의 난관: 경제-국방 병진노선의 압박

1970년대 북한 경제의 특징을 관찰하려면 우선, 1960년대 말까지 북한 경제의 장점과 단점이 무엇이었는가를 살펴보아야 한다. 그래야 1970년대에 과거 경제의 장점을 살리면서, 단점을 줄이는 방식의 경제적 특성을 발견할 수 있기 때문이다.

많은 북한 경제 연구자들은 1960년대 말 북한 경제의 단점을 먼저 지적하였다. 그것은 바로 1960년대 중반부터 실질적으로 전개된 경제-국방 병진노선의 폐해가 눈에 띄게 존재하기 때문이었다. 1960년대 월남전 등으로 초래된 안보적 위기심리가 북한을 뒤덮은 상황에서 전쟁 대비 비축물자를 쌓아두는 준전시적 방식의 경제운영이 진행되었다. 여기에 중소분쟁의 심화로 인해 독자적으로도 전쟁을 치룰 수 있다는 불안감이 더해져 군수공업 중심의 자립경제노선이 추구되었다.

따라서 첫째, 소규모 국가에서 제한된 자원의 상당한 부분을 국방부문으로 투입하는 일이 발생하여 자원부족현상이 만연하게 되었다. 1960년대 중반부터 국가 예산의 30% 이상이 국방비로 소진되었다. 둘째, 전방연쇄효과가 적은 군수산업으로의 집중적 자원투입은 경제 규모의 증대에 따른 산업적 연계의 확산을 정체시키는 병목현상을 가져왔다. 셋째, 그럼에도 전쟁을 대비하는 경제를 운영해야 했기 때문에 가치법칙의 활용마저 무시되는 경직된 경제운영방식이 전개되었다. 또한 자원의 분배가 초중앙집권적으로 진행되는 계획의 일원화·세부화 조치가 취해졌다.

> 한때 우리나라에서도 수정주의에 물젖은 일부 경제일군들이 가치법칙을 리용한다고 하면서 황해제철소에 나가 '가화폐'를 만들어가지고 로동자들이 일한 결과를 매일 돈으로 평가하는 놀음을 벌린 일이 있었습니다. 그때 황해제철소 로동계급들은 우리는 돈을 벌기 위해서 일하는것이 아니라 조국과 인민을 위하여 일한다, 가치법칙이고 '까마귀법칙'이고 다 집어치우고 당장 돌아가라고 하였습니다.[7]

> 우리는 계획지표가 만종이 아니라 몇 만 종이 된다고 하더라도 세부계획화를 하여야 하겠습니다. … 지표가 많아서 하루 이틀에 못하면 한두 달이나 한해가 걸려서라도 세워야 하며 사람이 적어서 하기 힘들면 계획일군을 늘여서라도 세부계획화를 하여야 하겠습니다. 공장의 실정을 잘 아는 오랜 기술자를 작은 공장에서는 한사람, 큰 공장에서는 두 서너 사람씩 올려 와도 될 것입니다.[8]

그러나 이러한 단점에도 불구하고 북한은 1970년 제5차 조선노동당 대회에서 완충기까지 더해진 1차 7개년 계획기간(1961~1970)에 공업생산액이 3.7배 증가하였다며 사회주의 공업화의 실현을 선포하였다. 당시 북한이 이룬 경제적 성과는 크게 2가지로 볼 수 있다. 하나는 중공업 우선노선에 의해 공업적 생산구조가 크게 향상되었다. 사실 후진국에서 공업적 생산구조를 갖기란 쉽지 않다. 이는 과거 일제강점기 북한지역에 존재한 중화학공업 설비와 한국전쟁 이후 소련, 동구권의 원조 및 기술 지원 때문에 가능하기도 하였다. 이와 같은 공업 부문의 성장으로 인해 노동력이 부족할 정도로 북한의 경제 규모가 비약적으로 증대되었다.

또 다른 하나는 생산기술의 향상만큼은 아니지만 생산성의 부분적 고양을 가져오는 경영기술의 획득이다.[9] 1960년대를 거치면서 북한은 비로소 잦은 이직과 낮은 숙련에서 벗어나 노동조직화가 가능하게 되었다. 천리마작업반운동 등을 통해 기술적 노동생산성이 향상되고, 정규적인 노동규율이 자리 잡게 된 것이다. 일례로 천리마 대안전기 공장에서는 작업반 매일 총화, 순별 및 월간 직장 내부채산제 실행총화, 매주 작업반장 연합회의, 직장 담당 성원들의 매일 총화회의, 직장 및 각 부서들에서의 주간 사업총화, 매주 공장참모회의 및 간부협의회, 월별·분기별 증산경쟁 총화회의 등 회의체계를 확립하고 엄격히 계획을 실행하고자 하였다.[10]

이러한 성과들은 북한을 낙후한 농업국가에서 사회주의 공업국가로 변모시킨 장점이었다. 하지만 당시 북한의 경제는 대내외적으로 커다란 시련을 맞이하고 있었다. 대내적으로는 1956년 반종파투쟁에 이어서, 1967년 5월 갑산파 사건과 1968년 10월 군부강경파 사건이 발생하였다.[11] '수령제 사회주의'의 확립을 위해 수정주의적인 갑산파와 군사 모험주의적인 군부강경파를 차례로 숙청한 것이다. 하지만 경제적으로 보면 경제-국방 병진노선의 무리한 실행에서 중공업 우선노선 등에 대한 논쟁이 다시 제기되면서 계획의 현실화를 주장한 갑산파는 경제적 수정주의로, 국방공업을 강조하며 중공업 중심의 노선을 강조한 군부강경파는 경제-국방 병진노선이 낳은 발전지체 현상에 대한 문책으로 숙청되었다.

또한 대외적으로 그 동안 중공업과 원료부문의 개발을 중심으로 자립적 공업화에 국력을 집중시켰던 동구 사회주의권에서 1950년대의 연간 10.6%에서 1960년대 8.8%로 고도의 경제성장률이 점차 둔화되기 시작하였다.12) 이에 대해 동구권은 자립경제의 포기와 국제분업체계에 대한 지지, 시장기제 등을 도입하는 개혁사회주의로의 변화 등을 모색하기 시작하였다. 이러한 대내외적 환경은 경제-국방병진노선으로 인해 높은 경제성장률의 둔화를 가져온 북한의 초중앙집권화된 경제운영에 대해서 충분한 문제제기가 되었다.

이러한 상황에서 북한 당국의 고민은 증폭되었다. 어떠한 경제적 방식을 채택해야 하는가에 대한 정책적 갈등이 심화되었던 것이다. 북한 지도부는 경제 규모 및 인구의 증대 추세에 부합하는 지속적인 경제성장을 실현하기 위한 과제를 해결해야 했다.

IV. 1970년대 북한의 경제적 대응과 2차례 위기 돌파: 북한식 경제의 태동

1970년대 북한은 1960년대 후반 경제-국방병진노선으로부터 조성된 경제위기와 1970년대 중반 대외채무불이행 등으로 인한 경제위기, 즉 2차례의 위기를 맞이하였다. 당시 북한은 자립적 발전전략에 입각한 사회주의 계획경제의 특성상 지속적인 공업화를 위한 자본 축적, 경제-국방 병진노선에 따른 전시물자의 조성, 높은 인구증가율까지 고려해야 했기 때문에 고도의 경제성장률을 필요로 하였다. 경제성장률이 높아야 국방력도 확보하고, 자본 축적을 향상시켜 공업의 규모를 유지, 확대해 추격 발전을 전개할 수 있기 때문이다. 이러한 목표 속에서 각 산업별로 높은 성장률을 동시에 유지하지 못하면 시장경제보다 폐쇄적인 계획경제의 특성상 전체 산업구조에 병목현상 등 차질이 빚어져 경제위기가 발생하는 것이다.

북한 당국은 경제의 균형을 꾀하는 적정성장률[13]을 고려하기보다, 속도 중심의 높은 경제성장률 재달성으로 경제위기에 대응하고자 하였다. 대응 과정에서 북한식 경제의 특성이 나타났고, 낮은 수준이지만 인민생활의 향상을 실현하였다. 북한식 경제의 특성은 북한 특유의 조직적 사회주의체제와 절충주의적 경제노선, 그리고 대외관계를 활용한 공업화 발전전략의 지속 등으로 표출되었다. 하지만 경제위기의 완전한 극복은 실현되지 않았다.

1. 1960년대 후반 경제위기에 대한 대응전략

북한 당국은 1960대 후반 경제-국방 병진노선의 압박으로부터 제기된 경제적 위기상황에 대해 이미 1969년부터 대응정책을 제시하였다. 1969년 3월 김일성은 "사회주의경제의 몇 가지 리론문제에 대하여"라는 입장을 발표하였다. 북한의 경제정책은 크게 3가지 방향으로 제시되었다.

첫째, 북한의 사회주의 경제관리를 부분적으로 개선하는 조치를 취하였다. 북한은 가치법칙을 무시하는 기존의 고전적 사회주의와 동구로부터 불어오는 시장 활용 등의 '개혁사회주의' 경향에 대해 절충주의적 입장을 제시하였다. 김일성은 경제적 좌·우편향을 경계한다며 가치법칙을 제한적으로 활용하는 입장을 채택한 것이다. 사회적 필요노동시간을 가격으로 표시하는 가치법칙의 형태적 활용뿐만 아니라, 시장을 부분적으로 활용하는 가격정책 등을 통해 생산량을 조절하는 정책을 실시하였다. 이를 통해 북한 당국은 연성예산제약 등 자원이 무분별하게 낭비되는 현상을 막고자 하였다. 이는 물질적 관심 등 사회주의의 과도기적 특성에 대한 인식을 명확히 하면서 1973년 "국영기업소 독립채산제에 관한 규정"을 제정하여 독립채산제를 강화하는 방향으로 발전하였다.14)

바로 이 모든 것이 사회주의하에서 비록 다 같은 국가소유의 기업소이긴 하지만 그들 사이의 거래에서 엄격한 등가계산을 할 것을 요구합니다. … 그러면 여기에서 값이 문제로 될 것이기에 간혹 계획이 잘못되어도 실지 공급과정에서 바로잡을 수 있는 것입니다. … 우리는 벌써 20년 이상이나 계획경제를 실시하여왔으며 계획을 객관적으로 세우라고 계속 강조하여오지만 아직도 계획화사업이 잘되지 않고 있습니다. 자재, 원료의 공급계획이 역시 그렇습니다. 어떤 것은 계획에서 빠뜨리기도 하고 어떤 것은 필요 없는 것을 공급하도록 계획하기도 합니다. 그러면 이런 문제들이 어디에 가서 걸려야 하겠습니까? 상사에 가서걸려야 합니다. 다시 말하여 상사를 거쳐 자재, 원료를 팔고사고 하는 과정에서 이러한 문제들이 보충되고 고쳐져야 합니다. … 정치경제학교과서에도 농민시장에 대하여 잘 쓰지 못하였습니다. 무엇이라고 썼는가 하면 농민시장은 공동경리발전에 나쁜 영향을 주고 농민들의 소부르죠아사상, 리기주의를 길러준다고만 하였습니다. 그리고는 사회주의사회에서 농민시장이 왜 필요하고 그것이 어떤 역할을 하며 어느 때에 가서 없어질 수 있는가 하는 데 대해서는 똑똑히 씌여있지 않습니다. 사회주의사회에서 부업생산이나 농민시장이 남아있는 것은 나쁠 것이 없으며 오히려 좋은 것입니다.15)

또한 1969년부터 '새로운 계획화체계'가 강조되었다. 이는 경제-국방 병진노선 당시 도입된 초중앙집권적인 '계획의 일원화 및 세부화 조치'를 유연하게 적용하여 계획지표를 위와 아래가 분담하도록 하였다. 또한 사회주의 중앙집권 계획경제의 대명사인 '통제수자'의 문제를 완화

하기 위해 '예비수자'를 도입하는 등 비효율적인 계획경제의 폐해를 부
분적으로 개선시키고, 계획을 현실화하는 것에 도움을 주었다.

> 새로운 계획화체계에서 인민경제계획사업은 먼저 공장, 기업소들에서
> 예비수자를 세우는 것으로부터 시작하여야 할 것입니다. 우리가 계획을
> 세우는데서 예비수자라는 것을 새로 받아들이려고 하는데 이것은 계획화
> 사업에서 생산자들의 민주주의를 더 잘 발양할 수 있게 하려는데 그 목
> 적이 있습니다. 예비수자는 계획초안도 아니고 통제수자도 아니며 인민
> 경제계획을 세우는데 도움을 줄 목적으로 공장, 기업소들에서 생산자들
> 과 널리 토의하고 그들의 창조적 지혜와 적극성에 기초하여 생산을 늘일
> 가능성을 모두 따져 지구계획위원회와 성, 관리국에 제기하는 수자입니
> 다. 예비수자는 … 계획화사업에서 나타날 수 있는 국가계획기관들의 주
> 관주의를 없애는 데서도 중요한 의의를 가지게 될 것입니다.[16]

이때부터 계획의 세부화란 중앙이 세부적인 경제활동을 직접 계획하
는 것이 아니라, 중앙의 계획 기관은 내부적으로 수요와 공급의 균형
을 맞출 수 없는 외부적 계획지표에 대해서 계획을 작성하여 하달하
고, 세부적인 계획의 대부분은 생산자를 포함한 하부의 기업소에서 스
스로 작성하는 것을 의미하게 되었다. 물론 계획기관의 성원을 하부에
파견하는 등 계획의 일원화를 통해 아래 기업소에서 스스로 작성하는
내부 계획지표에 대해서 중앙의 계획기관이 선정한 기준에 의거하여
통제하였다.[17] 중앙에 속하는 3급기업소(보통 1,000~2,000명 고용) 이상
의 공장단위에는 국가계획위원회에 속하는 국가계획부를 설치하여 아
래 단위의 계획 작성이 위 단위와 연계되도록 하였다. 더불어 1973년
에 강조된 국가주석 예비(주석폰드), 정무원 예비의 마련을 통해 계획
의 원활한 집행을 위한 완충적 역할을 하고자 꾀하였다.[18]
부분적인 경제관리의 개선은 기업분권화와 지방분권화로 발전되었다.

1973년 일관생산체제를 의미하는 연합기업소 제도가 도입되었다. 이에 앞서 1971년 경제-국방 병진 노선의 후과인 국방공업 중심의 초중앙집권적 경제를 극복하고자, 군수산업에 대한 분권화 차원에서 '제2경제위원회'가 설립되었다.[19] 또한 지방기업소의 수입을 해당 지방에서 먼저 사용하는 지방예산제가 실시되었다.[20]

> 련합기업소는 국가의 중앙집권적, 계획적 지도밑에 기업소의 통일적인 생산계획을 세우고 생산자원의 분배와 조절을 실시하며 모든 생산활동을 직접 틀어쥐고 조직·지휘한다. 그것은 산하기업소들의 생산활동결과에 대하여 당과 국가 앞에 생산적으로, 재정적으로, 법적으로 완전히 책임진다. ··· 소속과 지역에 관계없이 생산의 순차적 단계에 따라 련쇄된 기업소들을 하나의 생산기술적 유기체로 묶은 련합기업소는 ··· 특히 경제의 규모가 커지고 모든 고리들의 련계가 복잡해진 조건에서 ··· 당과 국가의 의도와 개별적기업소들의 실태를 잘 아는 련합기업소자체가 기본제품생산을 반드시 보장하는 방향에서 조직진행하기 때문에 ··· 공장, 기업소들에서 계획을 아무리 잘 세우고 협동생산규률을 정확히 지키려고 하여도 필요한 원료, 연료와 자재들을 제때에 보장받지 못하면 생산을 제대로 밀고 나갈 수 없으며 기업관리의 계획성을 높은 수준에서 실현할 수 없다. 련합기업소는 자신이 원료, 연료 생산기지를 직접 가지고 있음으로 하여 중간다리를 거치지 않고 자기의 통일적인 지령체계에 따라 생산에 필요한 모든 원료, 연료와 자재들을 제때에 공급받을 수 있으며 생산을 계획적으로, 균형적으로 발전시킬 수 있다.[21]

둘째, 북한은 서구의 자본까지 도입하며 중공업 우선노선에 따른 기술적 병목현상 등을 해결하려는 개방정책을 전개하였다. 북한 당국의 개방정책은 기간 양적 발전을 질적인 성장으로 전환시키려는 노력에 부합하는 것이었다. 1971~1980년 일본, 프랑스, 독일, 영국에서 들여온 차관은 약 12억 4,200만 달러로 같은 기간 소련에서 도입된 차관 약 9

억 600만 달러를 상회하였다.[22] 물론 1960년대 북한의 전체 차관 도입액은 약 9억 달러였기 때문에, 당시 서방뿐만 아니라 소련에서도 북한에게 제공한 차관은 증대되었다.

북한은 서방 차관 도입을 통해 기술수준이 사회주의국가보다 우위인 선진 자본주의 국가로부터 기계, 플랜트 등 설비도입을 시도하였다. 서구자본을 도입한 대표적 사례가 '남흥청년화학엽합기업소'였다.[23] 당시 세계적 추세가 석탄 중심의 산업구조에서 효율성이 높은 석유 중심의 산업구조로 전환하는 시점에서 북한도 선진적인 기술 장비를 들여오기 위해 외채까지 빌려서 석유 중심의 설비를 받아들였다. 또한 경제의 발전에 따라 농기계, 자동차, 선박 등의 수요가 크게 늘어나 석탄으로 대체할 수 없는 부문이 확대되었다. 이는 사회주의 경제의 공통적 문제인 수송부문의 부족을 해결하기 위해 더욱 증가되었다. 따라서 많은 석탄 매장량에 기초하여 자립적인 산업구조를 구축하려던 북한에서도 석유소비가 1973~1977년 연평균 10% 이상 증가되는 결과가 빚어졌다.[24]

또한 북한은 대외부채를 해결하기 위해 서방권과의 대외무역을 적극적으로 진행하였다. 1975년 북한의 대외무역에서 일본 및 OECD와의 수출이 전체의 20%, 수입이 전체의 41.1%까지 차지하였다.[25] 당시 소련과의 수출, 수입은 각각 26.0%, 22.4%였다. 1970년부터 무역부의 허가 아래 지방기업소를 포함한 모든 기업소들로부터 수출입의 주문을 받게 하였다. 1975년 한두 가지의 특정 품목만을 독점적으로 취급하도록 전문화되어 있던 무역상사들이 모든 종류의 물품을 취급하여 서로 경쟁하였다.[26]

셋째, 자원의 제약으로 인해 산아제한정책을 실시하는 동시에, 부족한 노동력에 대해서 여성노동력을 최대한 활용하였다. 후진국에서는 높은 출산율로 인한 인구성장의 문제로 인해 자원이 부족해져 경제발전이 저해되는 경우가 존재하였다. 북한도 높은 인구성장률에 의한 소비의 확대로 경제성장이 둔화되는 문제가 발생하였다.

통상적으로 경제성장의 지표가 되는 1인당 실질소득성장률은 실질경제성장률에서 인구증가율을 빼는 것을 의미한다. 북한의 인구 발표를 볼 때 1946년 약 925만 명에서 월남과 전쟁피해 등으로 1953년 약 849만 명으로 감소하였지만, 1956년 약 935만 명, 1960년 약 1,078만 명, 1970년 약 1,461만 명으로 1960년 인구에 비해 1970년 인구는 35.5% 증대되었다. 1960년대 연평균 인구증가율은 3.08%였다.[27] 이러한 인구증가 추세에 걸맞은 높은 경제성장이 북한에게 요구되었다.

하지만 제5차 조선노동당대회에서 김일 부수상의 보고에 따르면 1960년대 북한은 원래 1차 7개년 계획에서 예상했던 공업총생산증가율 연 18.1%에 미달하는 연 12.8%를 기록하였다. 1960년대 중후반 북한 경제성장률의 각 추정치는 3~5%대로 침체되었으며, 연 3%의 인구 증가율을 감안할 경우 1인당 실질소득성장률은 더욱 감소하게 되었다.

이에 따라 소비인구의 확대로 인한 공업부문에 대한 공급제약이라는 경제발전의 걸림돌을 제거하기 위해서 북한은 노동력이 부족함에도 1972년부터 '산아제한'의 인구억제정책을 실시하였다. 동시에 노동력 부족은 1970년에 주창된 힘든 노동으로부터의 해방, 농업노동과 공업노동의 차이 해소, 여성들의 가사 부담 해소라는 '3대기술혁명'을 강조하면서, 가정으로부터의 여성노동력 배출을 활용하여 해결하고자 하였다. 따라서 1980년 북한의 인구는 약 1,729만 명으로 1970년 인구보다 18% 증가하였고, 1970년대 연평균 인구증가율은 1.7%로 둔화되었다.

〈표 1〉 1960~1970년대 **북한의 경제성장률**(단위: %)

	북한(NMP*)	한국 추정	미국 CIA	황의각	Kim, Kim and Lee
1961-1965	10.0 (61-64)	10.1	9.8 (60-65)	9.4	3.3 (60-65)
1966-1970	5.4 (65-70)		5.5 (65-70)	5.8 (66-69)	3.3 (65-70)
1971-1975	17.2 (71-74)	16.0 (71-76)	10.9 (70-75)	19.8 (70-75)	4.6 (70-75)
1976-1980	8.8 (78-84)	4.7 (78-84)	4.1 (75-80)	8.1	2.2 (75-80)

1970년대 매년 북한의 경제성장률 추정치 (황의각**)											
1969	1970	1971	1972	1973	1974	1975	1976	1977	1978	1979	1980
5.8	31.0	15.9	16.0	18.9	17.1	20.0	10.9	-4.0	16.9	14.9	1.7

 * 국민소득(Net Material product: NMP)은 "사회총생산중에서 소비된 생산수단을 보상한 나머지 부분 즉, 그 해에 새로이 창조된 가치"라고 정의된다. 국민소득(National Income: NI)와 유사하지만, 비생산적 서비스부문이 제외되고, 거래세가 포함되는 등 차이가 있다. <디지털북한백과사전 참조>
 ** 북한의 경제성장률은 북한 당국의 공식 발표(『조선중앙년감』, 신년사 등)에 따른 것이며, 한국의 추정은 UN 자료에 기초하여 국토통일원에서 발표한 것이며, CIA의 수치는 북한에 대한 구매력기준(Purchasing Power Parity: PPP) 국내총생산에서 유도된 것이고, 황의각의 통계는 북한의 공식 자료에 남한의 국토통일원 추정치(1946-1965)를 감안하여 1989년까지 추정계산한 것이며, Kim, Kim and Lee는 북한 경제성장률의 과대포장된 수치를 극복하기 위하여 은폐된 인플레이션을 반영하여 추정한 것이다. 본 논문은 북한 경제에 대한 내재적 접근을 통한 비판적 관점에서 북한의 공식자료를 활용하고자, 그것을 바탕으로 1970년대 매년 경제성장률을 추정한 황의각의 발표를 참조한다.
<출처> 양문수, 『북한경제의 구조』(서울: 서울대학교출판부, 2001), pp. 24~29, 권순필·김서영·심규호, "북한통계 현황 분석," 『마이크로 데이터 활용 연구 및 통계를 이용한 현황 분석』(대전: 통계 개발원, 2008), p. 16~22. 황의각, 『북한경제론』(서울: 나남, 1992), pp. 128~143, Byung-Yeon Kim, Suk Jin Kim, and Keun Lee, "Assessing the economic performance of North Korea, 1954-1989," *Journal of Comparative Economics*, Vol.35, No.3 (2007), p. 572.

　　이러한 조치들로 인해서 북한의 경제는 다시 발전하였다. 1971~1976년 6개년 계획 동안 많은 경제적 성과를 달성하였다. 대외경제관계의 호전 등으로 자원투입이 증가되었고, 인구가 억제되는 동시에, 중앙공업과 지방공업의 동시발전에 따른 인민소비품의 증대로 인해 인민생활이 실질적으로 향상되었다. 북한의 발표에 따르면 연평균 공업총생산 성장률은 16.3%로 국민소득이 1970년의 1.7배로 증대하여, 노동자의 구매력 증가에 따라 소매상품의 유통이 크게 증가하였다.[28]

2. 1970년대 중반 경제위기의 재조성과 대응

1970년대 중반 북한은 오일쇼크와 주요 수출품인 비철금속가격 폭락으로 인한 결제외화 부족 등 대외경제관계의 제약으로 사실상 디폴트가 진행되었다. 플랜트 수입에 대한 대금독촉 등을 차관 도입으로 해결하려다가 서방 은행으로부터 거절당하였다. 결국 1974년부터 대외부채 문제가 표면화되어 끝내 1976년 외채규모 20~24억 달러 규모에서 디폴트 상태가 된 것이다.[29] 이로 인해 설비개선 및 원자재 공급에 차질이 빚어졌고 경제성장률이 급격히 저하되었다. 황의각의 추정에 의하면 1977년 -4.0%로 경제성장률이 곤두박질쳤다.

더불어 대내적으로는 합리적인 경제관리 개선정책들이 실시되었지만, 제대로 정착되지 못하였다. 기존 경직된 경제관리방식의 관성적 측면이 여전히 남아서, 변화된 경제관리방식이 제대로 작동하지 않았다.[30] 후계체제 구축과 맞물린 충성경쟁 속에서 지방의 발전을 위해 써야 할 지방예산제가 크게 활용되지 않았다. 오히려 지방예산의 초과수입 명목으로 지방에서 중앙으로 납부하는 금액이 많아졌다.

〈표 2〉 지방예산 수입의 중앙예산 원조 추이

	1973/1974	1974/1975	1975/1976	1976/1977	1977/1978
예산수입(%)	142.6	121.0	109.7	124.4	201.8
수입초과(만 원)	3억 2,049	4억 1,700	3억 6,035	5억 4,813*	11억 9,900

* 하지만 이 금액이 정확한 금액이 아닐 수도 있다. "1977년에 우리나라의 지방들에서는 10억 원을 국가에 들여놓았으며 지난해에는 11억 9,900여 만 원이라는 많은 돈을 국가에 들여놓았다." 김관현, "지방예산제와 일군들의 창발성," 『근로자』 1979년 8호 (평양: 근로자사, 1979), p. 50.
<출처> 김일한. "북한 지방공업(1947-1975) 연구." 동국대학교 대학원 북한학과 석사학위 논문. 2005, p. 64; 조선중앙년감, 1975 p. 353; 1976 p. 333; 1978 p. 292; 1979 p. 275.

1970년대 중반 다시 대내외적 경제적 어려움이 조성되자, 북한 당국은 1960년대 말에 조성된 위기에 대한 대응정책과 더불어 다른 정책들을 강화 또는 실행하였다. 북한 사회주의 건설과정에서 축적된 자체의 역량을 동원하여 경제적 위기를 돌파하고자 한 것이다. 이는 경제위기 대응에 큰 역할을 하였다.

우선 정치적으로 강화되고 있는 김정일 중심의 후계체제에 기초하여 당적 지도를 통한 전투적 대중동원을 전개하였다. 대표적인 사례가 1974년 70일 전투였다. 이는 이미 1971년에 실시한 '100일 전투'와 유사한 방식이었으며, '100일 전투'도 1978년, 1980년에 걸쳐 지속적으로 진행되었다.

전투적 대중동원에는 김정일 후계체제 강화의 선봉대격인 3대혁명소조가 앞장섰다. 1973년 2월에 만들어져 사상, 기술, 문화의 '3대 혁명'을 적극적으로 추진하였던 3대혁명소조는 대부분 노동당 간부, 대학졸업생, 공장 기술자, 과학자 등의 젊은 층으로 구성되었다. 김정일은 소조원들을 공장, 농촌, 학교, 행정기관 등으로 보내서 세대교체를 진행하였고, 자신으로의 후계체제를 구축하였다.

물론 3대혁명소조운동은 정치적 동원만을 목표했던 것은 아니었다. 구성원들과 1973년대 11년 의무교육제의 채택에서도 알 수 있듯이 과학기술을 강조하며 경제의 질적 성장을 위한 기술적 발전을 꾀했던 것이다. 하지만 정치적 동원이 강조되면서 기술적 성장은 큰 성과를 발휘하지 못하였다.

둘째로 경제위기에 따른 자원의 제약 상황에서 낮은 차원의 소비와 그를 보완하는 복지를 진행하였다. 외채위기로 공급이 제약됨에 따라 소비를 크게 향상시키지는 못하였다. 하지만 대대적으로 동원되는 노동력에 대한 보상으로 국가적 차원에서 사회문화비를 늘려서 무상교육 등의 복지를 실행하여 실생활을 유지하는 가운데 경제위기를 극복하고자 하였다.

〈표 3〉 1970년대 예산 지출의 구성 (단위: 만 원)

연도	총액		인민경제비		군사비		사회문화비		관리비	
	금액	%	금액	%	금액	%	금액	%	금액	%
1971	630,168	100.0	302,334	48.0	195,982	31.1	121,139	19.2	10,713	1.7
1972	738,861	100.0	423,267	57.3	125,606	17.0	176,589	23.9	13,399	1.8
1973	831,391	100.0	490,458	59.0	128,188	15.4	197,780	23.8	14,965	1.8
1974	967,219	100.0	566,955	58.6	155,723	16.1	227,130	23.5	17,411	1.8
1975	1,136,748	100.0	669,007	58.9	186,427	16.4	261,200	23.0	20,114	1.7
1976	1,232,550	100.0	721,134	58.5	205,836	16.7	292,022	23.7	13,558	1.1
1977	1,334,920	100.0	778,824	58.3	209,582	15.7	321,224	24.1	25,290	1.9
1978	1,474,360	100.0	861,379	58.4	324,423	15.9	344,673	23.4	33,855	2.3
1979	1,697,260	100.0	1,025,902	60.4	256,286	15.1	379,485	22.4	35,587	2.1

* 참고로 1960년대 사회문화비 비중은 1961년 21.3%, 1962년 22.5%, 1963년 21.5%, 1964년 20.6%, 1965년 19.0%, 1966년 17.3%, 1967년 17.5%, 1968년 17.2%, 1969년 19.7%, 1970년 19.7%였다. 이러한 예산 구성은 연도별 세출총액 및 증가율과 부문별 세출예산 구성비에 의거해 산출하였다.
<출처> 이항동, 『북한정치와 발전전략』(서울: 대영문화사, 1994), pp. 455~497 참조.

일반적으로 후진국은 외채위기 상황에서 독자적 발전전략을 포기하면서 외채 도입 증대와 수출정책으로 소비수준을 유지하거나, 또는 소비를 크게 위축시키는 긴축재정을 통해 외채를 상환하는 방식으로 해결한다. 당시 동일한 사회주의 국가인 폴란드는 1960년대 후반부터 소비자 물가인상을 거의 하지 않은 채, 연평균 10% 이상의 고도성장 정책을 유지하여 실질임금이 상승하였고 1인당 육류 소비량이 1971년 51kg에서 1975년 70kg로 급증했다. 이로 인한 자유시장가격의 폭등, 식료품의 부족 등 경제위기에 대해서 폴란드는 1971~1975년 서방 차관을 대대적으로 도입해 투자를 늘리고, 보조금을 지불하면서 해결하려고 했지만, 결국 국제수지가 악화되었고, 엄청난 곡물수입국으로 전락하였다.[31]

그러나 북한은 자립경제를 고수하면서 사실상 채무불이행을 선언하는 동시에, 국가적 재정의 확대를 통해 위축되는 소비를 보완하여 경제위기를 극복하고자 하였다. 당시 배급제의 강화는 물자가 풍족한 상황에서 진행되는 것이 아니었다.[32] 경제위기 속에서 실질적으로 소비가 위축되지만, 국가적 공급을 통해 소비의 위축 정도를 최대한 만회하려는 의도에서 비롯되었다. 1970년대 중후반 국영상점에서 생필품구입의 수량이 제한되는 가운데 실시된 '공급카드'의 부활도 이런 배경속에서 나온 것이다.[33]

이에 필요한 재정확보를 위해 북한 당국은 1978년 지방예산에 대한엄격한 통제를 실시하였다.[34] 지방재정체계에 관한 특별법규를 채택하여 소비재 증산, 채산성 향상, 상여금 사용, 예산과 결산제도 등에 대한 지방기업소 규정을 강화하였다.[35] 이를 통해 북한의 지방예산 비중이 줄어들고 중앙예산 비중이 증대되었다. 또한 1979년 화폐개혁도 실시하였다. 신화폐와의 1:1 교환에서 한도액을 정하지 않았지만 기관, 기업소, 협동단체는 구화폐를 모두 은행에 입금시키고, 필요한 금액만신권으로 사용해야 한다고 규정하였다. 이는 기업소들의 유휴자금을흡수하여 국가 재정을 강화하기 위한 목적에서 비롯된 것이었다.

〈표 4〉 1973년 이후 국가예산에서 지방예산이 차지하는 비중(%)

지방예산제 정식화 이후의 지방예산							
년도	1973	1974	1975	1976	1977	1978	1979	1980
중앙예산	83.3	79.5	79.9	79.8	73.2	84.9	85.1	85.6
지방예산	16.7	20.5	20.1	20.2	26.8	15.1	14.9	14.4

* 출처: 통일원, 『북한경제통계집』(서울: 통일원, 1986), pp. 163~165.

셋째는 그동안 축적된 중공업 중심의 산업능력을 바탕으로 경제위기를 극복하고자 하였다. 1차 원료에서 가공된 시멘트, 선철, 강철판, 아연 등 2차 반제품 수출, 제3세계에 대한 기계 수출 등으로 대외무역을 개선시키려고 노력하였다. 1981년까지 주로 소련 등 사회주의 국가에 국한된 수출이었지만 각종 재료별 제조공산품이 차지하는 비중이 거의 약 50%를 차지하였는데, 이는 북한의 산업화 기반이 구축되었음을 보여주는 것이었다.[36]

이러한 대외무역의 개선에 1970년대 후반 비철금속가격의 재인상도 한 몫 하여 무역 규모도 증대되었다.[37] 1978년 이후 대기업소는 그들의 지사 형식으로 한 두 개의 무역상사를 설립하여 해당 기업소의 수출입을 담당케 하고, 독립채산제를 강화하였다. 무역은행도 '조선금강은행', '조선대성은행' 등 두 곳이 신설되었고, 특정 무역상사들을 나누어 취급하였다.[38] 1979년 북한 당국의 신년사에서 다음과 같은 입장이 제시되었다.

> 우리나라의 대외관계가 매우 넓어지고 경제의 규모가 비할 바 없이 커진 오늘의 현실은 대외무역을 더욱 발전시킬 것을 요구하고 있습니다. 대외무역을 발전시키는 것은 이미 마련된 생산능력을 효과적으로 리용하여 생산을 더욱 늘이고 자립적민족경제를 보다 튼튼히 하며 세계 여러 나라들과의 친선협조관계를 발전시키는데서 중요한 의의를 가집니다.

물론, 전통적인 사회주의적 우호관계인 소련의 경제협조도 크게 도움이 되었다. 소련은 1976~1980년 북한과의 물품거래를 40% 늘리고, 물품 공급의 범위도 확대하였다.[39] 이러한 흐름은 1980년 소련과의 수출, 수입이 각각 26.6%, 25.9%로 조금 늘어난 것으로 나타나지만, 1985년 각각 37.7%, 41.3%으로 확대되어 북한의 소련의존도를 매우 높이는 방향으로 전개되었다. 이는 소련이 붕괴되었을 때 북한 경제의 커다란 취약성으로 작용하였다. 하지만 1970년대 중후반 소련과의 교역 확대는 당시 북한의 중공업 중심 산업구조가 유지되는데 큰 역할을 하였다.

또한 북한은 중화학공업에 기초한 화학비료의 대량투입을 바탕으로 농업에 대한 투자를 상대적으로 늘리면서 농업생산량을 증대시킬 수 있었다. 1970년대 중반을 기점으로 기존보다 두 배 이상 생산된 화학비료의 투입을 바탕으로 알곡생산이 증가하였다.[40] 이는 북한이 경제위기에서도 커다란 식량난의 발생 없이 경제를 비교적 지속적으로 운영해나갈 수 있게 하였다.

〈표 5〉 1970년대 북한의 화학비료와 알곡 생산량 (단위: 천 톤)

년도	1970	1971	1972	1973	1974	1975	1976	1977	1978	1979
화학비료	1,500	-	-	-	-	3,000	-	3,000	3,690	4,169
알곡생산량	-	-	-	*5,343	7,000	7,700	8,000	8,500	7,870	9,000
FAO 추정						7,035				**8.850
통일원 추정						4,953	5,032	5,029	4,988	5,177

* 농업에서는 1973년에 알곡생산이 534만 톤으로 발표되었지만, 이는 1968년 알곡생산 567만 톤에도 못 미치는 것이었다. 따라서 화학비료 생산의 증대가 알곡생산량의 향상에 기여했음을 알 수 있다. 필자는 내재적 접근에 따라 북한의 알곡생산량 발표를 중심으로 비판적 연구를 진행하고자 한다.
** 1980년 FAO 추정치를 사용했다.
　　<출처> 필자 재작성; 통일원,『북한경제통계집』(서울: 통일원, 1996), p. 240, pp. 403~404; 양문수,『북한경제의 구조』(서울: 서울대학교출판부, 2001), p. 5 참조.

이러한 대응들을 통해 외채 위기를 통해 심각한 경제적 어려움을 겪은 다른 후진국과 달리 북한은 사실상의 디폴트를 선언했음에도 불구하고 커다란 물가상승이나 소비하락이 없었다. 따라서 실생활에서 큰 차질이 빚어지지 않았다. 경제성장률은 낮아졌지만 커다란 경제적 위기가 발생되지 않았고, 비교적 경제생활이 지속될 수 있었다.

이는 외채 위기를 겪은 후진국들의 상황과 비교할 때 매우 특이하게 평가해봐야 될 지점이다. 1970년대 북한은 일반적인 후진국들의 혼란스런 국가체계와 달리 당을 중심으로 한 국가적 조직체계가 명확히 수립되어 있었다. 또한 낮은 수준이지만 사회주의 공업화로 인해 농업부터 공업까지 일관된 자립적 산업체계가 확립되었기 때문에 경제위기에 그나마 대응할 수 있었다. 물론 공업화된 산업구조의 원활한 가동은 1970년대 초중반 서방과의 경제교류나 소련 등 사회주의적 우호관계가 복합적으로 작용했기 때문에 가능하였다.

V. 1970년대 북한 경제의 특성과 한계: 경제적 전성기 vs 경제위기의 지연

북한에 대한 외부 평가에서는 대부분 경제성장률이 높았던 1950년대 중반부터 1960년대 초반을 북한 경제의 황금기라고 칭했다.[41] 그러나 북한은 스스로 1970년대를 '로동당시대의 대전성기'라고 평가한다. 북한은 1948년~1949년에도 당시 경제를 '황금기'라고 규정하였는데, 1948년 식량이 자급자족되는 등 실제 생활이 좋아졌기 때문이다. 북한은 사회주의 경제건설의 목적인 인민생활 향상의 관점에서 1960년대는 후반기 춘궁기가 재조성되는 등 인민생활의 어려움이 완전히 극복되지 않았지만,[42] 1970년대는 실제 인민생활이 개선되었기 때문에 경제적 전성기라고 보는 것이다.[43]

따라서 북한 당국의 관점에서 1970년대 북한 경제의 첫 번째 특성은 북한의 '경제적 전성기'라고 볼 수 있다. 이것이 가능했던 것은 북한 당국이 1970년대 국가조직체계와 공업화된 산업구조를 형성하는 동시에, 경제관리와 대외관계를 부분적으로 개선하려고 시도했기 때문이었다. 이러한 노력으로 경제위기가 파국으로 진전되는 것을 막고, 과거보다 조금이나마 인민생활을 향상시킬 수 있었다.

그러므로 두 번째 1970년대 북한 경제의 특징은 부분적인 경제관리 개선의 시도였다. 북한 당국이 사회주의 경제건설의 경험 속에서 축적된 자신들의 경제 방식을 이론적으로 정식화하고 제도화하려고 한 시기라고 할 수 있다. 물론 기존의 관성으로 인해 제도화에 실패하였다.

1960년대 대내외적으로 개혁사회주의의 등장과 중공업 우선노선에 대한 재논쟁 속에서 1972년 사회주의헌법에는 주체사상이 본격적으로 등장하였다. 이로 인해 1975년 『주체사상에 기초한 사회주의경제리론』, 『주체사상에 기초한 사회주의경제관리리론』 등이 출간되었다. 이는 1960년대 초반 확립한 북한 경제건설의 총노선인 "자립적민족경제건설로선"에 대안의 사업체계, 군협동농장경영위원회, 계획의 일원화 및 세부화 등을 결합하여 주체사상연구소에서 정리한 것이었다.

여기에는 현실적인 경제관리의 경험이 쌓이면서, 자재상사를 시장 공간처럼 활용하며 계획의 보충적 역할을 하게 하는 등 1969년 "사회주의경제의 몇 가지 리론문제에 대하여"와 1973년 "사회주의경제관리를 개선하기 위한 몇 가지 문제에 대하여" 등에 나타난 김일성의 문제의식이 크게 결합되었다. 이는 1960년대 수익성을 강조하는 소련의 리베르만식 물질적 개혁노선과 사상성을 강조하는 중국의 문화대혁명을 바라보면서 좌우편향을 극복하기 위해서 제시되는 절충주의적인 북한식 경제의 특성으로 자리하였다. 이러한 이론적 정식화는 가치법칙의 제한적 활용과 기업분권화 및 지방분권화 등 사회주의 과도기 '계획과 시장'의 공존 가능성을 제시하였다.

> 가치법칙을 형태적으로 옳게 리용하는 것은 국영기업소들로 하여금 기자재공급계획에 따라 공급되는 생산수단들에 대하여 값을 엄격히 따지며 필요한가 필요치 않은가를 자체로 검토하고 생산수단을 공급받도록 한다. 이것은 매개 경제기관, 기업소들이 생산수단을 공급받는데서 싸면

싼 대로 비싸면 비싼 대로 받아오며 그 값에 대하여서는 별로 관심을 가
지지 않는 현상을 없애고 불필요한 생산수단을 사들여서 원료, 자재, 설
비들을 사장시키는 것과 같은 현상을 막을 수 있게 한다. 특히 어떤 자재
를 너무 많이 사오면 다른 자재를 사올 수 없고 또 자재를 랑비하면 기업
소의 경영활동에 큰 영향을 미치도록 함으로써 자재를 귀중히 여기고 더
잘 보관관리하게 하며 자재리용에서 원단위소비기준을 낮추기 위하여 애
쓰게 된다.[44]

세 번째 1970년대 북한경제의 특성은 대외경제관계와 조직된 노동력
을 활용한 사회주의 공업국가로서의 위기 대응이다. 1970년대는 북한
이 사회주의 공업화의 실현으로 공업국가가 된 상황에서 경제적 난관
을 극복하려고 하였던 상징적 시기이다. 물론 1970년 북한은 중요공업
제품의 1인당 생산량에서 선진국의 수준을 일부 따라잡았다며 '발전된
공업국가'라고 지나치게 주관적인 평가를 하였지만, 공업과 농업 총생
산액에서 공업의 비중이 1956년 34%에서 1969년 74%로 높아져 더 이상
과거의 농업국가가 아니었다.[45] 북한은 일정한 산업적 규모와 조직된
노동력을 지닌 공업국가로서 경제적 위기에 대응해나갔던 것이다. 조
직된 노동력의 운영에는 '사회주의헌법' 제정과 '후계체제' 강화로 대표
되는 당-국가 체제의 정비와 강화가 크게 작용하였다.

이와 같은 공업국가로서의 위기극복방식에는 대외경제관계도 크게
활용되었다. 아직도 부족함이 많은, 갓 성장한 산업규모에서 원활한 생
산을 위해서는 대외무역 등이 반드시 필요하기 때문이다. 따라서 서구
와의 협력이나 소련 등의 우호적 국제환경을 시기적으로 활용하면서
경제위기를 돌파하고자 한 것이다. 대표적인 사례가 1970년대 서구자
본을 통한 중화학공업의 재정비를 통해 농업생산능력을 향상시켜 경제
위기에도 식량공급의 문제를 해결해나갔던 것이다. 따라서 당시 북한
은 강대국들의 제국주의적 의도에 대항하는 자립적 민족경제노선을 여

전히 강조하면서도,[46] 대외경제관계를 자립경제의 '필수적 요구'이며, '필연적'[47] 흐름으로 규정하였다.

> 그러므로 매개 나라에서는 자립적민족경제건설을 힘있게 다그쳐 기본
> 적인 것, 많이 요구되는 연료와 생산물을 자체로 생산보장하며 이와 함
> 께 모자라거나 적게 요구되거나 자체로 당장 생산할수 없는 것은 다른
> 나라와의 무역을 통하여 해결하지 않으면 안된다. 이렇게 하는 것은 나
> 라의 자립적민족경제건설을 촉진하고 경제건설과 국방건설, 인민생활에
> 필요한 수요를 원만히 충족시킬수 있게 하는 올바른 방도로 된다. … 우
> 리나라는 또한 우호적으로 대하는 자본주의나라들과도 경제적련계를 맺
> 고 서로 필요한 생산물들을 유무상통하고 있다.[48]

이렇게 북한 당국의 관점에서 1970년대 북한 경제의 특징을 종합해 보면 북한 경제의 전성기를 실현하였다는 것이다. 또한 그것을 가능하게 한 요소는 두 번째와 세 번째에서 나타나는 절충주의적 경제 노선, 조직적 사회주의체제 그리고 대외관계를 활용한 공업화 발전 전략이다. 따라서 이러한 요소들은 1970년대 본격적으로 등장한 '북한식 경제'의 특성으로 자리하였다.

하지만 1970년대 북한 경제의 전성기를 실현하였다는 북한식 경제의 등장에도 불구하고, 1960년대 후반에 이어서 1970년대 중반에 다시 경제위기를 맞이한 1970년대 북한 경제는 '경제위기의 지연 과정'에 불과하였다. 높은 경제성장률은 점차 하강세를 나타냈다. 1978년부터 시작된 '2차 7개년 계획(1978~1984)'의 실행 과정에서 발표되는 '1980년대의 10대 경제전망목표'[49]과 같이 좀처럼 계획경제의 목표가 하향되지 않는 상황에서 각 기업들은 자기 기업만을 중심으로 계획을 달성하고자 물자를 과도하게 쌓아두는 현상이 빈번해졌다. 이는 각종 병목 현상을 일으키고, 실제 물자 생산량과 무관한 만성적인 '부족의 경제'를 발생시

컸다. 이로 인해 생산력을 자본주의보다 높게 발전시켜야 할 사회주의 북한은 비효율적인 경제체제로 전락하고, 저성장의 경제위기를 맞이하였다.

또한 1970년대 '북한식 경제'로 나타나는 북한 당국의 대응은 제대로 실현되지 않았다. 대응책들의 부분적이고 일시적인 실행은 북한 경제위기의 본격적인 분출 시기를 더디게 한 것뿐이었다. 결국, 경제위기에 대한 완전한 해결을 가져오지 못하였다.

그 이유는 여러 선행연구에서도 지적하였듯이 지방예산제의 도입, 변화된 대안의 사업체계 등 부분적으로 개선된 경제정책들은 후계체제의 강화 등 여전히 중앙집권적 방식이 강조되면서 쉽게 정착되지 않았기 때문이다.[50] 국방공업 중심의 중앙집권경제를 극복하고자 분권화 차원에서 도입된 '제2경제위원회'에서도 문제가 발생하였다. 자원의 효율적 배분이라는 애초의 의의를 넘어서 외채위기 등 실제 자원이 부족한 상황에서 군수산업의 우선순위에 따라 자원의 분배를 독점하였던 것이다.[51] 이를 극복하고자 1980년대 초 군수산업에서 민간생필품을 만들어 제공하기도 하였다.[52] 주석폰드도 계획실패를 막는 완충적 역할로 제안되었지만, 점차 사업의 우선순위를 중앙에서 주관적으로 선정하여 처리하는 문제를 발생시켜, 오히려 계획경제의 모순을 증폭시켰다.

또한 규모가 커진 북한 경제의 당시 현실에서 대외관계의 개선을 꾀했지만 대외경제협력의 확대가 지속되지 않자, 기술적 발전의 한계가 조성되었다. 소규모 국가인 북한에서 스스로 농업생산량을 증대시키기 위해 에너지과다소비형인 과거의 생산방식에 주로 기초한 화학비료 증산 등으로 자본투입도가 높아지는 주체농업의 비효율성이 나타났다.[53] 그리고 질적인 기술력이 충분히 뒷받침되지 않은 제조업 수출상품의 경쟁력은 곧 소멸되었고, 지하자원을 1차 가공한 반제품 정도의 수출에 머물고 말았다. 당시 북한을 둘러싼 대외관계의 불안정성은 경제적 비효율성을 지연시키기도 하고, 증폭시키는 역할을 하였다.

이러한 상황에서 북한 당국은 현실에 맞는 적정한 경제성장률을 추구하면서 경제 규모와 시스템을 조절하면서 균형을 꾀하지 않았다. 오히려 속도를 앞세워 높은 경제성장을 위해 정치 조직적 역량에 기초하여 대중동원식으로 경제적 문제를 해결하는 방식을 전개하였다. 하지만 이는 경제위기 극복을 위한 근본적인 처방이 되지 않았다. 결국 북한 특유의 조직적 사회주의와 절충주의적 경제노선, 대외 관계를 활용한 공업화 발전 전략으로 특성화된 '북한식 경제'는 종합적으로 제도화되지 못하고 '수령제'라는 조직적 사회주의만 강하게 남게 되었다.

결국 1970년대 지연된 경제위기는 1980년대 북한이 조직적으로도 통제할 수 없는 장기적인 경기둔화로 나타났다. 그리고 1990년대 북한의 경제난인 '고난의 행군'이라는 파국으로 분출되었다. 물론 1980년대 후반부터 진행된 소련 및 동구 사회주의권의 몰락과 1990년대 중반의 자연재해는 결정적 타격이 되었다.

그러나 1970년대 북한 경제의 부분적 합리화, 서구와의 대외경제협력 등은 제대로 실현되지 않았지만 국가시스템의 작동이라는 조직적 사회주의의 긍정적 요소와 맞물려 1970년대 두 차례의 경제위기를 지연시키는 데 도움이 되었다. 경제위기의 지연은 1970년대 북한 인민들에게 경제위기에 뒤따른 파국이 아니라, 과거부터 축적된 경제성장에 따른 생활향상을 낮은 차원에서 경험시켰다. 이에 대한 인민들의 향수에 김정은 체제의 강화라는 조직적 의도가 맞물려 현재 북한에서 1970년대 경제를 호명하고 있는 것이다.

VI. 마치며: 오늘날 1970년대 북한 경제를 호명하는 이유

북한 당국은 확실히 '오래된 미래'처럼 1970년대 북한 경제를 불러오고 있다. 경제위기의 지연으로 파국과 달리 비교적 경제를 운영할 수 있었고, 이로 인해 당시 북한 인민들의 생활이 크게 향상되지 않았지만 그 이전보다는 분명히 나았기 때문이다. 1970년대 인민들은 실생활에서 경제적 만족감을 가졌다. 따라서 북한 당국은 당면의 경제건설에 대한 호소로써 현재 주류세대인 장년층, 당시 주로 청소년이었던 인민들에게 지난날 북한 경제발전에 대한 향수의 근원인 '1970년대'를 불러오는 것이다.

북한 당국은 1970년대 북한 경제를 경제위기의 지연 과정으로 파악하는 필자와는 다르게, '경제적 전성기'로 평가한다. 그리고 그것을 가능하게 한 '북한식 경제', 즉 당-국가적 조직체계, 공업화된 산업구조의 가동, 경제관리의 합리화, 대외관계의 개선 등을 실행하고자 한다. 물론 현재 어려운 경제상황에서 과거처럼 현실과 괴리되어 위기를 자초하는 높은 계획목표를 추구하지 않는다. 김정은 체제의 안정과 강화라는 목적 속에서 1970년대 등장하여 부분적으로만 실행된 '북한식 경제'를 제대로 구현해보려는 구상을 가지고 있는 것이다.

그것은 오늘날 '시장화'라는 복잡한 상황에서 당적 경제관리체계와 일관생산체계의 공업구조를 복구하는 동시에 경제관리방식을 합리화하고 대외 관계를 개선하려는 노력으로 나타난다. 대표적으로 2014년 기업소 자체의 경영권을 부여하는 5·30조치[54] 등이 담긴 '우리식 경제관리방법'은 시장을 활용하면서 '계획과 시장의 공존'으로 사회주의 경제건설을 정상화하기 위함이다. 비록 현재 '핵문제' 등 복잡한 국제 관계 속에서 과거 소련과 같은 우호적인 사회주의 국가는 없고 아직 무역의 다각화가 실현되지 못한 한계는 존재하지만, 중국을 중심으로 증대되

는 무역 규모로 경제의 정상화를 어느 정도 꾀할 수 있다고 판단할 수
있다.

또한 지난 1990년대 고난의 행군 이후 경제적 컨트롤 타워가 부재한
상황에서 군이나 당, 지방 등 각 영역에서 그야말로 자력갱생이 진행
되었다. 이러한 가운데 북한은 경제의 밑바닥에서 탈출하고 있다. 최
근에는 식량 사정도 호전되었다. 하지만 본격적인 경제적 발전을 위한
일관된 경제운영체계의 작동이나 경제전략의 실행이 미흡한 현실이다.
따라서 김정은은 당조직을 중심으로 공업화된 산업구조의 부흥을 꾀하
면서 북한 경제의 도약과 자신의 체제를 공고히 하고자 한다. 이를 위
해 당 차원에서 '1970년대의 시대정신'을 적극적으로 학습하도록 하고,
청년들도 동참하는 제2의 3대혁명운동소조운동을 주창하는 것이다.
2013년에는 '전국3대혁명소조 열성자회의'를 29년 만에 개최하였다.[55]

이에 대해서 많은 사람들은 북한이 1970년대를 호명하는 것에 대해
거듭된 퇴행이라고 강하게 비판하고 있다. 1990년대 후반부터 북한이
제시한 '강성대국' 건설이 1980년대 중반 수준의 복원[56]이라고 밝혀졌
을 때 전형적인 퇴행 전략이라고 비판하였기 때문이다. 하지만 그러한
구호들이 북한 주민에게 호소력을 지니는 것은 당시 인민생활이 좋았
기 때문이다. 또한 정치적 대중동원 전략이라는 퇴행이 되지 않기 위
해서 '계획과 시장의 공존'을 확대하는 우리식 경제관리방법을 도입하
고 있는 것이다. 이러한 시도는 인민들의 실생활을 점진적으로 개선시
킬 가능성이 크다.

하지만 1970년대 당시 북한식 경제가 의도와 달리, 제대로 실현되지
않아 결국 경제위기의 지연에 머물렀듯이 현재 복잡한 대내외적 환경
에서 과거의 향수를 복원하려는 시도에는 많은 어려움이 따를 것으로
예상된다. 북한의 시장이 확대된 상황에서 당-국가체제의 경제통제시
스템 부활은 혼란을 야기할 수 있다. 1970년대 합리적인 경제정책이

중앙집권적 후계정치체제로 인해 정착되지 못하였듯이, 반대의 혼란스런 결과를 가져올 수 있는 것이다. 이러한 과정은 코르나이가 지적하였듯이 부분적인 개혁과 사회주의 원리가 결합하여 고전적 사회주의가 본질적으로 완성될 수 있다는 '통제의 완성'57) 경향과 유사하며, 그러한 모순된 전략이 체제전환으로 진전될 가능성도 있기 때문에 많은 위험이 따른다.

물론 북한에서는 1990년대 말부터 시장을 활용하는 '선군경제노선'을 전개하였지만 체제전환이 일어나지 않았다. 따라서 당적 경제관리체계를 복원하여 중국처럼 개발독재의 형태로 시장을 충분히 활용하는 북한식의 '계획과 시장의 공존'이라는 경제관리방식을 실행할 수 있다. 하지만 이를 실현하여도 이른 시일 안에 공업화된 경제구조의 개선과 재가동을 실현하기란 쉽지 않다. 그것은 대외 관계의 개선을 통한 거대한 자본과 기술의 투입 없이 힘든 작업이기 때문이다. 현재 북중 무역은 과거처럼 사회주의적 우호관계가 지속되지 않기 때문에 대규모 설비투자가 진행되지 못하는 한계가 존재한다. 북한만의 '계획과 시장의 공존'으로 거대한 산업 설비의 개선을 조기에 실현할 수 있는 대규모 자본과 기술을 축적하는 것은 매우 어려운 일이다. 오늘날 1970년대 북한 경제를 재현하기 위해서는 가야 할 길이 멀다.

[제 6 장]

북한식 사회주의 교육의 탄생*

차승주

I. 여는 글

2012년 9월 말 북한은 최고인민회의 제12기 6차 회의를 통해 '전반적 12년제 의무교육'을 실시하고 이를 위해 2013~2014학년도부터 중학교 과정을 초급과 고급으로 나누고 2014~2015학년도부터 현재 4년제인 소학교를 5년제로 전환하기로 결정했다. 이에 따라 2013년 4월 1일부터 새 학제에 맞춰 2013~2014학년도를 시작했다. 이로써 1972년 4월 9일 최고인민회의 제5기 제2차 회의에서 발표되고 1975년 9월에 이르러 전국적 범위에서 완전히 실시되어 지난 40년 가까이 북한 교육의 근간이 되어 온 '전반적 11년제 의무교육'에 대한 개편이 이루어졌다.

1972년 4월 9일 최고인민회의 제5기 제2차 회의에서 발표된 "전반적 10년제 고등 의무교육과 1년제 학교 전 의무교육을 실시할 데 대하여"와 1977년 9월 5일 조선로동당 중앙위원회 제5기 14차 전원회의에서 발표된 '사회주의교육에 관한 테제'를 바탕으로 형성된 북한의 교육 체계는 현재까지 큰 변화 없이 유지되고 있다. 이런 의미에서 1970년대는 북한 교육의 근간이 형성된 시기라고 평가할 수 있다. 이는 현재의 북한 교육과 북한 사회를 이해하는데 많은 시사를 제공한다.

무엇보다 1970년대 이후 지금까지 북한 교육의 성격과 목적이 크게 변하지 않았음을 알 수 있다. '사회주의교육에 관한 테제'는 "사회주의 교육의 목적은 사람들을 자주성과 창조성을 가진 공산주의적 혁명인재로 키우는 것"이라고 밝히고 있으며, 이를 위한 사회주의교육학의 기본 원리로 "사람들을 혁명화, 로동계급화, 공산주의화"할 것을 제시하고 있다. 그리고 이는 2010년 4월 9일에 개정된 '조선민주주의인민공화국 사회주의헌법' 제43조에 명시된 "국가는 사회주의교육학의 원리를 구현하여 후대들을 사회와 인민을 위하여 투쟁하는 견결한 혁명가로, 지덕체를 갖춘 주체형의 새 인간으로 키운다."에 반영되고 있다.

대개 국가적인 수준의 교육목적이 해당 사회가 교육을 통해 기르고자 하는 인간상을 투영하고 있음을 생각해 볼 때, 현재 북한의 교육목적과 기본 성격이 '사회주의교육에 관한 테제'에 기반을 두고 있다는 것은 북한이 교육을 통해 1970년대에 기르고자 했던 이상적인 인간상과 현재 북한 교육이 추구하는 인간상이 크게 다르지 않다는 해석이 가능하다. 세상이 아무리 변해도 북한 사회가 원하는 인간상은 지난 40여 년 간 한결같았던 셈이다.

이런 의미에서 1970년대는 현재 북한의 교육을 이해하고 북한 교육의 미래를 전망하는데 있어서 여러 가지로 중요한 의미를 가지는 시기이다. 향후 북한의 교육은 어떤 식으로든지 결국 1970년대로부터 물려받은 교육 유산의 지속과 변화 또는 계승과 혁신이라는 과제 속에서 발전을 모색하게 될 것이다. 이는 1970년대 북한의 교육이 북한 교육의 현재와 미래를 위한 유용한 교훈과 경험을 제시할 수 있음을 의미하기도 한다.

이러한 이유에서 본 장에서는 1970년대 북한의 교육과 현재 북한의 교육을 비교하여 살펴보고자 한다. 이를 통해 최근 북한이 교육 부문에서 시도하고 있는 일련의 변화들에 대한 보다 깊이 있는 이해를 도모하고자 한다.

II. 1970년대 북한의 교육

1. 1970년대의 교육사적 의미

북한은 1970년대를 '사회주의교육발전에서 빛나는 자리를 차지'하고 있는 시기로 표현하고 있다. 조선로동당 제5차 대회에서 내세운 "기술자, 전문가의 대오를 100만 명 이상으로 늘일 데 대한 방대한 목표가 성과적으로 달성"되고, "세계력사상 처음으로 전반적 11년제 의무교육제가 빛나게 실현"되었으며, "나라의 모든 어린이들을 국가와 사회의 부담으로 키우는 공산주의적 시책이 완전히 실시"되었을 뿐만 아니라, "주체교육의 대강인 "사회주의교육에 관한 테제"가 발표되고 그 관철을 위한 투쟁이 힘 있게 벌어짐으로써 사회주의, 공산주의 건설에서 가장 어렵고 복잡한 문제의 하나인 공산주의적 인간육성을 위한 지름길이 밝혀지고 사회주의교육발전에서 혁명적 전환"이 일어나게 되었다는 것이 북한이 1970년대를 '사회주의교육발전에서 빛나는 자리를 차지하고 있는 시기'로 기억하고 있는 이유이다.[1)]

실제로 1970년대는 오늘날 북한 교육의 근간을 형성하는 데 큰 영향을 미친 교육 관련 주요 법령 또는 정책이 만들어진 시기임이 자명하다. 1970년대에 발표된 북한의 교육 관련 주요 정책 및 문건을 정리해보면 〈표 1〉과 같다.

〈표 1〉 1970년대에 발표된 북한의 교육 관련 주요 정책 및 문건

1971년 2월 3일	"청년들의 특성에 맞게 사로청사업을 더욱 적극화할데 대하여"
1971년 12월 27일	"교육사업에서 사회주의교육학의 원리를 철저히 구현할데 대하여": 전국교원대회에서 한 김일성의 연설
1972년 7월 6일	"전반적10년제고중의무교육을 실시하기 위하여 나서는 몇가지 과업": 조선로동당 중앙위원회 제5기 제4차전원회의에서 김일성이 내릴 결론
1972년 10월 31일	내각결정 제109호: 새 의무교육을 1972년 9월 1일부터 점차적으로 실시하여 6개년계획기간에 전면적으로 실시할데 대한 구체적인 조치를 취하였다.
1973년 4월 9일	조선민주주의인민공화국 최고인민회의법령 "전반적10년제고중의무교육과 1년제학교전의무교육을 실시할데 대하여": 최고인민회의 제5기 제2차회의
1974년 5월 3일	"학교교육사업을 강화하기 위한 몇가지 과업에 대하여": 조선로동당 중앙위원회 정치위원회에서 김일성이 내릴 결론
1976년 4월 29일	"조선민주주의인민공화국 어린이보육교양법": 최고인민회의 제5기 제6차회의
1976년 11월 28일	"민족간부양성사업을 더욱 개선강화할데 대하여": 김일성종합대학 창립 30돐에 즈음하여 한 김일성의 연설
1977년 9월 5일	"사회주의교육에 관한 테제": 조선로동당 중앙위원회 제5기 제14차전원회의
1978년 9월 29일 ~10월 1일	"사회주의교육테제를 철저히 관철하여 교육사업에서 새로운 전환을 일으키자": 전국교육일군대회에서 한 김일성의 연설

2. 1970년대 북한 교육의 제반 여건

1) 정치: 온 사회의 주체사상화와 김정일 후계체제의 구축

북한은 1970년의 조선로동당 5차 대회와 1972년에 제정된 '사회주의헌법'을 통해 '주체사상'을 북한 사회 전체를 지배하는 유일한 지도이념으로 공식화하였다. 이러한 과정에서 김정일이 주체사상을 이론적으로 정립시키면서 후계자로 떠오르기 시작하였다. 1970년대에 들어서 김정일 세습체제가 대중 속에 뿌리 내려가기 시작했음은 1974년부터 나타

난 "대를 이어 충성하자"는 구호를 통해서도 유추해 볼 수 있다.[2] 김정일은 1973년 9월 당 중앙위원회 제5기 제7차 전원회의에서 비서국의 조직비서 겸 선전선동 비서로 선임되었고, 곧이어 1974년 2월에 개최된 당 중앙위원회 제5기 제8차 전원회의에서 당 중앙위원회 정치위원회 위원이 되면서 후계자로 공인되었다. 이때부터 『로동신문』 등 북한 문헌에서는 그를 '당중앙'으로 호칭하기 시작했다.[3]

1974년에는 당의 최고 강령으로서 온 사회의 주체사상화가 제창되었으며, 이를 위한 선결조건으로 전당의 주체사상화가 제시되었다. 이를 위해 전개된 '3대혁명'[4]은 '3대혁명소조운동'[5]과 '3대혁명 붉은기쟁취운동'[6]에 의해 뒷받침되었다. 주체사상의 전 사회적인 파급효과는 1978년 말 "우리식대로 살아나가자"라는 구호 밑에 정점으로 이어졌다. 그리고 이 과정에서 김일성에 대한 개인숭배는 한층 심화되었고, 김정일은 새로운 청년간부대열 속에 자신의 지도력을 구축하여 북한체제의 제2인자로 부상하게 되었다.

2) 경제: 본격적으로 시작된 경제침체와 6개년 계획

1950년대에 고속성장을 기록했던 북한경제는 1960년대부터 성장이 둔화하기 시작하여 1970년대 전반 일시적으로 회복하였지만 1970년대 후반부터 다시 침체상태가 지속되다가 1990년대에 들어와 더욱 악화되기에 이른다.[7]

1970년 11월에 개최된 조선로동당 제5차 대회에서 북한은 제1차 6개년 계획(1971년~76년의 개시를 발표하였다. 중공업과 경공업간의 격차를 줄이는 사업, 농업노동자와 공업노동자의 소득 격차를 줄이는 사업, 여성의 가사노동 부담을 완화하는 3대 기술혁명을 수행함으로써 국민경제의 모든 부분에서 근로자를 힘든 노동에서 해방하는 것이 기본 과

업으로 제시되었다.[8]

지속적인 사상적 독려와 노력 경쟁을 동반한 6개년 계획은 목표치를 완수하지는 못했지만, 1976년의 공업 생산이 1970년에 비해 2.5배가 증대하는 등 비교적 성공적으로 진행되었다.[9] 그러나 제2차 7개년 계획기(1978년~84년)에 들어와 성장률은 다시 낮아져 1960년대의 성장률보다 낮은 수준을 기록했고, 예산수입의 연평균 증가율도 지속적으로 감소하는 모습을 보이게 된다.[10]

북한은 1960년대 말까지 대외무역정책의 기조로서 자력갱생 원칙에 의한 자립적 민족경제건설노선을 고수해 대외무역을 최소의 범위와 규모로 제한해 왔다. 또한 정경일치의 원칙에 의해 주로 사회주의국가들과 무역을 했으며 특히 구소련, 중국과의 무역이 압도적인 비중을 차지하였다. 이러한 무역정책의 기조는 1970년대에 들어서면서 변화의 조짐을 보이기 시작했고, 북한은 1972년부터 서방세계와의 무역을 급격히 확대하기 시작하였다. 그런데 이는 북한의 기대와는 달리 엄청난 무역수지 적자와 외채문제를 발생시켰다.[11] 특히 1970년대 중반 이후의 외화난은 수입에 대한 엄격한 제약으로 작용했고, 이로 인해 원자재, 자본재의 수입이 크게 차질을 빚게 되었다. 그리고 이는 경제성장에 커다란 마이너스 요인으로 작용했다. 결국 1970년대는 북한의 경제침체가 본격적으로 시작된 시기라고 볼 수 있다.[12]

3) 교육: 사회주의 교육 및 주체사상 교육의 강화

1970년대는 교육면에서 사회주의 교육을 강화하고 원리를 구현하기 위한 투쟁이 한층 심화되고 한편으로는 전 사회의 주체사상화에 따라 주체사상 교육이 수립되고 강화된 시기이다.[13] 이 시기 북한교육의 특징은 주체사상 교육의 강화와 기술교육의 지속이라고 할 수 있다. 이를 위해 1972년 4월 9일 최고인민회의 제5기 제2차 회의에서 발표된 "전반적 10년제 고등 의무교육과 1년제 학교 전 의무교육을 실시할 데 대하여"를 통하여 학제를 개정하였다. 11년제 의무교육은 1975년 9월에 이르러 전국적 범위에서 완전히 실시되었다. 이와 더불어 기초과학 및 기술교육도 강조되어 대학에서는 공과계열과 자연과학 계열에 70% 이상의 학생들을 배치하도록 하는 조치가 취해졌다.14)

또한 1975년 4월 10일에 발표된 "11년제의무교육에 관한 법령집행총화에 대하여"를 통해 아동들이 의무교육을 받는 기간에 철저한 혁명세계관을 형성하게 할 것과 자연과학 및 기술을 습득하고 체육과 예능을 발전시켜서 아동들을 지·덕·체를 갖춘 건전한 공산주의자로 육성시키는 과업을 제시하였다.15)

〈표 2〉 1970년대 이전 북한 교육의 변천과정

시기	주요 특징	주요 내용
탈식민지 교육체계의 구축 (1945~1952)	새로운 교육제도의 수립과 일제의 사상 잔재 일소	① 교육정책의 기본방향: 의무교육제 실시 + 성인들에 대한 집중적인 문해교육 + 전문 인력 양성 + 유일교육체제 구축 ② 학교교육체계 i) 보통교육체계: 5년제 인민학교 + 3년제 초급중학교와 고급중학교 ii) 기술교육체계: 초급 기술학교 + 전문학교 iii) 고등교육체계: 2년제 교원대학 + 4~5년제 대학 + 성인교육 및 직장교육체계 구축 ③ 교육과정: 식민지 교육으로부터의 단절과 사회주의 교육과정의 도입
기술인력 양성교육체계 (1953~1960)	기술교육으로의 학제 개편: 의무교육 제도의 실시 + 기술교육 중심으로의	i) 4년간의 초등의무교육제 실시(1956년) → 7년제 중등의무교육제 실시(1958년) ii) 1953년 학제개정: 인민학교 교육기간을 5년에서 4년으로 단축 + 기술계통 중등교육의 강화 iii) 1959년 학제개정: 기술교육의 강화 －

	학제 개편	7년제 의무교육 + 4년제 기술학교 iv) 일하면서 공부하는 교육체계의 도입: 공 장대학 + 공장내 각종 기술교육
기술교육강화 (1961~1970)	종합기술교육의 확립 + 기술 인력의 질적 제고	① '교육과 생산 로동의 결합': 실습교육 강조 + 노동이 정규교육과정으로 채택 ② '일반교육과 기술교육의 결합': 1967년 9 년제 기술의무교육제의 실시

* 출처: 김형찬, 『북한의 주체교육사상』(서울: 한백사, 1990); 한만길·남성욱·김영화, 『북한
의 경제발전과 교육의 역할』(서울: 한국교육개발원, 2003)을 참조하여 재구성.

Ⅲ. 1970년대 북한의 교육 정책

1. '전반적 11년제 의무교육'의 실시

북한은 1972년 4월 9일 최고인민회의 제5기 제2차 회의에서 발표된
"전반적 10년제 고등 의무교육과 1년제 학교 전 의무교육을 실시할 데
대하여"를 통하여 학제 개정을 공포하였다. 이 학제 개정의 골자는 1년
간의 취학 전 의무교육과 4년의 초등교육, 6년간의 중등교육을 포함하
는 11년간의 무상 의무 교육제도를 실시하는 것과 이를 위하여 인민학
교 입학연령을 6세로 하향 조정하고, 기존의 5년제 중학교와 2년제 고
등학교를 통합하여 6년제 고등중학교로 통합한다는 것이었다.[16] 이에
따라 1972년부터 실시된 11년제 의무교육제도는 1974년에 와서 91%가
시행되었고, 1975년부터는 북한의 전 지역에 걸쳐 완전히 실시되기에
이른다.[17] 이러한 '전반적 11년제 의무교육'의 실시 배경에 대해 북한
은 다음과 같이 설명하고 있다.

사회주의 공업화의 성과를 공고히 하고 사상혁명, 기술혁명, 문화혁명
을 더욱 심화시켜 사회주의의 완전한 승리를 앞당겨야 할 과업이 전면에
나선 우리 나라의 현실은 그에 맞게 이미 확립된 사회주의교육제도를 더

욱 발전시켜 새세대들을 보다 유능한 사회주의, 공산주의 건설자로 믿음
직하게 키워낼것을 절박하게 요구하였다. 특히 온 사회의 주체사상화위
업이 전면에 나서고 있는 우리 나라의 현실은 교육부문앞에 자라나는 새
세대들을 사상도덕적인 측면에서나 기술문화적인 측면에서 고상한 풍모
와 높은 자질을 갖춘 주체형의 공산주의혁명가로 훌륭히 키워낼데 대한
과업을 제기하고 있다.[18]

또한 '전반적 11년제 의무교육'의 특성과 우월성에 대해 북한은 다음
과 같이 밝히고 있다.

> 첫째로, 의무교육의 년한이 긴 선진적인 의무교육제도라는데 있다. …
> 둘째로, 동일한 교육체계에서 모든 새 세대들에게 동일한 교육을 주는
> 의무교육이라는데 있다. … 셋째로, 학교전 교육과 초등교육, 중등교육의
> 련계를 밀접히 보장하여 중등교육을 완성시켜주는 높은 수준의 의무교육
> 제도이다. … 넷째로, 사회주의교육학의 기본원리를 구현하여 자라나는
> 새 세대들을 지덕체를 겸비한 전면적으로 발전된 공산주의적인간으로 키
> 우는 혁명적인 교육제도이다.[19]

2. '사회주의교육에 관한 테제' 발표

교육부분에서의 일련의 변화 속에서 1977년 9월, 교육사업의 총괄적
인 목표를 내세운 교육강령인 '사회주의교육에 관한 테제'가 발표되었
다. 1977년 9월 5일 조선로동당 중앙위원회 제5기 14차 전원회의에서
발표된 '사회주의교육에 관한 테제'는 그 동안 사회주의 건설과 혁명발
전의 매개 단계에 따라 그 내용을 고쳐왔던 교육정책을 종합적으로 정
리한 공식적 교육강령이다. 북한에서는 이를 두고 '주체의 교육사상·
이론·방법을 전면적으로 집대성한 불멸의 교육총서'로 평가하고 있다.
이에 북한은 교육테제 발표일인 9월 5일을 '교육절'로 정하여 매년 기
념행사를 개최하고 교육강령에 따른 '주체형'의 공산주의 혁명인재 양

성을 거듭 강조하고 있다.

'사회주의교육에 관한 테제'는 서문과 5장으로 구성되어 있는데, 서문에서는 북한에서의 3대혁명의 중요성을 언급하고 있으며 제1장과 제2장에서는 사회주의 교육학의 기본원리와 사회주의 교육내용에 대해서 언급하고 있다. 제3장은 사회주의 교육방법론을, 제4장에서는 학교교육체계에 대해서, 제5장에서는 조선로동당의 임무에 대해서 언급하고 있다. 이에 따라 사회의 모든 구성원을 '주체형의 공산주의 혁명가'로 키우고 '온 사회의 인텔리화'를 촉진시키기 위한 유일체제의 교육방법론이 완성되었고, 이후 학교교육뿐 아니라 일체의 사회교육이 이 테제에 따라 운영되었다.[20] '사회주의교육에 관한 테제'의 주요 내용을 정리해 보면 〈표 3〉과 같다.

〈표 3〉 '사회주의교육에 관한 테제'의 주요 내용[21]

사회주의 교육학의 기본원리	• 사회주의교육의 목적은 사람들을 자주성과 창조성을 가진 공산주의적 혁명인재로 키우는 것이다. • 사회주의교육학의 기본원리는 사람들을 혁명화, 로동계급화, 공산주의화하는 것이다. • 사회주의교육사업을 원만히 진행하기 위해 견지해야 할 원칙 ① 교육에서 당성, 로동계급성을 구현하여야 한다. ② 교육에서 주체를 세워야 한다. ③ 교육과 혁명실천을 결합하여야 한다. ④ 사회주의국가가 교육사업을 책임지고 조직진행하여야 한다.
사회주의교육의 내용	1. 정치사상 교양 2. 과학기술교육 3. 체육교육
사회주의교육의 방법	1. 깨우쳐주는 교수교양 2. 리론교육과 실천교육, 교육과 생산로동의 결합 3. 조직생활, 사회정치활동의 강화 4. 학교교육과 사회교육의 결합 5. 학교전 교육, 학교교육, 성인교육의 병진
우리나라	1. 전반적의무교육제도

사회주의 교육제도	2. 전반적무료교육제도 3. 일하면서 배우는 교육제도 4. 국가적 어린이보육교양제도
교육기관의 임무와 역할, 교육사업에 대한 지도와 방조	1. 학교의 사명과 임무 2. 교원의 위치와 역할 3. 교육사업에 대한 당적 지도 4. 교육사업에 대한 국가적 보장, 사회적 지원

'사회주의교육에 관한 테제'는 북한 교육의 기본원리와 본질적인 문제를 집대성함으로써 향후 북한 교육의 기본노선과 방향을 제시한 문헌으로 주체사상에 기초한 교육이론을 제시하였다는 점에서 그 중요성이 있다. 이러한 '사회주의교육에 관한 테제'가 가지는 의의에 대해 북한은 다음과 같이 설명하고 있다.

경애하는 수령님의 사회주의교육테제는 우리 시대의 위대한 혁명사상인 불멸의 주체사상을 빛나게 구현한 주체의 교육대강이며 수령님께서 반세기에 걸치는 장구한 기간 교육사업을 현명하게 조직령도하여 오시는 행정에 쌓으신 풍부한 경험과 고귀한 업적을 과학리론적으로 총화하고 집대성하신것으로서 당과 국가가 사회주의건설의 전 력사적기간 교육사업에서 확고히 틀어쥐고나아갈 위력한 사상리론적무기로, 강력적지침으로 된다.[22]

또한 '사회주의교육에 관한 테제'의 성과에 대해서 북한은 다음과 같이 밝히고 있다.

우리의 교육은 어버이수령님의 교육사상을 빛나게 계승발전시켜나가신 위대한 장군님의 탁월한 령도에 의하여 눈부신 전변을 가져왔으며 강성국가건설을 힘있게 추동할수 있는 세계적인 인재들을 수많이 키워내게 되었다. 세계를 놀래운 인공지구위성 '광명성1'호와 '광명성2'호의 성과적 발사, 주체철과 주체비료, 주체섬유의 장쾌한 폭포, CNC화의 열풍과 함남의 불길 등 인민이 기뻐하고 조국을 부강하게 하는 극적인 사변들마다에는 위대한 수령님과 경애하는 장군님의 탁월한 교육사상과 현명한 령도, 뜨거운 사랑과 은정속에 성장한 새 세대 지식인, 인재들의 열정과 재능이 깃들어있다.[23]

IV. 1970년대에서 2014년으로: 김정은 시대 북한의 교육

1. 최근 북한 교육의 제반 여건

1) 김정은 체제의 출범과 '김정일애국주의'의 구현

북한정권의 권력구조가 현재와 같이 김정은 중심으로 재편된 것은 김정은 체제의 공식출범을 알린 2012년 4월 제4차 당 대표자회와 최고인민회의 제12기 제5차 회의 개최를 통해서였다. 당 대표자회와 최고인민회의를 통해 당 규약을 개정하여 "김일성-김정일주의를 유일지도사상으로 하고 온 사회의 김일성-김정일주의화를 당의 최고 강령"으로 하고, 조직문제와 관련 직제는 물론 헌법을 개정함으로써 김정은 체제는 비로소 제도적, 이념적 기반을 갖추게 된 것이다.[24]

김정은은 김정일 사후 2011년 12월 29일 개최된 김정일 사망 추도대회를 통해 "당과 군대와 인민의 최고령도자"로 선언되었고, 12월 30일에 열린 노동당 중앙위원회 정치국 회의에서 김정일의 유훈(2011.10.8)에 따라 인민군 최고사령관으로 추대되었다. 이어서 제4차 차 당 대표자회(2012.4.11)와 최고인민회의 제12기 제5차 회의(2012.4.13)를 통해 당·군·정의 최고직위에 추대되었고, 당 정치국 회의(2012.7.15)를 통해 공화국원수(2012.7.18)로 추대되었다.

이에 북한은 "김정일 동지의 유훈을 받들어 2012년을 강성부흥의 전성기가 펼쳐지는 자랑찬 승리의 해로 빛내이자"라는 제목으로 발표된 2012년 신년사설을 통해 김정은을 '우리 당과 우리 인민의 최고영도자 김정은 동지는 선군조선의 승리와 영광의 기치이시며, 영원한 단결의 중심', '김정은은 곧 김정일' 등으로 묘사하며 김정은을 중심으로 김정일의 유훈을 관철하고 대를 이어 계승할 것을 강조하고 있다.[25] 북한은 다음과 같이 김정은으로의 대를 이은 충성을 강조하고 있다.

> 우리 당과 인민의 최고령도자 김정은동지는 선군조선의 승리와 영광의 기치이시며 영원한 단결의 중심이시다. … 오늘 우리 당은 일군들이 경애하는 김정은동지는 곧 위대한 김정일동지이시며 전당, 전군, 전민이 성새, 방패가 되어 김정은동지를 결사옹위하고 위대한 당을 따라 영원히 한길을 가려는 투철한 신념을 지닐뿐아니라 어려울 때일수록 자기 령도자와 발걸음을 맞추어나가는 진실한 인간, 령도자의 의도를 빛나게 실현하기 위하여 뛰고 또 뛰는 참된 동지가 될 것을 바라고 있다.[26]

또한 '김정일애국주의'의 구현을 부강조국 건설의 원동력으로 제시하면서 당 중심으로 일심 단결하여 '김정일애국주의 구현'에 집중할 것을 주문하고 있다. 김정은은 2012년 7월 26일에 조선로동당 중앙위원회 책임일군들과 한 담화 "김정일애국주의를 구현하여 부강조국 건설을 다그치자"를 통해 '김정일애국주의'에 대해 다음과 같이 설명하고 있다.

> 김정일애국주의는 사회주의적애국주의의 최고정화입니다. 김정일애국주의는 우리의 사회주의조국과 우리 인민에 대한 가장 뜨겁고 열렬한 사랑이며 사회주의조국의 부강번영과 인민의 행복을 위한 가장 적극적이고 희생적인 헌신입니다. 김정일애국주의는 내 나라, 내 조국의 풀 한포기, 나무 한그루까지도 다 자기 가슴에 품어안고 자기의 더운 피로 뜨겁게 덥혀주는 참다운 애국주의입니다.[27]

이러한 '김정일애국주의'의 특징과 '김정일애국주의' 교양을 강화할 것에 대해 북한은 다음과 같이 강조하고 있다.

> 김정일애국주의교양을 강화하는것이 사회주의강성국가건설을 다그치기 위한 확고한 담보로 되는것은 첫째로, 그것이 온 사회를 김일성-김정일주의화하기 위한 사업의 일환으로 되기 때문이다. … 둘째로, 위대한 장군님의 불멸의 애국업적을 빛내이며 강성국가건설을 힘있게 다그쳐나가기 위한 중요한 고리로 되기 때문이다. … 셋째로, 그것이 반제대결전에서 승리를 이룩하고 우리 조국의 존엄을 더 높이 떨칠 수 있게 하기 때문이다. … 자라나는 새 세대들속에서 김정일애국주의교양을 강화하는것은 우리 당과 인민의 최고령도자이신 경애하는 김정은동지의 숭고한 뜻을 받드는 더없이 보람찬 사업이다.[28]

2) '경제강국 건설'의 과제

북한은 김정은 국방위원회 제1위원장이 지난 1월 1일에 육성으로 발표한 2013년 신년사를 통해 "우주를 정복한 그 정신, 그 기백으로 경제강국 건설의 전환적 국면을 열어나가자"를 투쟁구호로 제시했다. 1월 2일자 『로동신문』은 신년사의 핵심은 "경제강국 건설"로 김정은 국방위원회 제1위원장이 19년 만에 발표한 최고지도자 육성 신년사에서 가장 강조한 내용이 "인민생활 향상을 위한 경제부흥"이라고 밝혔다. 북한 입장을 대변해온 재일본조선인총연합회(조총련) 기관지 『조선신보』 역시 신년사 해설기사를 통해 "2012년 위성발사, 그다음 단계의 목표는 이미 예고돼 있다"며 "인민들이 생활 속에서 실감할 수 있는 경제부흥구상의 결실을 맺는 것"이라고 설명했다.[29]

김정은 정권은 이른바 '강성부흥전략'이라는 것을 언급하며 자신들의 경제건설 목표는 새 세기 산업혁명을 통한 지식경제강국 건설이라고 규정하고 있다. 이에 따라 김정일 시대보다 적극적으로 수출품 생산기지의 활성화, 경제무역지대의 개발, 합영·합작사업의 확대, 많은 나라들과의 경제기술협력의 강화 등을 강조하고 있다. 그러면서 북한당국의 공식매체들은 개혁개방에 대해 부정적인 입장을 피력하고 있으며, 오히려 2012년 하반기에는 '70년대 시대정신'을 강조하며 우리식 경제부흥을 강조하고 있다.[30]

이와 함께 '경제강국 건설'이 김정일의 유훈이라는 사실과 과학기술부문이 '경제강국 건설'에서 핵심적인 역할을 수행해야 함을 강조하고 있다. 이에 따라 "새 세기 산업혁명의 불길을 세차게 지펴올려 과학기술의 힘으로 경제강국 건설의 전환적 국면을 열어놓아야" 한다고 강조하는 한편, '과학기술혁명'과 '첨단돌파'를 통해서 경제강국에 도달할 수 있다고 주장하면서 '과학기술발전에 선차적인' 투자, 과학기술과 생산의 연계, '설비와 생산공정의 CNC화, 무인화'를 주요 과제로 제시하고 있다.[31]

3) '중등일반교육'의 강화와 과학기술교육의 강조

최근 북한은 교육 부문의 과업으로 '중등일반교육'의 수준을 높일 것과 과학기술교육을 강화할 것을 강조하고 있다. 특히 '중등일반교육수준을 결정적으로 높이는 것'은 김일성의 교시나 김정일의 유훈을 통해서가 아니라 김정은이 직접 제시하고 있는 과업이다. 이와 관련하여 북한에서 언급한 내용을 살펴보면 다음과 같다.

> 우리 당과 군대와 인민의 최고령도자이시며 선군혁명의 기치이신 경애하는 김정은동지께서는 불후의 고전적로작 『위대한 김정일동지를 우리 당의 영원한 총비서로 높이 모시고 주체혁명위업을 빛나게 완성해나가자』를 발표하시였다. … 경애하는 김정은동지께서는 로작에서 중등일반교육수준을 결정적으로 높이는것을 교육부문에서 틀어쥐고나가야 할

중요한 과업의 하나로 제시하시였다. … 경애하는 김정은동지께서 밝히
신 중등일반교육수준을 결정적으로 높일데 대한 사상은 초등 및 중등교
육단계에서 과학기술의 시대, 정보산업시대의 요구에 맞게 일반지식교육
을 강화하고 그 질적수준을 높일데 대한 사상이다.[32]

또한 '경애하는 김정은원수님의 령도따라 우주강국의 존엄을 떨치며
인재대국건설에서 일대 비약을!', '교원, 연구사들은 위성과학자들처럼
과학기술의 힘으로 경제강국 건설의 지름길을 더 활짝 열어나가자'와
같은 제목으로 발표되고 있는 교육 관련 문건들을 통해 과학기술의 중
요성을 언급하고 있다. 북한이 과학기술의 중요성과 과학기술교육 강
화의 필요성을 강조하고 있음은 최근 '혁명적 군인정신' 대신 위성과학
자들의 '우주를 정복한 그 정신, 그 기백'을 본받아야 할 자세로 제시하
고 있는 것을 통해서도 유추할 수 있다.

오늘의 시대는 정보산업의 시대, 지식경제시대이다. 교육일군들과 교
원들은 최신식CNC공작기계생산에서 비약적발전을 이룩한 련하의 개척
정신, 련하의 창조기풍으로 교육의 질도, 교육조건과 환경도 최상의 수준
으로 끌어올려 … 자라나는 새 세대들이 정보기술, 나노기술, 생물공학
과 같은 핵심기초기술과 기술공학발전에서 세계를 디디고 올라설수 있는
나라의 귀중한 재사들로, 최첨단돌파의 과학기술인재들로 자랄 희망 안
고 배우고 배우고 또 배우도록 하여야 한다.[33]

정보산업의 시대, 지식경제의 시대에는 과학기술에 의하여 경제가 비
약적으로 발전하고 지식자원이 경제활동의 주요자원으로 되며 … 과학
기술을 발전시켜 최첨단을 돌파하는데 최강의 국력이 있고 민족의 존엄
과 번영이 있다. … 우리의 교원, 연구사들은 "우주를 정복한 그 정신, 그
기백으로 경제강국 건설의 전환적국면을 열어나가자!"라는 투쟁구호를
높이 들고 … 나라의 전반적과학기술을 하루빨리 세계적수준에 올려세

워야 한다. 교원, 연구사들은 무엇보다도 나라의 핵심기초기술을 발전시키는데 선차적인 힘을 넣어야 한다.[34]

2. '사회주의교육에 관한 테제'의 계승과 '전반적 12년제 의무교육'의 실시

김정은은 2013년 신년사를 통해 "당사업을 1970년대처럼 화선식으로 전환시키고 김정일애국주의를 실천활동에 철저히 구현하도록 하는데 당사업의 화력을 집중"[35]할 것을 요구하며 1970년대 시대정신으로의 회귀를 강조했다. 1970년대의 시대정신과 그 성과에 대한 역설(力說)은 교육 분야에서도 구현되고 있는데 이는 주로 1970년대에 만들어진 '전반적 11년제 의무교육'제도와 '사회주의교육에 관한 테제'에 대한 강조로 표현되고 있다.

> …김일성동지께서는 "사회주의교육에 관한 테제"를 발표하시여 혁명인재육성의 불멸의 대강을 마련하시고 교육발전의 일대 전성기를 펼쳐놓으시였으며…위대한 령도자 김정일동지께서는 발전하는 현실의 요구에 맞게 교육혁명의 불길을 지펴주시여 학교교육사업을 전반적으로 개선하며 새 세대들을 쓸모있는 혁명인재로 훌륭히 키워나가도록 정력적으로 조직령도하시였습니다.…절세위인들의 주체적인 교육사상과 업적은 경애하는 김정은원수님에 의하여 더욱 빛나고있습니다.[36]

이처럼 '사회주의교육에 관한 테제'는 오늘날 북한 교육의 근간을 이루는 사상이자 김정은의 교육정책을 정당화하고 부각시키기 위한 근거로서 그 중요성과 계승의 필요성이 계속 강조되고 있다.

한편, 북한은 2012년 9월 25일에 개최된 북한 최고인민회의 제12기 제6차 회의를 통해 의무교육 기간을 기존 11년에서 12년으로 늘려 1년제 학교 전 교육과 5년제 소학교, 3년제 초급중학교, 3년제 고급중학교

과정으로 나누는 한편 교사의 자질을 높이고 교육방법을 개선하기 위한 대책을 세운다는 내용의 법령을 발표했다. 이는 1972년부터 '전반적 11년제 의무교육'을 실시한 이래 40년 만의 변화이다. 12년 의무교육은 만 5세부터 시작하는 학교 전 교육 1년, 소학교 5년, 초급중학교 3년, 고급중학교 3년으로 이뤄진다. 이를 위해 현행 소학교 4년이 5년으로 늘어나고 중학교 6년이 초급과 고급으로 나눠진다.

북한은 "지식경제시대 교육 발전의 현실적 요구와 세계적 추이에 맞게 교육의 질을 결정적으로 높여 새 세대들을 완성된 중등 일반지식과 현대적인 기초 기술지식, 창조적 능력을 소유한 주체형의 혁명인재로 키우는 가장 정당하고 우월한 교육"이라고 법령 도입 취지를 밝혔다. 또한 "교육사업에 대한 국가적 투자를 늘리며 전반적 12년제 의무교육을 실시하는 데 필요한 조건과 환경을 마련"하고, "각급 인민 보안, 검찰기관들은 교원, 학생들을 과정 안에 반영된 국가적 동원 외에 다른 일에 무질서하게 동원시키는 현상을 없애기 위한 법적 통제를 강화"한다고 밝혀 아동·청소년의 교육권을 강화할 것임을 예고했다.[37]

이러한 교육제도 개편의 배경과 의의에 대해 북한은 다음과 같이 설명하고 있다.

> 오늘 우리앞에는 최첨단을 돌파할데 대한 시대와 혁명발전의 요구에 맞게 교육의 질적수준을 더욱 높여 새세대들을 주체혁명위업, 선군혁명위업을 떠메고나갈 혁명의 기둥감으로 더 잘 키워야 할 무겁고도 영예로운 과업이 나서고있다. 우리 당과 공화국정부는 사회주의강성국가를 전면적으로 건설해나가는 현실적요구를 반영하여 주체101년 9월 25일 조선민주주의인민공화국 최고인민회의법령 '전반적12년제시함에 대하여'를 발포하였다. 전반적12년제의무교육의 실시는 경애하는 김정은원수님의 숭고한 조국관, 후대관, 미래관이 집약되어있는 중대한 조치로서 우리 공화국이 교육강국, 발전된 사회주의문명국으로 힘차게 나아간다는것을 온

세상에 과시하는 일대 사변으로 된다.[38]

또한 지난 40년간 북한 교육제도의 근간을 이루었던 '전반적 11년제 의무교육'의 의의와 성과를 강조하면서 '전반적 12년제 의무교육'제도가 김일성과 김정일이 확립한 '전반적 11년제 의무교육'제도를 발전적으로 계승한 것임을 밝히고 있다.

> 공화국정부는 위대한 김일성동지와 김정일동지의 현명한 령도밑에 … 주체61(1972)년 세계에서 처음으로 전반적11년제의무교육을 실시하였다. … 전반적11년제의무교육이 성과적으로 실시되고 "사회주의교육에 관한 테제"를 관철하기 위한 투쟁속에서 … 나라의 과학기술발전에 크게 이바지할수 있는 재능있는 과학자, 기술자후비들이 수많이 자라났다. 오늘 우리 공화국이 핵억제력을 가진 존엄높은 군사강국, 인공지구위성제작 및 발사국으로 자랑떨치게 되었으며 인민경제 여러 부문에 우리 식 CNC 기술과 유연생산체계가 도입되고 주체적이고 현대적인 중공업 및 경공업 기지들과 대기념비적창조물들이 수많이 일떠서게 된 여기에는 전반적11년제의무교육을 받으며 성장한 새 세대 과학자들과 청년들의 위훈과 공적이 깃들어있다.[39]

> 전반적12년제의무교육의 실시는 전국가적, 전인민적, 전사회적인 사업이다. 우리에게는 백전백승 조선로동당의 탁월하고 세련된 령도가 있으며 실천을 통하여 그 정당성과 우월성, 생활력이 확증된 전반적11년제의무교육을 실시해온 귀중한 성과와 자립적민족경제의 튼튼한 토대가 있다.[40]

이번 교육제도 개편은 보통교육법 제정(2011.1.19) 및 고등교육법 제정(2011.12.14)의 연장선상에서 이루어진 조치라고 볼 수 있으며 북한에서 교육을 비롯하여 국가의 공공서비스 공급 체계가 붕괴된 상황에서 교육체계를 바로잡고 확충하겠다는 것에 대해 북한당국이 관심을 표명한 것으로 해석할 수 있다.[41] 또한 이러한 일련의 교육개혁안에 대해서 앞으로의 경제개발 계획을 수립하기 위한 첫 개혁조치라는 분석도 가능하다. 북한 관련 매체들도 최고인민회의 이후 교육개혁이 경제발전 구상을 위한 선제 작업이라는 내용을 잇달아 보도했다.[42]

그러나 이러한 의미에도 불구하고 교육제도 개편의 의도와 의지가 얼마나 실현될 것인지에 대해서는 낙관할 수 없다. 이제까지 학교가 사실상 학부모의 부담과 학생의 노력동원에 의해 운영되어 왔던 것, 교육기자재와 시설에 대한 투자가 없었던 것을 감안할 때 재정확충이 실로 막중한 과제가 될 것이기 때문이다. 또한 그 동안 교육 관료체계가 상당히 취약해졌을 것이기 때문에 실무 관료진을 구성하고 관료의 능력 및 기강을 높이는 문제 역시 어려운 과제가 될 것이다.[43] '전반적 12년제의무교육'을 실시하는 과정에서 발생할 수 있는 현실적인 제약조건들에 대한 고민은 법령의 내용에도 다음과 같이 포함되어 있다.

> 2. 전반적12년제의무교육의 실시와 관련하여 부족되는 교원들을 보충하며 교원들의 자질을 높이고 교육방법을 개선하기 위한 대책을 세운다. … 2) 시(구역), 군단위로 거주지에 관계없이 학과실력이 가장 우수하며 교원으로서의 품격을 갖출수 있는 중학교졸업생(제1중학교졸업생 포함)들을 엄선하여 사범대학, 교원대학들에 추천, 입학시키며 사범대학, 교원대학졸업생들을 교원이 부족한 학교들에 무조건 배치하는 엄격한 규률을 세운다. 3) 교원경력자, 적격자들을 찾아내여 부족되는 교원대렬을 보충한다. … 3. 교육사업에 대한 국가적투자를 늘이며 전반적12년제의무교육을 실시하는데 필요한 조건과 환경을 마련한다. … 7) 교원들과 교육과학연구부문 연구사들이 안착되여 일할수 있도록 생활조건을 책임적으로 보장한다.[44]

특히 교원의 부족 문제와 교원의 자질을 높이는 문제가 현실적으로

가장 큰 난관이라고 할 수 있다. 이는 김형직사범대학의 김영철 학부
장이 3월 5일 『로동신문』에 기고한 '전반적 12년제 의무교육과 교원양
성'이라는 글에서 "12년제 의무교육을 성과적으로 실시하는 데서 선차
적으로 해결해야 할 문제의 하나는 교원문제, 교원양성문제"라고 밝힌
데서도 확인할 수 있다.[45)]

이러한 현실적인 어려움에도 불구하고 북한이 김정은의 새로운 정책
으로 백년대계인 교육을 선택했다는 것은 '미래지향의 리더십'과 자녀
교육에 관심이 높은 학부모의 지지를 끌어내는 '대중적 리더십'에 목적
이 있다고 평가할 수 있다. 또한 앞으로의 경제건설에 필요한 인재 양
성 문제를 지금부터 풀어나가지 않으면 안 된다는 문제의식의 반영이
라고도 볼 수 있다.[46)]

VI. 닫는 글

권력을 승계 받은 이후 김정은은 김정일 시대의 정책과 유산을 대체
로 계승하는 모습을 보여 왔다. 이는 2012년 4월 6일 담화에서 '김일성-
김정일주의'를 조선로동당의 지도사상으로 내세우고, 4월 15일 김일성
의 100회 생일 기념 열병식에서 한 첫 공개연설에서 선군정치 계승 입
장을 분명히 밝힌 것[47)]을 통해서도 확인할 수 있다. 올해 신년사에서
는 2013년을 "김일성 김정일 조선의 새로운 100년대의 진군길에서 사회
주의 강성국가 건설의 전환적 국면을 열어나갈 거창한 창조와 변혁의
해"로 규정하고, "당과 인민이 나아갈 불변의 진로는 오직 주체의 한
길"이며 "우리 혁명의 백전백승의 기치는 위대한 김일성-김정일주의"라
고 강조하였다. 신년사는 또한 교육, 보건, 문학예술, 체육, 도덕 등 모
든 문화 분야에서 김정일의 사상, 노선, 방침을 관철할 것을 강조하고

있다.

반면에 김정일 시대와 비교해 보았을 때 유의미한 변화가 감지되기도 한다. 2013년 신년사를 통해 김정은은 북한이 그동안 금과옥조로여겨왔던 '선군(先軍)'에 대한 언급을 대폭 줄인 반면, '강성국가'와 '경제강국' 건설을 특별히 강조하고 있다. 이는 '선군정치(先軍政治)'의 상대적 퇴조와 '선경정치(先經政治)'의 부상으로 해석해 볼 수 있다.[48] 또한 2012년 9월 25일에 개최된 최고인민회의 제12기 6차 회의에서 12년제 의무교육을 시행하는 내용의 법령을 발표하고, 수학과 물리 등 일반 기초지식을 기본으로 컴퓨터와 외국어 교육을 강화하기로 결정한것 역시 북한이 시도하고 있는 변화의 일환으로 평가할 수 있다.

여기에는 앞으로의 경제건설에 필요한 인재 양성 문제를 지금부터풀어나가지 않으면 안 된다는 문제의식이 반영되어 있다고 볼 수 있다. 북한은 "지식경제시대 교육발전의 현실적 요구와 세계적 추이에 맞게교육의 질을 높여 새 세대들을 중등일반지식과 현대적인 기초기술지식, 창조적 능력을 소유한 혁명인재"를 양성하는 것이 이번 교육개편의목표임을 밝히고 있다. 그리고 이를 위해 소학교의 교육연한을 기존의4년에서 5년으로 늘리고 수학, 물리, 화학, 생물 등 기초과학분야의 일반기초지식과 컴퓨터 교육, 외국어교육 등을 강화하기로 하였다. [49]

또한 최근 교육 부문에서 이루어지고 있는 일련의 변화들을 통해 북한이 지향하고 있는 사회 변화와 이를 위한 발전 전략의 방향을 유추해 볼 수 있다. 최근 북한은 여러 교육 관련 문건들을 통해 다음과 같은 내용을 강조하고 있다.

올해 교육부문 일군들과 교육자들앞에는 경애하는 김정은동지의 신년
사를 높이 받들고 우주정복자들의 투쟁정신, 창조본때로 교육사업에서
혁명적전환을 일으켜야 할 무겁고도 영예로운 과업이 나서고 있다. …

우주를 정복한 위성과학자들처럼 교육부분에서 최첨단돌파전을 힘있게
벌려 나라의 교육사업을 하루빨리 세계적수준에 끌어올려야 한다.[50]

김정일 시대에 북한이 이상적인 인간상으로 제시한 역할모델은 '혁
명적 군인정신'으로 무장한 선군시대의 군인들이었다. 반면에 김정은
시대에는 과학자들의 '우주를 정복한 그 정신, 그 기백'을 따라 배울 것
을 강조하고 있다. 이를 통해 북한이 기존의 '노동동원형' 산업구조에
서 '지식경제형' 산업구조로의 전환을 장기적 발전 전략의 핵심 목표로
설정하고 있으며 북한 교육 역시 이러한 방향 속에서 지속적인 변화가
모색될 것임을 유추해 볼 수 있다.

[제 7 장]

주체문예이론의 형성과
주체사실주의의 정립

전영선

Ⅰ. 북한 문예이론으로서 '주체사실주의'

북한 문학은 남한 문학과 어떤 차이가 있을까? 또 북한 문학은 중국 문학이나 러시아 문학과는 어떤 차이가 있을까? 북한 문학에 대한 몇 가지 의문에 대한 해답은 주체사실주의로 귀결된다. 주체사실주의는 문학으로서 남북을 가르고 사회주의 문학과 북한 문학의 차이를 결정 짓는 기준이다.

주체사실주의란 말은 '주체'라는 말과 '사실주의'라는 두 단어의 결합 어이다. 여기서 '주체'는 곧 '주체사상'을 의미하며, '사실주의'는 '사회주 의적 사실주의'를 의미한다. 따라서 '주체 사실주의'라고 할 때, 그 의 미는 주체사상을 기반으로 한 사실주의라는 의미이다. 북한에서는 이 주체사실주의를 사회주의적 사실주의에서 발전된 것으로 규정한다.

그렇다면 북한 문학에서 유일하게 인정하는 문예이론으로서 사회주 의적 사실주의는 무엇인가.[1] 문학사에서 사실주의에 대한 개념의 폭은

매우 넓다. 한편에서 사실주의는 문학적 대상에 대한 사실적 재현이라
는 의미로 규정한다. 이때 '사실주의'는 예술의 출발과 관련된 개념이
라고 할 수 있다. 이 때 사실주의는 문학예술을 통해 대상을 가능한
한 가장 충실하게 현실을 재현하려는 목적을 갖고 있는 '개연성'이라는
의미를 갖는다. 문예사조로서 사실주의는 산업혁명 이후 드러난 사회
의 본질적인 문제를 제기하고 비판하는 경향을 의미한다. 이때 사실주
의는 재현 방법인 동시에 재현 대상에 대한 접근을 의미한다.

　사실적 재현이라고 해서 사실그대로 묘사하는 '자연주의'를 의미하는
것은 아니다. 단순하게 사실주의를 '동시대의 사회현실의 객관적 표현'
이라고 규정할 때에도 '객관적'이라는 의미와 '현실'이라는 의미를 규정
하기는 쉽지 않다. 간단하게 현실이라는 문제로 이야기를 돌려보자.
현재 한국 사회의 현실은 무엇이라고 할 수 있는가? 또 어떻게 객관적
으로 표현할 수 있을 것인가? 현실에 대한 다양한 분석과 객관적 표현
사이에 수많은 담론들이 오고갈 것이다.

　사실주의를 이해하기 위하여 사실주의 건너편에 서 있는 개념을 통해
사실주의의 범주를 추론해 볼 수도 있다. 넓은 의미로 사실주의는 환상
적인 것, 동화적인 것, 우리화적인 것, 상징적인 것, 고도로 양식화된 것,
순수하게 추상적이거나 장식적인 것을 거부하며, 개연성이 없는 것, 순
수한 우연, 기이한 사건을 거부하며,[2] 사회적 현실에 관심을 둔다.

　사회주의적 사실주의에 대한 개념은 광범위 하지만 일반적으로 다음
세 가지 영역으로 규정된다. 첫째, 사회주의적 예술은 '진실'되거나 올
바른 방식으로 현실을 반영하는 예술이다. 둘째, 대중이 이해할 수 있
는 예술을 의미한다. 셋째, 현실과 분리되지 않은 예술로서 '예술을 위
한 예술'이 아닌 예술이며, 사회적 영향을 고려하고 스스로 사회적 목
표를 세우는 예술이다.

　어떤 개념으로 정의되든 간에 사회주의적 사실주의는 예술 그 자체

에 무게를 두기보다는 현실과의 밀접한 관련을 통해 사회상을 반영하는 데 초점을 둔다. 나아가 사회주의적 사실주의는 사회 현상 가운데서 사회 발전의 모순을 반영하며, 사회의 구조와 미래에 대한 발전 방향을 보여주려고 한다. 사실주의가 사회현상에 대해 관심을 갖는 것은 사실주의의 발생과 궤를 같이하기 때문이다. 사회 현상에 대한 비판을 담은 개념으로서 사실주의는 산업혁명과 프랑스 혁명으로 상징되는 근대 사회의 형성이 바탕이 되었다. 산업혁명으로 인한 대량생산 체제의 출발은 사회적 분업과 대규모 공장으로 구체화되었고, 공장을 중심으로 한 도시를 형성하게 되었다. 이러한 일련의 근대화 과정은 시민사회의 형성과 시민민주주의를 발전시켰지만 그 이면으로는 인간소외와 물화현상을 심화시켰다.

사실주의는 이러한 사회현상에 대해 관심을 갖고 적극적으로 참여한다. 사실주의 예술은 '예술을 위한 예술'이나 '순수예술'을 거부하고 사회적인 목표를 세우고 스스로 사회적 영향력을 통하여 사회를 변화시키려 한다. 소설을 예로 들어보자 소설 창작에서 인물 형상은 가장 중요한 문제의 하나이다. 작가가 어떤 인물을 창조할 것인가는 훌륭한 작품 창작의 필수적인 요소이기에 작가들은 항상 개성적인 인물을 창조하기 위하여 끊임없이 노력한다. 그러나 작가가 단순히 개성적인 인물을 창작하기 위하여 소설을 쓰는 것은 아니다. 소설은 작가가 현실을 재현하기 위하여 동원한 예술적인 수단일 뿐이다. 물론 사회주의적 사실주의처럼 사회에 대해 관심을 기울이지 않아도 훌륭한 인물을 그릴 수 있다. 작가가 존경하거나 흠모하는 인물을 소설로 재현할 수도 있다.

그러나 사실주의에서는 사회적 관심에 의하여 삶의 현실에 대한 깊은 관심 속에서 인물들이 선택된다. 그렇게 선택된 인물이 바로 시대적·사회적 환경의 본질적 상황을 함축하고 있을 때 전형성을 확보하는 것이다. 따라서 전형적인 상황을 묘사하기 위해서는 등장인물들이 전형적인 인물로 그려져야(형상화) 하고 인물은 그에게 주어진 여러 규정들과 상황들을 구체적으로 반영해야 한다.

사회주의적 사실주의가 본격적으로 대두된 것은 사회주의 사회 건설을 위한 혁명 사업을 추진하던 시기였다. 자본주의 모순이 극대화된 상황 속에서 사회주의가 발생하였고, 사회주의 종주국이었던 러시아의 시인·작가들은 노동자 중심의 새로운 현실의 요구에 부응할 수 있는 문학예술을 요구하게 되었다. 마침내 1932년 막심 고리키의 집에서 열린 작가회의에서 사회주의적 사실주의를 창작방법으로 해야 한다는 견해가 제시되었다.[3]

> 만약 예술가가 우리의 실생활을 정확히 묘사하려면 그는 우리의 실생활을 사회주의로 이끌고 있는 것을 묘사하지 않으면 안될 것이다. 그래야만 그것은 사회주의적 예술이 될 수 있을 것이며 사회주의적 사실주의가 될 수 있을 것이다.[4]

이후 사회문제에 대해 관심을 갖고 사회문제의 해결책을 노동계급적인 입장에서 진실을 재현해야 한다는 사회주의적 사실주의는 사회주의 문학예술의 유일한 창작원리로 사회주의 국가로 확대되었다. 당연하게도 북한 역시 정권수립초기 사회주의 체제의 도입과정 속에서 사회주의적 사실주의가 유일한 창작원리로 받아들여졌고, 지금도 유일하고도 과학적인 창작방식으로 인정받고 있다.

II. '사회주의적 사실주의'에서 '주체사실주의'로의 전환

앞에서 언급하였듯이 북한에서 유일한 창작방식으로 인정하는 것은 사회주의적 사실주의이다. 그러나 사회주의적 사실주의를 유일한 창작방식으로 인정하였다고 하여서 지금도 사회주의적 사실주의를 고수하고 있는 것은 아니다. 지금 북한 문학의 창작이론은 '주체사실주의'이다. 그렇다면 사회주의적 사실주의와 주체사실주의는 어떤 차이가 있는가? 북한은 주체사실주의를 사회주의적 사실주의에서 한 단계 발전한 것으로 평가한다. 사회주의적 사실주의의 본질인 사회에 대한 관심과 사회의 본질을 밝히려는 문학의 특성은 그대로 유지한다. 다만 현재의 북한 사회가 주체사회이며, 주체시대이기에 문학 역시 사회주의적 사실주의 방식으로 주체시대의 본질과 특성을 그려내야 한다는 것이다. 결론적으로 주체사실주의는 주체시대의 사회주의적 사실주의라고 할 수 있다.

따라서 주체사실주의를 이해하기 위해서는 주체사상의 형성과정을 이해할 필요가 있다. 정권수립 당시 사회주의적 사실주의를 유일한 창작방식으로 인정하였던 북한이 왜 사회주의적 사실주의를 버리고 주체사실주의를 선택하였을까? 사회주의적 사실주의에서 주체사실주의로의 전개는 문학사적인 과정보다는 국제정치적 상황 속에서 이루어 졌다. 특히 소련의 관계 변화가 결정적인 작용을 하였다.

1945년 광복 당시 남북의 이상적인 정치 체제는 서로 달랐다. 남한 정권이 미국식 민주주의에 대한 동경과 민주주의 제도의 정착을 최우선 과제로 삼았듯이 북한 정권 역시 사회주의 혁명의 선진국으로서 소련에 대한 모방을 통한 사회주의의 실현을 정책 목표로 삼았다. 이는 매우 자연스러운 현상이었다. 제2차 세계대전이 끝난 후 미국과 소련의 영향 하에 독립하거나 식민지를 청산한 나라들은 국가의 이상향을 미국과 소련에 두었었다. 따라서 소련에 대한 북한의 동경은 노동계급의 국제적 연대로서 국제사회주의 동맹을 강화하고 우익에 대립하기 위한 국제적 투쟁전선의 프롤레타리아 국제주의에 기초한 것이었다. 소련식 사회주의 제도의 정착이라는 점에서 정권수립기의 북한 문학예술은 사회주의적 사실주의 원칙에 충실한 것은 당연한 일이었다.[5]

정권수립 당시 남북은 각각 국가 체제에 대한 표면적 합의는 이루었지만 정권의 정통성과 권력운영의 주체를 놓고서는 내부적으로 적지 않은 내홍(內訌)을 겪었다. 일제 강점기 동안 여러 갈래로 흩어져 있었던 독립운동 세력들의 다른 목소리를 하나로 묶기에는 배경이나 활동 내용 등에서 많은 차이가 있었다. 북한의 경우에도 중국공산당에서 활동하였던 세력, 소련 공산당에서 활동하였던 세력, 남로당 출신 등등으로 나뉘어져 있었다.

소련의 군정시기 봉합되었던 내부적 갈등은 '6·25'를 지나면서 패전책임과 전후복구 건설 사업 방향을 놓고서 폭발되었다. 전쟁 중이던 1950년 김일성의 가장 강력한 라이벌이었던 무정(武亭)이[6] 숙청당하였으며, 전쟁이 끝나고 '전후복구건설'을 두고서 김일성과 반김일성파의 내부적 권력 다툼은 한층 치열해졌다. 북한 내부의 권력 다툼에 상당한 영향력을 미친 것은 소련이었다. 당시까지 북한을 비롯한 사회주의 국가들은 사회주의 종주국으로서 소련과의 국제적 연대가 매우 중요하였고, 국적보다는 당적이 더 중요하였다. 북한 내부에서도 소련공산당이나 중국 공산당 소속이 상당한 비중을 차지하고 있어 소련은 이들을 통해 영향력을 발휘할 수 있었다.

변화의 바람이 분 것은 소련이었다. 1953년 강력한 프롤레타리아 독재체제를 중심으로 하였던 스탈린이 사망하였다. 스탈린의 뒤를 이어 권좌에 오른 흐루시초프는 스탈린의 독재체제를 비판하면서 집단지도체제를 도입하는 동시에 과거가 되어 버린 스탈린 독재의 문제점을 제기하고 비판하는 '스탈린 격하' 운동을 진행하였다. 소련의 정치체제 변화는 당연하게 신생사회주의 국가에도 영향을 미쳤고, 독재체제에 대한 비판의 움직임이 있었다.

이러한 움직임이 구체적인 사건으로 나타난 것이 '8월 종파사건'이었다. 김일성 집권의 최대 위기로 불리는 '8월 종파사건'은 김일성 1인 독재에 대한 가장 큰 저항이었다. 제1차 5개년 경제계획 착수를 앞둔 1956년 연안파와 소련파를 중심으로 김일성 주석 축출 기도사건이 발생했다. 김일성 주석은 제1차 경제계획을 착수하기 위한 자본과 기술의 원조를 위하여 동유럽 국가를 방문하고 있었다. 이 기간 동안 당시 연안파의 지도적 인물인 김두봉(최고인민회의 상임위원회 위원장), 최창익(당 정치위원겸 부수상), 윤공흠(상업상), 서휘(기업총동맹 위원장), 이상조(주 소련대사), 이필규(내무성 부상), 장평산(제4군단장, 중장)과 소련파인 박창욱(당 중앙위원회 부위원장 겸 부수상), 김승화(건설상), 방의완(부수상), 김재욱(농업성 부상) 등은 이들은 스탈린 사후 흐루시초프의 스탈린 격하운동에 힘입어 김일성의 동유럽 순방 기간을 이용하여, 김일성 주석의 개인숭배를 비판하면서 축출하려고 하였다. 전후 복구를 위한 경제적 지원을 얻기 위해 동구를 방문하던 도중 이 사실을 알게 된 김일성은 즉시 평양으로 돌아왔다. 반김일성파에서는 김일성의 귀국 사업보고를 위해 마련된 당 전원회의에서 김일성을 축출할 계획을 세운다. 마침내 1956년 8월 30일 당 중앙위원회 8월 전원회의가 열리고 이 자리에서 최창익, 윤공흠 등이 김일성 1인 체제에 대한 비판을 시도하였지만 사전에 정보를 알고 있었던 김일성 지지 세력은 군대를 동원하여 반대파들을 진압한다. 김일성은 이 사건을 계기로 반대파들을 숙청하기 시작한다. 그 결과 최창익, 박창옥, 양계, 강성민, 김민산, 장평산, 김두봉, 한무 등의 반대파 세력들이 2년 여에 걸쳐 숙청되었다.[7]

김일성을 제거하려던 계획은 역설적으로 김일성으로의 절대적 권력 집중으로 매듭지어졌고, 반대파 세력들을 제거한 김일성 1인 지배체제는 더욱 공고화되었다. 동시에 김일성의 최대 정치위기로 불리는 '8월 종파사건'은 핵심인물들이 소련파였으며, 소련의 상당한 영향을 받았다는 점에서 북한과 소련 사이의 갈등이 노골적으로 드러나기 시작하는 계기가 되었다. 그렇지 않아도 북한은 소련에 대해 불만이 있었다.

당시 북한의 최대 과제는 전쟁으로 파괴된 사회체제를 정상화 시키는 '전후복구건설' 사업이었다. 경제적 기반의 상당 부분이 파괴된 북한으로서는 외부의 지원이 절실하였다. 소련은 1962년 북한이 요청한 전후복구 건설 지원을 거부하였으며, 1인 지배체제에 대한 비판의 목소리를 높여가고 있었다. 이러한 소련과 달리 중국은 북한 전후복구 건설 과정에서 전폭적인 지원을 아끼지 않았고, 정치적으로도 김일성 체제를 옹호하였다. 자연스럽게 북한의 대외정책은 이전의 친소정책에서 대외적으로는 중립정책을 표방한 친중정책으로 선회하였고, 중국과 소련 사이에 발생한 중소 국경 분쟁에서도 중국 입장을 지지하였다. 북한과 소련의 관계는 급격히 냉각되었고, 북한과 소련의 갈등은 노골화 되었다. 북한은 집단지도체제를 도입한 소련공산당을 수정주의 노선이라고 비난하면서 김일성 체제의 스탈린식 개인숭배에 대한 비판 역시 국제 공산당의 헤게모니를 잡기 위한 내정간섭의 명목이라고 비난하였다.

소련과의 결별은 국가 대 국가 차원의 결별과 함께 사상적인 결별을 의미하였다. 앞서 언급하였듯이 북한과 소련의 관계는 관계 형성 초기부터 사회주의라는 체제의 공통성을 기반으로 한 관계였다. 따라서 사회주의 종주국으로서 소련에서 진행된 집단지도 체제의 모순을 비판하고 김일성 체제의 입장을 옹호할 수 있는 사상적 이론이 필요하였다. 이에 따라서 나온 것이 마르크스-레닌주의의 일반적 원리에 기초하면

서도 북한의 상황에 맞게 '북한식 사회주의'로 발전시켰다고 하는 주체
사상이 등장하게 된 것이다.

주체사상은 역사발전 과정의 합법칙성을 인정하면서 몇 가지 차이점
을 보인다. 주체사상의 가장 큰 특징은 역사발전에 대한 해석에서 인
간의 역할을 강조하였다는 점이다. 즉 인류사회의 발전은 마르크스가
말한 것처럼 사회적 생산양식이 한계에 달하면 새로운 생산관계로 변
화되면서 발전되어 가는 것이 아니라 '자주성', '창조성', '(목적)의식성'
을 본질로 하는 인간에 의해 변화된다는 것이다. 그렇다고 하여 인민
대중이 스스로의 사회적 계급을 인식하고 역사발전의 주체로서 나설
수 있는 것은 아니다.

인민대중을 선진사상으로 의식화하고 혁명을 이끄는 지도자로서 '수
령'이 있어야 한다. 수령에 의해 인민대중이 역사발전의 주체로서 혁명
에 나설 수 있도록 이끌어 줄 때 인민대중이 진정한 역사의 주인이 될
수 있다는 것이다. 이것이 바로 '혁명적 수령관'이다. 이처럼 주체사상
은 역사발전의 인간의 역할을 강조하면서도 혁명적 수령을 절대적 지
도자로 상정함으로써 수령을 정점으로 한 일인지배체제의 정당성을 논
리화할 수 있었다.

북한은 이 주체사상을 가장 선진된 사상이면서 노동계급을 포함한
인민대중의 사회적 역할을 해명한 '유일한 사상'으로 확정하고 1967년
이후의 시기를 '당의 유일사상 체계를 더욱 철저히 세우며 사회주의의
완전 승리, 온 사회의 주체사상화를 앞당기기 위한 투쟁 시기'로 규정
하면서 사상적 일체화를 추진하기 시작하였다. 주체사상의 전면화는
문학예술 분야에서도 절대적 지침으로 수용되었고, 주체사상을 기반으
로 한 주체사실주의를 사회주의적 사실주의의 발전된 이론으로 공식화
하였다.

주체문예 이론의 핵심은 한마디로 우리가 살고 있는 이 시대가 주체

시대이므로 모든 문제를 주체에 의해 풀고 해결해야 한다는 것이다. 특히 인민대중이 사회적 주체로서 나서기 위한 절대조건으로서 '노동계급의 혁명 영수'인 수령을 예술적으로 어떻게 형상할 것인가 하는 문제가 핵심과제가 되었다. 즉 현실에 대한 사실적 재현으로서 사실주의 원칙을 적용하되, 현재 살고 있는 시대가 주체시대이므로 모든 문제를 주체사상에 입각하여 풀고 해결한다는 것이다. 이후 주체문예 이론은 오늘날까지 변함없는 불변의 창작 원칙으로서 지켜지고 있다.

III. 사회주의적 사실주의와 주체사실주의 분화

1. 사회주의적 사실주의와 주체사실주의

1) '당성'의 주체사실주의적 개념화

북한은 주체사실주의를 사회주의적 사실주의 연장선에서 사회주의적 사실주의 창작 원리를 발전시킨 이론으로 설명한다. 사회주의적 사실주의와 주체사실주의의 공통점은 문학예술의 당성·노동계급성·인민성의 원칙을 계승한다는 것이다.

당성은 문학 예술적 관점보다는 정치적 맥락에서 논의된 개념이다. 초기 사회주의적 사실주의에서 당성은 사회적인 목적 지향성을 의미하였다. 즉 문학예술에서 당성은 창작에서 나타난 일정한 흐름을 의미하던 '경향성'을 의미하였다. 그러나 문학예술의 정치적 목적성이 강조되면서, '당성'은 예술을 목적의식적으로 사회적 기능에 복무하도록 활용하는 것으로 규정되었다. 즉 사회주의적 사실주의에서 당성은 '민중과 당의 입장에 입각하여' 의식적으로 싸우던 것에서 '노동자계급의 당과 밀접한 연대를 갖는 뚜렷한 의식성 속에서 마르크스-레인주의의 과학적 지도 아래 삶의 구조와 현실의 운동법칙을 이해하고 해명'하는 것을 의미하게 되었다.

'당성'은 두 방향으로 나타났다. 하나는 반당적이고 반동적인 사상의 침습에 맞서 비타협적 투쟁을 통하여 공산당의 사상적 순결을 지켜내는 것이었고, 다른 하나는 혁명의 목표를 달성하고자 수령의 영도 아래 투쟁하는 것이었다. 한편으로 당성은 '혁명정신'으로 규정되는 데 여기서 혁명정신은 곧 김일성의 항일무장혁명투쟁정신 나아가 주체사상을 의미한다.[8]

당성이 강조되면서 자연스럽게 당과 인민의 관계도 강조된다. 북한에서는 당성에 대하여 '당의 강령에 명시된 사상으로 튼튼히 무장하고 당의 로선과 정책을 적극 옹호관철하며 언제나 당과 함께 나아가려는 당원들의 혁명정신',[9] '자기가 로동당원이라는 것을 자각하고 언제나 당의 강령과 규약의 요구와 당의 정책, 결정들을 실천하기 위하여 물불을 가리지 않고 자기의 모든 힘, 필요하다면 생명까지도 바쳐 싸우려는 당에 대한 충성심'[10]으로 규정한다. 당에 충실하기 위하여서는 "언제 어떤 조건에서나 당의 로선과 정책에 따라 당과 근로대중의 리익을 위하여 물불을 가리지 않고 희생적으로 투쟁하여야"[11] 한다. 이것이 바로 "주체의 혁명적세계관에 기초한 높은 계급적 자각이며 당을 옹호보위하며 당의 로선과 결정을 관철하기 위하여 모든 것을 다 바쳐 투쟁하는 고상한 혁명정신"[12]이다.

문학예술에서 의미하는 당성도 이와 크게 다르지 않다. 문학예술에서 의미하는 당성이란 '당의 노선과 정책에 입각하여 작품의 소재를 선택하고 사회의 발전과 생활의 근원을 당 정책과 관련시켜 묘사하고 반영하는 것'으로 '당에 대한 끊임없는 충실성'을 문학적으로 구현하는 것을 의미한다. '당성'은 당의 사업 방향에 따라 혁명단계에 나타나는 여러 문제들을 해결하고 각 조건과 현실을 진솔하게 반영하는 동시에 사회주의 혁명의 목표를 달성하기 위하여 적극적으로 실천하는 것으로 수렴되었고, 당성에 입각한 문화예술은 당연하게도 이와 관련되는 문학예술을 의미하는 것이었다.[13]

문학예술 작품 속에서 당성은 크게 네 가지 실천적 원칙에 의하여 구현된다. ① 김일성의 주체사상과 혁명사상의 실천을 위한 투쟁, ② 당의 정책적 요구의 반영과 실천, ③ 전형을 창조함으로써 당의 교양 기능에 복무, ④ 조국통일을 위해 반동적 사상과 비타협적 투쟁 등이었다.[14]

주체시대는 인민대중이 중심인 시대이고, 당은 인민의 이익을 대표하기에 문학예술도 인민을 위한 문학이 되어야 한다. 작가, 예술가들은 역사의 주체인 인민대중의 이익을 대변하고 인민대중을 위한 작품을 창작하기 위해서는 당의 지도를 절대적으로 따라야 하고, 당의 요구를 받아들여야 한다는 논리로 발전하였다. 동시에 당은 작가, 예술인들이 창작할 수 있도록 사회적 조건을 보장해 주고, 관리해 주어야 한다. 이렇게 될 때 인민을 위해 복무하는 문학예술이 될 수 있다는 것으로 논리화되었다.[15] 주체사실주의에서 당성은 수령에 대한 충실성, 노동계급성, 인민성뿐만 아니라 비타협적 투쟁성을 의미하며, 사상성과 예술성의 관계, 주체사실주의, 종자이론을 비롯한 주체의 모든 문예이론을 구성하는 기본 토대이다.

2) '(노동)계급성'의 주체사실주의적 개념화

일반적 의미에서 계급성이란 사회적으로 특정한 계급의 입장에서 특정한 계급의 이익을 대변하는 것이다. 북한에서는 '일정한 계급의 이해관계를 반영하지 않는 사회적 사상이란 있을 수 없다'면서, 문학예술이 무기가 되는 것은 '문학예술은 사회적 사상의식의 한 형태로서 사회적 상부구조의 중요한 구성 부분이기 때문에',16) 작자 예술인들이 속한 계급의 이익을 옹호하는 사상적으로 예리한 무기가 된다고 규정한다. 어떤 문학예술 작품이던 자신이 속한 사회적 계급을 반영하게 된다는 것이다. 봉건시대에는 봉건지주 계급의 이익을 반영한 작품이 나오고, 자본주의 시대에는 자본주의 이익을 대변하는 예술이 나온다는 것이다.

문학예술이 계급성을 갖게 되는 이유는 작가나 예술인들이 사회적인 계급성을 갖기 때문이다. 작가, 예술인들은 작품 창작 과정에서 창작에 적합한 소재를 선택하고 형상하는 과정에서 어쩔 수 없이 자기가 속한 사회적 계급의 사상과 감정 의지를 반영하게 된다는 것이다. 물론 작가, 예술인들의 사회적 계급성이 문학작품에 그대로 반영되는 것은 아니다. 일정한 조건 속에서 굴절되기도 한다. 그러나 결과적으로 계급성이 반영되지 않을 수 없다는 것이다.

넓은 의미로서 계급성이 창작자의 사회적 계급의 반영이라고 한다면, 좁은 의미로서 계급성은 노동계급성을 의미한다. 사회주의적 사실주의에서 말하는 계급성도 노동계급을 지향하는 경향성을 의미하였다. 좁은 의미로서 계급성은 사회 현실 자체가 계급적 모순과 대립이라는 관점에서 접근하는 것이다. 막시즘은 자본주의 체제 안에서는 자본가와 노동자는 대립적 관계에 있고, 자본가 계급과 노동자 계급은 계급적 갈등을 통해 사회주의 체제로 발전하기에 사회주의 사회가 선진 사회로 설명한다. 자본주의에서 '사회주의 과학성과 노동자 계급'이 결합한 이후 노동계급성이 자본주의 모순을 극복할 수 있는 유일한 세계관이며, 노동자 계급이 계급성을 자각한 가장 선진적인 계급이기 때문에 작가, 예술가들이 노동계급성에 입각해야 한다는 것으로 설명한다. 노동계급성에 입각한 작품을 쓰기 위해서는 당연하게도 작가나 예술인들에게는 노동자와 농민의 삶 속으로 들어가야 할 것을 강조한다.17)

북한의 주장에 따르면 사회주의 문학예술은 "근로인민대중이 착취계급과 착취사회를 때려부시고 착취없고 압박없는 새 사회를 일떠세우기 위한 혁명투쟁에 떨쳐일어선 력사적시기에 자강 선진적이며 혁명적인 계급인 로동계급의 리익과 지향을 반영하여 나온 혁명적인 문학예술"18)이기에 어느 문학예술보다 철저하게 계급성을 갖는다. 이에 따라서 "계급성은 가장 선진적·계급적인 로동계급의 이익을 리해관계를 옹호하며 사회주의 공산주의 건설을 목적으로 하는 로동계급성으로 발현"19)될 때 인민을 위한 예술이 될 수 있는 것이다. 이러한 규정에 따라서 노동계급성은 당성과 함께 사회주의적 문학예술의 혁명적 본질과 계급적 성격을 특징짓는 가장 중요한 징표의 하나로 간주되고 있다.

3) '인민성'의 주체사실주의적 개념화

인민성이란 공산주의를 완성하는 데 이해관계를 가진 인민의 이익을 반영하고 인민에게 복무해야 한다는 원칙이다. '예술이 인민들을 위하여 복무하며, 인민들이 예술에 참여하는 것'을 의미한다. 문학예술은 인민들의 사상 감정에 맞아야 하고, 인민들의 이해관계를 객관적으로 반영하여야 하며, 인민대중이 알 수 있는 형식과 내용으로 인민이 소망하는 바를 담아야 한다는 것이다. 인민성의 원칙에 따라서 작가, 예술인들은 인민대중 속으로 들어가서 대중의 요구와 심리를 반영하여, 인민대중이 향유할 수 있는 작품을 창작해야 한다는 것이다.20)

인민성의 원칙에 따라서 인민대중이 문학예술 창작의 주체로서 나설 수 있거나 향유할 수 있도록 사회적으로 보장한다는 것이다. 인민대중이 창작의 주체로 내세우기 위해서는 인민을 위한 문학예술 교육이 열려 있어야 하고, 인민들이 좋아하는 작품이어야 한다. 내용과 형식에서 인민에게 맞아야 한다. 인민의 정서에 맞는 '내용의 인민성'과 인민들이 친숙하거 쉽게 접할 수 있는 '형식의 인민성'이 맞아야 한다.

'내용의 인민성'이란 작품의 내용이 인민들의 사상 감정에 맞아야 한다는 것이다. 아무리 좋은 작품이라도 내용이 인민의 생활이나 혁명교양을 위해 도움이 되지 못한다면 인민성이 올바로 반영되었다고 할 수 없다. 이러한 문제는 인민대중의 생활과 투쟁에서 절실하고 의의 있는 문제를 얼마나 내세우고 그것을 인민의 이해관계에 맞게 얼마나 잘 해명하였는가에 따라 평가된다. 시대의 요구와 인민의 지향에 맞는 심오한 사상적 내용과 높은 사상성을 반영하여 사상적 내용의 깊이와 사상성의 높이를 인민대중의 이해관계와 지향에 맞추어야 한다. 인민의 생활에서 본질적이고 의미 있는 문제들을 진솔하게 반영하여 인민들이 인민의 이해관계에 투철한 투쟁을 전개하도록 이끌어야 한다. 이를 위해 강조하는 것이 인민들의 현실이다.[21]

'형식의 인민성'이란 작품의 형식, 형상이 인민들의 생활감정과 정서에 잘 맞아야 한다. 인민들을 위한 내용이라도 형식이 맞지 않으면 인민들이 즐길 수 없다. 가령 농민을 위한 노래를 만들었는데 가요처럼 하지 않고 성악처럼 만들었다면 쉽게 부를 수가 없을 것이다. 인민성은 인민들이 사용하는 평이하고도 소박한 언어를 사용하여 인민들이 쉽게 알아들을 수 있어야 한다는 것이다. 어려운 한자나 고투의 문장을 인민들이 알아듣기는 쉽지 않다. 인민들에게 친숙한 선율과 율동으로 창작되어야 인민대중들이 즐길 수 있다.

이렇게 사상성과 예술성을 조화시킬 때 사람들 속에서 주체의 혁명적 세계관을 세울 수 있으며, 주체의 혁명으로 이끌 수 있는 무기가 된다. 작가, 예술가들은 단순히 직업으로서 작품 창작에 임해서는 안 된다. 이런 작품 속에서는 뜨거운 혁명적 열의를 찾을 수 없고, 생명력도 찾을 수 없다. 진정한 예술은 예술을 통하여 일상 속에서 혁명으로 교양하고 이를 통하여 혁명투쟁의 한 단계 성숙된 단계로 나갈 수 있도록 선전하고 혁명의 단계로 나갈 수 있도록 선동해야 한다. 인민성

은 인민을 혁명과정에 나서도록 이끄는 도구로서 문학예술이 견지해야
할 원칙인 것이다.

2. 주체문예이론과 수령형상, '종자', '속도'의 이론화

1) 공산주의적 인간형의 이상으로서 수령형상

북한의 문학예술 창작에서 허용하는 유일한 창작 방법론은 사회주의
적 사실주의는 사회에 대해 관심을 갖고 사회의 본질을 그려내는 것이
다. 사회의 본질을 그리기 위해서는 무엇보다 당대 사회 현실이 무엇
인지를 보여주어야 한다. 당대 사회를 반영하기 위해서는 그 시대상을
가장 '적확(的確)'하게 보여줄 수 있는 사건과 인물을 선택해야 한다.[22]
이때 작가가 선택한 인물은 개성이 살아 있는 인물이어서는 안 된다.
특별한 한 개인의 모습을 통해서는 그 당대 사회의 모습을 그려낼 수
없다. 작가가 선택한 인물은 그 시대의 특성을 가장 잘 나타낼 수 있
는 인물이어야 한다. 이런 인물을 전형적인 인물이고 한다.

전형적인 인물은 당대의 시대상을 가장 잘 반영할 수 있는 상징적인
인물이다.[23] 고전을 예로 들어보자. 북한에서는 모든 고전작품이 비록
그 시대에는 훌륭하였는 지 몰라도 시대적인 한계를 갖는다고 평가한
다. 대표적인 고전작품인 『심청전』도 비판의 대상이 되었고, 현시대 인
민의 교양에 도움이 되는 방향으로 개작되어 읽히고 있다. 『심청전』에
대한 비판 가운데 본질적인 문제로 지적한 것이 "봉건량반관료의 처인
장승상 부인을 인정이 있고 덕이 높은 인물로 형상"[24]하였다는 것이다.
전형적 관점에 의하면 장승상 부인은 봉건 '량반 관료의 처'이다. 따라
서 봉건 양반 관료의 계급적 입장을 대변해야 함에도 불구하고 인정
있고 덕이 높은 인물로 묘사한 것은 잘못되었다는 것이다.[25]

이런 점에서 사회주의적 사실주의적 관점에서는 어떤 전형을 잡았느

냐는 작품의 성패를 평가하는 중요한 기준이 된다. 전형을 잘 잡기 위해서는 어떻게 해야 하는가? 전형을 잘 잡기 위해서는 무엇보다 시대 상황을 잘 인식해야 한다. 사람들은 자신이 속한 계급에 따라서 필연적으로 계급적 이익을 달리한다. 따라서 인민들의 사상 교양을 위해서는 역사발전의 과정 속에서 주인공이 처한 사회계급적 성격이 어떠하였는지를 분명하게 파악하여야 한다.[26]

사회를 잘 인식한다는 것은 문학적인 문제보다는 정치적인 문제이다. 작가나 예술인들의 창작 활동에는 작가의 '정치적 견해'와 '미학적 이상'에 따른 창작 원칙을 따르게 되기에 작가의 세계관이 반영되기 때문이다. 사회를 보는 눈이 없으면 사회의 핵심 문제를 파악하지 못하고, 본질적인 것을 놓치게 된다. 사회의 본질을 놓치게 되면 사회생활을 왜곡하게 된다.[27] 작가들이 사회의 본질을 놓치지 않기 위해서는 혁명의 주도 계급으로서의 노동계급의 현실과 전망을 기본으로 형상화의 과정 속에서 예술성과 조화를 맞추어야 한다. 이렇게 될 때 사람들 속에서 주체의 혁명적 세계관을 세워 줄 수 있다.

그렇다면 북한 사회의 본질은 무엇인가? 북한은 인민대중이 역사발전의 중심인 주체사회라고 규정한다. 주체시대, 주체사회에 맞는 전형을 그리는 '주체사실주의'의 핵심은 인간을 중심에 놓고 그리는 것이다. 이를 북한에서는 '사람을 중심으로 현실을 보고 그린다는 것은 물질을 중심에 놓고 그리는 것과는 상반되는 관점과 입장'인 동시에 사회주의적 사실주의와 구분되는 결정적인 요인으로 설명한다. 사람을 중심으로 현실을 보고 그린다는 것은 '현실을 사람의 이익을 기준으로 보고 그린다는 것이며, 현실의 변화발전 과정 자체를 사람의 활동을 기본으로 보고 그린다는 것'으로 설명한다.[28]

주체사실주의는 위대한 주체사상의 원리를 문학예술창작에 구현하는 과정에 형성된 우리 시대의 가장 올바른 창작방법이다. 주체사실주의는 사람을 중심으로 하여 현실을 보고 그리는 창작방법이다. 주체사실주의와 선행한 사실주의의 근본적인 차이는 사람을 어떤 견지에서 보고 그리는가 하는데 있다. 선행한 사회주의적 사실주의에서는 주로 인간을 사회적 관계의 총화로 보고 그리었다면 주체사실주의에서는 인간을 자주성, 창조성, 의식성을 가진 사회적 존재로 보고 그린다. 관점상의 이러한 차이로 하여 인간을 보고 그리는 데서 근본적인 차이가 있게 된다.29)

주체시대란 한 마디로 '모든 문제를 주체의 틀 안에서 고민하고 해결하는' 시대로 이러한 주체시대의 전형적 인간형은 '주체의 틀 안에서 고민하고 해결하는 인간형'30)으로 공산주의적 인간형의 선진적인 인간형이다. 그렇다면 공산주의적 인간형이란 어떤 인간형인가? 공산주의적 인간형이란 공산주의 운동 역사를 알고 있는 공산주의자들 가운데서 가장 고상한 풍모와 높은 자질을 가진 공산주의자이다. 인민대중이 본받을 수 있도록 "문학에서는 로동자, 농민을 비롯한 인민대중의 기본을 그리면서 인민속에서 나온 공산주의적인간을 전형으로 내세"31)워 나가야 한다.

주체형의 공산주의적인간은 정치사상적측면에서나 정신도덕적측면에서 주체사상의 요구를 투철하게 구현한 새형의 인간인 것으로 하여 혁명과 건설에 대한 주인다운 태도를 가지고 자력갱생, 간고분투의 혁명정신을 높이 발양하여 부닥치는 애로와 난관을 자체의 힘으로 뚫고나가면서 위대한 수령님의 교시와 당정책을 무조건 철저히 관철해나간다. 따라서 공산주의적인간을 형상하면서 자기 문제는 어디까지나 자신이 책임지고 자주적으로, 창조적으로 풀어나가는 주체가 철저히 선 새형의 인간의 성격적특징을 예술적으로 뚜렷이 부각시키는것은 그 전형창조에서 나서는 기본적인 문제이다.32)

이런 공산주의적 인간형의 가장 이상적인 형상이 수령이다. 수령은 정치적으로서 가장 완벽할 뿐만 아니라 인간적인 측면에서도 완벽한 품성을 지니고 있다. 그런데 완벽한 인간으로서 수령을 형상하는 데 있어 몇 가지 원칙이 있다. 수령을 형상하는 데 원칙을 정한 이유는 수령을 형상하는 작가, 예술인들이 정치적으로나 인간적으로나 부족하여 수령의 면모를 올바로 형상하기 어렵다고 보기 때문이다.

북한 문학에서 수령형상화에서 반드시 지켜야 할 기본적인 원리·원칙은 다음의 아홉 가지로 집약된다.33) ① 수령의 위대성을 깊이 있게 형상해야 하며, 특히 걸출한 사상이론가로서의 수령의 위대성과 정치가, 전략가, 영도의 예술가로서의 위대성을 잘 형상해야 한다. ② 수령이 지닌 인간적 풍모의 위대성을 형상해야 한다. 특히 혁명전사와 인민의 자애로운 어버이로서 수령의 위대성을 깊이 있게 형상해야 한다. 수령의 내면세계, 심리세계를 깊이 있게 형상해야 한다. ③ 수령의 형상은 반드시 수령, 당, 대중의 3위 일체의 원칙에서 당과 대중과의 연관 속에서 형상해야 한다. ④ 수령의 위대성은 체계적·전면적으로 깊이 있게 형상해야 한다. ⑤ 수령에 대한 최대한의 정중성과 충성심을 반영해야 하며, 작품의 양상은 밝고 숭엄해야 한다. ⑥ 등장인물의 성격을 실재한 역사적 사실에 기초하여 인간학적 요구에 맞게 개성화해야 한다. ⑦ 수령을 구체적인 인물로 그리면서도 개인으로서 형상하지 말아야 한다. ⑧ 수령형상을 높은 수준에서 창작하기 위해서는 다른 인물의 형상화도 중요하다. ⑨ 후계자 김정일을 수령 김일성과의 관계 속에서 형상해야 한다.

수령형상화의 모든 원칙은 주체로부터 출발하여 주체로 귀결되며, 수령 이외의 인물 형상화 역시 수령형상화를 위한 인물, 주체시대 공산주의적 인간으로서 당과 수령에 대한 충성을 다하며, 이를 온몸으로 실천하는 인간으로 형상되어야 한다. 이것이 사회주의적 사실주의와 주체사실주의를 구분하는 기준인 것이다.

2) '종자'론

종자란 작가가 말하고자 하는 본질이다. 종자를 잘 잡기 위해서는 주장을 가장 잘 보여줄 수 있는 소재를 골라야 한다. 구태여 소재라고 하지 않고 종자라고 하는 이유는 무엇인가? 그것은 작품 창작 과정이 마치 씨로부터 잎이 나고 꽃이 피고 열매가 맺는 과정과 같다고 보기 때문이며, 다른 한편으로 종자는 단순한 소재 차원을 넘어서는 작가가 보여주고자 하는 주제를 포함하기 때문이다. 즉 종자는 작가가 선택한 사건이며, 말하고자 하는 핵심이 되며, 이 핵심을 드러내기 위하여 형상하는 과정이 식물로 말하자면 꽃이 피고 열매 맺는 과정이라고 할 수 있다. 좋은 씨앗이 좋은 열매로 이어지듯이 작가의 올바른 사상과 가치관이 작품을 통해 드러나야 한다. 작품 창작에서 작가는 자기가 말하고자 하는 종자를 똑바로 잡아야만 사상·미학적 의도를 정확히 전달할 수 있으며, 철학성을 보장받을 수 있다고 강조한다.

이처럼 종자는 작품에서 선택되어진 소재이면서 동시에 작가가 말하려는 기본 문제로서 작품의 사상·예술적인 핵을 의미한다. 종자는 소재, 주제처럼 분명하게 구분되는 개념이 아니라 소재, 주제, 작가의 의식을 포함한 포괄적 개념이다. 동시에 종자는 작품의 생명이 되는 핵으로서 작품 창작과 관련한 모든 요소들을 하나로 통일시키고 관통하는 기본 요인이다.[34] 작품에 따라서 주제와 종자가 같은 수도 있고, 다를 수도 있다. 작품의 주제가 작가 말하고자 하는 바라면 종자는 드러내고자 하는 바 정도로 구분할 수 있을 것이다.

문학예술창작에서도 종자를 똑바로 골라잡고 작품을 파악한 다음에는 모든 력량을 집중하여 강의한 의지와 열정을 가지고 창작사업을 전격적

으로 밀고 나가야 비상히 빠른 속도가 나오게 되고 작품의 질이 높아지
게 된다.35)

종자론이 처음 제기된 것은 김정일의 『영화 예술론』이었다. 『영화예
술론』은 1973년에 나온 김정일의 영화예술 이론서이다. 내용의 중심은
영화에 관한 것이었으나 1988년 연극예술 이론서인 『연극예술에 대하
여』가 나올 때까지 주체문예 이론의 교과서적인 역할을 하였다. 이 『영
화예술론』에서 예술과 생활이 문제를 제기하면서 핵심으로 지적한 것
이 바로 '종자'로서 작가들에게 '시대와 혁명의 요구에 맞는 종자를 탐
구하는데 언제나 깊은 관심을 돌려야 한다'고 규정하였다.

김정일이 요구한 핵심은 '시대의 요구를 반영'하라는 것이다. 문제는
그 사회가 어떤 사회로 규정하느냐이다. 이 시대가 어떤 시대이고 어
떤 것을 요구하는 지를 작가가 알아야 한다는 것이다. 당연하게도 종
자론이 제기된 시대적 배경은 유일사상으로 주체사상이 본격화 된 시
기였다. 결론적으로 시대의 본질을 반영할 수 있는 종자를 선택하는
문제는 주체시대라는 새로운 시대에 맞는 문학예술을 창작해야 한다는
것이다. 주체시대라는 새로운 시대에 맞게 모든 문학예술 행위들이 유
일사상체계에 속에서 이루어져야 한다는 점이 유일한 창작 지침으로
정립되면서, 이전까지 문학예술의 창작내용과 창작방식은 낡은 것으로
서 청산대상이 되었다. 당에서 관장하는 당 중심의 예술체계가 확립되
었다.

그렇다면 주체시대의 특징은 무엇인가? 주체의 시대에는 모든 문제
를 수령에 의해 해결하고 풀어나가듯이 작품을 창작할 때에도 모든 문
제를 유일사상 체계 안에서 해결해야 한다. 종자론으로 인하여 문학예
술 작품 평가에서 예술성보다 사상성이 우선한다는 논리, 예술창작에
서 당적 지도가 중요하다는 근거가 마련되었다. 모든 예술작품에서는

주체시대의 종자를 핵으로 형상요소를 집중시키고 심화시켜 나가야 한
다는 것으로 문학예술을 유일사상으로 일색화하는 과정이었다.

종자론의 바탕을 이루는 두 요소는 종자가 포함하고 있는 사상성과
사상성을 예술로 형상하는 예술성이다. 사상성이란 바로 당의 정책을
정확히 반영하고, 당의 노선과 정책에 철저하게 의거하여 시대가 제기
하는 사회 정치적 과제에 올바른 사상적 해답을 주여야 한다.

> 우리 문학예술은 응당 천리마 기세로 내달리고 있는 우리 인민의 이
> 위대한 창조적 생활을 힘 있게 형상화하여야 할 것입니다.…그러나 유감
> 스럽게도 우리의 문학과 예술은 우리 시대의 정신을 잘 반영하지 못하고
> 있으며…지금 제일 부족한 것은 오늘의 현실을 그린 작품입니다. 천리마
> 시대가 낳은 새 영웅들을 그린 예술 작품이 매우 적습니다. 우리의 작가,
> 예술인들은 과거의 영웅들은 흠모하고 있으나 위대한 새 생활을 창조하
> 고 있는 우리 시대의 영웅들은 볼 줄 모릅니다. 이것이 오늘 우리 작가들
> 의 큰 약점입니다.[36]

천리마시대가 되었는데도 문학예술은 새로운 생활상을 반영하지 못
하고 있다는 비판이다. 예술 창작의 원천은 생활이므로 사상성이란 예
술작품 창작에서 생활 속에서 의의 있는 소재를 선택하는 것을 의미한
다. 의의 있는 생활소재를 잡기 위해서는 당면한 현실 문제가 무엇인
가에 대한 올바른 판단이 선행되어야 한다. 생활 속에서 종자를 찾아
내는 것은 사건으로부터 시작한다. 생활 속에서 사건이 발생할 때는
그 사건을 어떤 세계관으로 접근하며, 또 어떻게 풀어나가야 할 것인
가를 두고서 입장을 달리하게 되는 데, 시대와 혁명이 요구하는 사건
을 잡아야 한다. 좋은 작품을 창작하기 위하여 작가들은 "시대와 혁명
의 요구에 맞는 종자를 탐구하는데 언제나 깊은 관심을 돌려야"[37] 하
는 것도 이런 이유이다.

사상적 알맹이를 올바로 선택하지 못하고 작품의 사상성을 높이려 애쓰는 것은 씨앗을 심지도 않고 좋은 열매를 바라는 것과 같다. 사상적 알맹이를 잡지 못하면 일정한 이야기 줄거리가 있고, 재미가 있어도 감동을 주지 못하게 된다. 문학예술 창작의 성패는 어떻게 형상하느냐보다는 어떤 종자를 선택하느냐에 따라서 결정되는 것이다.38)

종자론이라고 하여서 예술적 형상화가 등한시 되는 것은 아니다. 우선적으로 사상성의 문제가 중요하지만 종자의 성패는 단순하게 사상성이 좋은 소재를 선택하는 문제로 한정되지 않는다. 종자를 잘 살릴 수 있는 예술적 형상화가 잘 이루어져야 한다. 예술적 형상화 과정은 '작품의 사상성과 예술성을 결합시키며, 작품의 철학적 깊이를 보장하고, 창작자의 예술적 환상을 불러일으키는 원천이며, 창작자를 속도전으로 추동하는 요인'이다. 따라서 선택된 생활 소재를 바탕으로 창작하면서 사상을 내세울 수 있도록 예술적으로 잘 형상하여야 한다고 강조한다.

작품 창작 과정은 "종자를 골라잡고 그것을 형상으로 실현하는 과정이며 종자에서 이야기줄거리가 뻗고 형상의 꽃이 피여나며 그 속에서 주제가 여물고 사상이 뚜렷이 밝혀지는 것은 작품의 생리적 과정"39)인 것이다. 생활 속에서 종자를 잡는다는 것은 창작 소재 속에서 주제와 사상은 물론 그것을 예술적으로 꽃피울 수 있는 형상요소와 양상까지 포착하였다는 것을 의미한다.40) 한마디로 종자론은 사상성의 문제를 작품 창작을 통해 어떻게 미적으로 구현할 것인가의 문제이다.

문학예술작품은 종자를 핵으로 하여 모든 형상요소들이 유기적으로 결합되고 통일된 전일체를 이루며 작품을 창작하는데서 종자를 골라잡고 그것을 예술적으로 가공하여 주제사상을 밝혀내는 과정은 창작의 모든 고리들이 밀접하게 련결된 총체를 이룬다. 따라서 형상의 심오성이 보장되고 작품의 사상예술적질이 담보되려면 창작과정의 모든 고리들이 잘되어야 한다. 여기로부터 문학예술작품의 철학적 깊이는 종자의 철학적 무게, 사상의 철학적심오성, 사회적문제의 예리성, 생활의 새로운 탐구, 깊이 있는 분석적인 세부묘사와 언어구사 등에 의하여 보장되게 된다. 종자의 철학적 무게, 사상의 철학적심오성, 사회적문제의 예리성, 생활의 새로운 탐구, 깊이 있는 분석적인 세부묘사와 언어구사는 유기적인 련관 속에서 작품의 철학적 깊이를 보장하는 요인으로 작용한다.[41]

이처럼 문학예술 창작의 성패는 기본적으로 현실을 어떻게 인식하고 파악하느냐의 문제가 중요하다는 점에서 종자론은 기본적으로 사실주의적 창작 방법인 '전형'과 유사하다. 전형에서는 사회상을 반영할 수 있는 인물을 잘 잡아야 하듯이 사회상을 잘 반영할 수 있는 창작소재로서 종자를 잘 잡아야 하는 것이다. 북한에 따르면 모든 문학예술 작품에는 반드시 종자가 있는 것은 아니며, 종자와 주제가 꼭 일치하는 것도 아니다. 종자를 기초로 한 예술 창작은 사회주의적 사실주의 작품에만 존재하며, '생활을 왜곡하고 고상한 사상'을 담지 못한 작품에는 참다운 의미에서의 종자가 있을 수 없다고 주장한다.

종자론의 출발이 유일사상 체계와 관련되었듯이 종자를 통한 창작과 해석의 과정을 통해 수령 중심의 역사인식이 분명하게 드러난다. 북한에서 종자론와 관련하여 예로 드는 작품으로 「안중근 리등박문을 쏘다」가 있다. 1990년 안중 의사의 하얼빈 저격사건을 다룬 「안중근 리등박문을 쏘다」의 종자를 '이등박문은 죽었어도 침략자는 남아있다'로 규정하면서, 조선이 일제의 식민지로 전락된 당시의 역사적 현실을 바탕으로 안중근 의사의 애국적 활동과 투쟁을 진실하게 그려냈지만 개인적인 테러의 방법으로는 나라의 독립과 자주권을 찾을 수 없다는 것을 보여주면서 '수령의 령도 밑에 올바른 지도사상을 가지고 광범한 인민대중이 조직적으로 혁명투쟁을 벌려야 한다는 것을 보여'준 작품으로 평가한다. 반면 「피바다」의 종자는 '수난의 피바다를 항쟁의 피바다로 전환시켜야 한다'는 것인데, 어머니의 삶이 일제와 무장투쟁을 벌여야 한다는 사상에 밀접하게 연결되면서 종자가 잘 구현되었다고 평가한다.[42]

3) 속도전

속도전이란 글자그대로 빠른 속도로 수준 높은 문학예술을 창작하는 것이다. 속도전이 처음 시작된 시기는 전후복구 건설시기였다. 전후복구 건설 시기 전쟁으로 인한 피폐한 경제를 최대한 빠른 시간 안에 이전상태로 복구하는 것이 최우선 과제였다.

경제발전의 위한 여력이 충분하지 못할 때 국가가 흔히 사용되는 방식이 모범사례를 만들어 표창한 다음 이를 따르도록 하는 것인데, 남북이 예외가 아니었다. 남한에서 경제건설 과정에서 나타난 새마을 지도자나 우수 사원, 최근의 신지식인 등등의 사례들이 그 예가 된다. 북한 역시 가장 성공적이고 우수한 사례들을 선발하여 최적의 조건을 부여한 다음 최고의 성과를 낸 모범사례를 만들고, 전국적으로 확산하여 이를 따르도록 하는 방식을 자주 사용한다. '천리마 운동', '낙원의 봉화' 등이 그 예이다. 이러한 모범 사례 방식은 전후 복구 건설시기에 더없이 유용한 방식이었다. 북한은 산업분야에서 최대한 빠른 속도로서 산업복구를 해 가는 사례들을 통하여 경제건설을 독려하였다. 속도전은 처음 건설현장에서 시작하여 산업분야를 거쳐 북한 사회 전분야로 확대되었다.

문예 분야에서도 속도전이 요구되었다. 문학예술에서 속도전은 사회주의 건설에서 '최단기간 내에 양적으로나 질적으로 최상의 성과를 이룩'하듯이 문화예술 분야에서도 전투정신을 발휘하여 최대한 빠른 속도로 질 높은 작품을 창작하는 것이다.[43] 단기간 내에 질적으로도 수준이 높은 작품을 창작하기 위해서 가장 필요한 것이 무엇일까? 그것은 올바른 종자를 선택하는 것이다. 짧은 시간 안에 내용이 보장된 작품을 창작하기 위해서는 무엇보다 시대가 요구하는 바를 잘 반영할 수 있는 종자를 잘 잡는 것이었다.[44]

속도전의 세 요소는 '사상', '기술', '지도'이다. 이 가운데서도 가장 중요한 문제는 사상문제를 해결하는 것이다. 사상 문제는 종자를 제대로 잡고, 창작에 임해서는 한 치의 머뭇거림이나 망설임 없이 전격전, 섬멸전의 방법으로 창작과제를 실현해 나가는 동력이 된다. 작가들의 창작 사업은 사상전이라는 또 다른 형태의 전투인 것이다. 작가들은 최전선에서 싸우는 전사들로서 확고한 사상성과 신념을 기반으로 사상적 이탈이나 낙오 없이 확실한 사상성을 견지하면서 온갖 낡은 사업 태도와 기풍을 혁명적으로 개신하고 새로운 사업 태도와 기풍을 세워나가야 한다. 의식 속에 잔재한 낡은 사상적 잔재를 뿌리 뽑아야만 좋은 작품을 창작할 수 있고, 온 사회의 혁명화, 노동계급화를 실천해 나갈 수 있다는 것이다.

기술의 문제는 작가, 예술가의 사상성을 작품으로 형상하는 문제이다. 작가의 예술적 기량이 높아야 한다. 기술적 문제를 높이기 위해서는 창작적 사색을 중단하지 않고 집중시키며 창작적 열정을 최대한으로 발양시켜 나가야 한다.

지도의 문제는 당의 역할과 관련하여 강조되었다. 당은 작가, 예술가들이 속도전을 견지하기 위해서는 당과 수령에 대한 끝없는 충성심을 높이고 주어진 임무에 대한 책임감을 견지할 수 있도록 지도해야 한다는 주장을 펼치기 시작하였다. 당은 작가, 예술가들의 사상적 해이를 막고 창작의 성과를 거둘 수 있도록 작가, 예술인들을 조직화하고 체계화된 조직지도 사업을 벌여 혁명적 조직생활을 강화하고 집단주의 정신과 고상한 공산주의적 도덕 품성을 높이 발양시켜 나가야 한다는 것이다. 이를 계기로 문학예술인에 대한 당적 통제가 본격화되었다.

속도전은 특별한 상황에 대처하는 응급적인 창작 방식이 아닌 일상적인 창작방식이다. 북한의 사회주의 체제 자체가 끊임없이 제국주의의 문화적 침투에 직면하고 있으며, 새로운 시대에 맞는 혁명과업이 끊임없이 요구되기 때문이다. 이런 끊임없는 요구에 맞추어 작품을 창작하기 위하여 작가들에게 요구되는 것이 창작활동에서의 '적극성'과 '창의창발성'이다. 작가가 창작활동에서 성과를 충분히 내지 못하는 것은 적극성과 창의창발성이 부족, 나아가 사상성의 부족으로 인식한다. "문학예술 창작에서 성과의 비결은 시간에 있는 것이 아니라 창작가의 높은 사상과 열정에 있다. 사상이 발동되고 창작적 열정이 불타오르면 어떤 어려운 창작과제도 짧은 시일 안에 해결할 수 있다"[45]는 지적은 정치적 열의가 높을수록 당과 혁명을 위한 작품을 더 빠르게 더 많이 제작할 있다는 것을 의미한다. 이는 상대적으로 정치적 열의가 부족하면 작품의 질이 낮아진다는 것과 같은 의미가 된다.[46] 따라서 수준 낮은 작품이나 작품 창작에서 소기의 성과를 내지 못하는 것은 정치적 열의가 부족하기 때문이라는 비판을 면하기 어렵다.

Ⅳ. 남북문화 차이에 대한 이해

1970년대 북한 문화정책의 가장 큰 특징은 현재 북한의 문화정책이 완성되었다는 것이다. 북한 사회를 규정하는 정체성의 핵심인 혁명적 수령관이 문화정책으로 이론화, 체계화되었다. 북한에서 수령은 단순한 북한 체제를 대표하는 직책이나 직위의 의미가 아니라 세계 노동자계급을 이끌어가는 선진적인 사상을 만들고 혁명을 이끈 사상가들을 의미한다. 주체사상은 인류역사에서 역사발전의 법칙과 인민대중이 역사발전의 주인임을 밝힌 가장 선진적인 사상으로 강조되고 있다. 이 혁명적 수령관을 기초 수령으로 인하여 인민들이 역사 발전의 법칙을 이해하고 역사발전의 주인공으로 나서게 될 때, 정치사회적인 생명을 얻게 된다는 이론이 문화를 통해 북한의 문화정체성으로 자리 잡게 된 것이다. 이것이 정치사회적 생명체이다. 정치사회적으로 생명을 부여한 수령과 인민대중의 관계는 흔히 하나의 생물체로 표현되며, 넓은 의미에서 하나의 가정(사회주의 대가정)으로 표현되었다.

개인보다는 사회적 목적이 우선하는 사회이기에 모든 것은 사회로 귀결된다. 문학에서도 개인보다는 사회가 우선된다. 따라서 우리가 살고 있는 사회가 어떤 사회이며, 왜 이런 사회체제가 좋은 사회인지를 문학예술을 통해 보여주려고 하였다. 시간이 지난 2013년에도 변함없는 문학예술의 역할과 기능이다.

인민대중이 중심인 사회이지만 인민대중이 주체로 나설 기회는 많지 않다. 인민대중이 제 역할을 하기 위해서는 수령과 당의 선도가 있어야 하기 때문이다. 당은 인민보다 앞서 인민들이 필요한 정책을 만들어 내고 인민들을 이끌어 나간다. 동시에 인민들에게 모든 시기마다 당에서 필요로 하는 방향으로 인민대중을 이끌어 나가기 위하여 끊임없는 선전과 선동을 통해 설득해 나간다. 이러한 선전과 선동은 인민대중의 일치된 방향으로 나설 수 있도록 설득하는 과정이다.

북한 사회를 이해하기 위해서는 이러한 정치사상적 맥락을 이해해야 한다. 이는 다양한 사상의 흐름 가운데 선택하거나 변화되는 우리와는 기본적인 출발부터 차이가 나는 점이다. 북한이 강조하는 인민대중은 개체성이 확보된 인민대중이 아니다. 전체로서 하나의 일치된 목표의식을 갖고 함께 움직여지는 전체로서 인민대중을 의미한다. 개인의 의미는 사회를 위해 기여할 때 의미가 있는 것이다. 지금 북한은 스스로를 주체시대, 주체사회로 규정하고 있다. 이 주체시대, 주체사회에서는 모든 것이 주체사상에 의하여 규정된다. 북한에서 강조하는 여러 문예이론도 온 사회의 주체사상화에 기초한 것이다. 예술에서 강조하는 내용으로 강조하는 것도 주체사상이다. 나아가 사회적으로 유용하고 인민대중의 이익에 복무하는 것 역시 인민대중을 선진사상으로 이끄는 수령에게 복무한다는 것을 의미한다.

주체사상의 기본 틀은 김정은 체제에서도 이어졌다. 북한 체제의 근본적인 변화가 없는 한 앞으로도 지속될 것이 분명하다. 다만 그 의미 해석에서는 약간의 차이를 보이고 있다. 수령의 개념 역시 김일성을 의미하던 것에서 김일성과 김정일을 아우르는 개념으로 확대되고 있다. 새로운 지도자로서 김정일의 지도자적 이미지를 강조하는 과정의 불가피한 변화일 것이다. 이러한 변화를 변화로 볼 수 있느냐의 판단은 쉽지 않다. 변화에 대한 판단 여부는 개인의 몫으로 치더라도 북한 문학을 바라보는 시각은 다양화될 필요가 있다. 기본 이념과 존재의 지향 자체가 다른 남북 문학을 두고서 옳다 그르다는 시각을 견지하는 한에서는 북한 문화를 이해할 수는 없다. 문학이 무엇이고, 어떠해야 한다는 당위론에 앞서, 북한 문학의 본질이 무엇이며, 왜 그러한 지에 대한 이해가 필요하다. 남북의 차이를 당연한 것으로 인식하고 다른 것의 실체를 확인하고 간극을 메워가는 작업이 문화공동체를 위해 필요하기 때문이다.

제3부

대외정책

[제 8 장]

대서방외교의 부상, 그 양상과 특징

서보혁

Ⅰ. 1970년대 북한의 대서방외교 검토 배경

한 나라의 대외정책을 분석하는 방법을 분석수준을 기준으로 말하면 국제체제, 국가, 개인 등 크게 세 수준으로 나누어 생각할 수 있다. 1970년대 북한의 대외정책을 국제체제 차원에서 분석하면, 데탕트 (Détente)와 계속되는 중소분쟁으로 압축할 수 있는 국제질서 변화에 직면하여 북한은 생존을 위해 적응을 추구한 것으로 설명할 수 있다. 이때 북한이 가진 지정학적 위치, 정치체제, 경제수준, 국민성과 같은 행위자의 속성은 큰 고려대상이 되지 않는다. 실제 1970년대, 특히 초반의 남북한 공통의 대외정책 변화(적대진영과의 접촉)와 남북대화에 관한 연구의 주류는 국제체제 수준에 주목해왔다. 국제체제 수준에서의 분석은 일국의 대외정책이 벗어날 수 없는 한계치를 설정해주는 대신, 주어진 범위 내에서 다양한 선택지가 존재하고 그 중 특정 선택지가 최종 결정되는 과정은 설명해주지는 못한다. 1970년대 북한외교의 변화는 생경하고 유리해보이지 않는 국제정세의 격동에 적응하는 측면이 강했던 것이 사실이지만, 국제체제 변수 중심의 연구는 구체적인 외교관계의 디테일(detail)을 설명하는 데는 한계를 보인다. 여기서 기존 북한 대외정책연구 전통에 대한 하나의 질문을 던질 수 있다. 1970년대 북한의 대서방외교가 국제정세 변화에 대한 적응 수준에 불과했던가?

국제체제 수준에 비해 국가와 개인 수준에서의 연구는 위에서 언급한 국가의 속성과 정책결정집단의 세계관이나 개성에 따라 그 나라의 대외정책이 주로 결정된다고 본다. 말하자면 북한이 사회주의국가이거나, 미국과 전쟁을 치르며 반제국주의노선을 강조하는 정책 정향을 가졌다거나, 김일성이 항일무장투쟁의 경험을 가졌고 외향적 성격이라는 특징이 대외정책에 큰 영향을 미쳤다고 볼 수 있다. 이런 분석 수준은 실제 대외관계의 전개과정을 세밀하게 묘사할 수 있는 장점이 있지만, 정책 의도와 그 결과 사이의 차이를 설명하는 데는 한계를 보일 수 있다. 예를 들어 1970년대 북한은 서유럽, 일본과 교역 확대를 추구했지만 외채가 누적되면서 후반에 들어서 관계가 축소되는 현상을 보이는데, 이런 사실을 국가 및 개인 수준의 변수로 설명하기는 힘들다. 물론 이 경우를 반드시 국제체제 수준으로 끌어올려 설명하지 않고 국가 의지와 능력의 차이와 같이 국가 차원에서 설명할 수도 있다.

이 글은 1970년대 북한의 대서방외교를 재평가하면서 그것이 국제질서 변화에 대한 반작용으로 머물지 않고 보다 적극적인 '신외교'의 측면을 찾아보고자 한다. 그리고 '신외교'라는 발견이 국제질서가 또다시 변화한 이후 오늘날 북한의 대외정책 방향과 어떤 관계가 있는지를 생각해보고자 한다.[1] 이를 위해 본 논의는 국체제체 차원의 변수에 소홀하지 않으면서도 국가, 개인 차원의 변수들에도 주목할 것이다.

서론에 이어 제Ⅱ장에서는 북한의 대외정책 일반을 1970년대 상황을 감안해 개괄함으로써 이후 논의의 바탕으로 삼을 것이다. 제Ⅲ장에서는 1970년대 북한의 대서방외교 기조를 정책 목표와 수단을 중심으로 살펴볼 것이다. 제Ⅳ장에서는 대서방외교의 범주를 미국, 일본, 서유럽 국가들과의 외교로 한정해 살펴볼 것이다. 결론에서는 본문을 요약하고 문제제기에 대한 답을 구해보고자 한다.

II. 북한의 대외정책 개관

1. 낙관주의적 정세관

김일성(1984d, 47-48)은 1970년대 국제정세를 제국주의세력과 반제민족해방세력과의 투쟁으로 이해하였다. 김일성은 또 국제정세를 제국주의세력이 쇠퇴하는 반면 반전평화세력, 민족해방세력, 그리고 사회주의 인민들의 역량은 강화되고 있다는 식의 낙관적 정세관을 나타냈다. 당시 김일성의 낙관적 정세인식은 신생독립국가들이 대거 비동맹중립운동으로 뭉쳐 국제무대에서 목소리를 높여갔고, 베트남전쟁이 장기화되면서 미국과 유럽에서 반전평화운동이 확산되어간 상황을 배경으로 하였다. 김일성(1983, 315-324)은 1970년 11월 2일 조선노동당 제5차 대회에서 한 중앙위원회 사업총화보고를 통해 "조선혁명은 세계혁명의 한 부분이며 조선로동당과 조선인민의 혁명투쟁의 승리는 남북조선에서 혁명역량을 강화 발전시키는 것과 함께 국제혁명력량과의 단결을 강화하는가 못하는가에 많이 달려 있다"고 전제하고, "국제혁명력량과의 단결을 강화하는 것이 민족해방혁명을 완수하며 평화통일을 실현하는 중요한 요소"라고 주장한다. 북한에서 반제반파쇼 투쟁은 맑스-레닌주의와 프롤레타리아 국제주의 실현을 위한 연대투쟁의 일환이자 남조선혁명의 완수를 위한 국제적 지지 역량을 확대하는 일로 간주되었다.

비동맹중립국가들을 향한 남북간 외교 경쟁에 비해, 베트남전쟁은 아시아의 냉전 지형에 직접적인 영향을 미치는 대사건이었다. 프랑스의 패배 이후 2차 베트남전쟁에 대해 김일성은 "미제국주의자들의 교활하고 악랄한 침략정책"이라고 규정하였다. 김일성(2004b)은 1972년 9월 17일 일본『마이니치신문(每日新聞)』기자와 가진 대담에서 미국이 베트남전쟁에서 패배를 거듭하고 국내외적으로 심각한 정치, 경제, 군사적 위기를 겪게 되면서 닉슨주의를 내놓게 되었다고 주장했다. 그는 닉슨주의를 "아세아에서는 아세아사람들끼리 싸우게 하고 아프리카에서는 아프리카사람들끼리 싸우게 하려는 보다 교활하고 음흉한 침략정책"이라고 비난하고, 닉슨주의가 "웰남(베트남) 인민들의 영웅적 항전에 부닥쳐 파탄되고 있다."고 주장했다.

물론 김일성의 낙관적 정세인식이 주관주의로 흘렀다고 말하기는 어렵다. 그는 일본이 미국의 지지 아래 군국주의 경향을 보이고 있다고 의심을 눈초리를 감추지 않았다. 예를 들어 김일성(1984a, 222)은 1969년에 발표된 닉슨(R. Nixon) 미 대통령과 사토(佐藤栄作) 일본 수상 사이의 공동콤뮤니케를 "미국이 일본군국주의를 남조선에 끌어들여 조선 침략의 대리인으로 내세우며 그들이 우리나라의 내정에 간섭하도록 부추기고 있다는 것을 알 수 있다."고 주장하고 그것이 일본의 내정 간섭, 미국의 대북 정책의 징표라고 해석했다. 또 김일성 등 북한은 신생 독립국가들의 국제무대 진출에 대응해 미국이 이들 국가들 간의 분열을 조장하고 경제적 종속과 정치적 통제를 전개하고 있다고 인식하고 있었다.

2. 대내외 정책결정 요인들

1970년대 북한의 대외정책 방향을 결정한 데에는 △미소, 미중관계 개선과 중소분쟁의 지속과 같은 대외적 요인, △경제침체와 같은 대내적 요인, △남북간 체제경쟁의 확대와 같은 남북관계 요인이 복합적으로 작용하였다.

1950년대 중반부터 시작된 중소분쟁과 1970년대 초 미중관계 개선은 북한의 대외정책에 큰 영향을 주었다. 중소분쟁의 여파는 북한에게 경제 및 군사원조의 급감으로 나타났다. 안전보장과 경제발전을 진영 내의 협력으로만 추구하기 어렵게 되었다는 것이다. 중소분쟁으로 북한은 사회주의진영의 두 강대국과 안정적인 동맹관계를 유지하지 못하고 안보와 경제 분야에서 다른 활로가 필요했다. 1970년대 들어서 중소관계가 화해와 대결을 거듭하면서 북한과 소련, 중국의 관계도 곡예 하듯이 협력과 갈등이 교차했다. 이때 북한의 대 소련 및 중국 외교는 등거리외교로 불렸지만 그 운신의 폭은 좁아졌다. 그렇기 때문에 북한은 자신을 진영외교에 국한하지 않고 비동맹진영, 서방국가들에 손을 뻗는 외교다변화를 추진하지 않을 수 없었다.(윤해수 2000, 81-82) 또 키신저(H. Kissinger)의 베이징 방문으로 드러난 미중관계 개선은 쿠바 미사일 위기 이후 나타난 미소간 긴장완화와 함께 북한에게 충격으로 다가갔다. 또 닉슨독트린으로 불린 미국의 아시아 전략 변화와 베트남전쟁의 격화는 북한에게 군사적, 비군사적 방법으로 남조선혁명을 달성할 기회의 창으로 보였는지도 모른다. 데탕트라 불린 1970년대 초 국제정세는 북한에게 한편으로 위협으로, 다른 한편으로는 기회로 다가갔다.

둘째, 대내 경제적 요인이다. 중소 분쟁의 여파로 1960년대 중반 이후 공산권의 무상원조는 모두 중단되었다. 그 결과 연평균 공업성장률 목표 12.8%는 달성되기 어려웠다. 급기야 1966년과 1969년은 마이너스 성장을 기록하였다. 그러면서도 군수공업 위주의 중공업 우선 정책이 계속되어 경공업 대 중공업의 투자 비율이 1960년 47.8:52.2에서 1970년 38.0:62.0, 1980년 31.0: 69.0, 1990년 25.9: 74.1로 불균형이 심화되어갔다. 거기에 투자 재원의 부족현상이 일어나 농업과 경공업 분야의 정

체를 발생시키고 그에 따라 대서방 교역의 필요성이 높아졌다. 북한정
부는 1970년대 들어 경제 불균형을 타개한다는 방침을 정했지만 극복
하지 못했고 남한의 경제성장에 자극받아 체제경쟁 차원에서 중화학
공업기지 건설을 계속 추진해나갔다. 그 연장선상에서 북한은 서방의
선진자본과 기술을 적극 도입하고자 하였다. 그러나 1970년대 중반 이
후 북한은 외채 위기를 맞아 서방국가들로부터 신용을 잃어버렸다(장
맹렬 1996, 237~239).

셋째, 남북관계 요인이다. 남북은 1960년대까지 전후 경제복구와 체
제정비를 마무리한 상태에서 1970년대 들어서서는 상대방은 물론 재외
교포와 국제사회를 향해 체제우위를 추구해나갔다. 여기에 데탕트 분
위기가 조성되자 남북은 동맹외교만으로 안보와 위신을 추구하는데 한
계가 있다고 판단했다. 1971년 닉슨 대통령이 중국과의 화해를 전격
발표하자 남북이 대화에 나선 것이나(고병철 1985, 278-279), 상호 체제
인정과 선의의 외교 경쟁을 전개하기 시작한 것은 남북한 공통적으로
1970년대 대외정책의 변화를 보여주는 것이었다. 북한은 특히 제국주
의 식민통치를 경험하고 독립한 신생국들에게 반제자주노선을 명분으
로, 주체사상 선전을 수단으로 삼아 국교 수립과 친선우호외교를 전개
하며 국제무대에서의 체제경쟁에서 우위를 점하는데 진력하였다.

3. 정책 기조: 반제자주노선과 국제혁명역량 강화

김일성은 조선노동당 제5차 대회에서 한 당 중앙위원회 사업총화보
고에서 대외정책을 종합적으로 재정리해 천명한 바 있다. 보고에서 김
일성은 1) 북한의 대외정책 노선이 맑스-레닌주의와 프롤레타리아 국
제주의, 반제반미투쟁노선, 국제혁명역량 강화이고, 2) 대외정책 지침으
로 주체사상과 자주, 자립, 자위의 혁명노선을 제시하고, 3) 대외정책

원칙으로 자주성, 주권 평등 및 상호존중, 내정불간섭을 꼽았다(조선중앙년감 1971, 2004).

냉전시기 북한의 대외정책은 크게 사회주의진영과의 연대, 신생독립국들과의 협력, 서방국가들과의 접촉 등으로 구성되는데, 그 중 사회주의진영과의 연대를 최우선시 하였다. 김일성은 북한이 사회주의나라들 사이의 연대성을 강화하는데 적극 이바지하고 있다고 주장하면서, 자주성을 강조하였다. 이것은 1960년대 중반 이후 계속된 중소분쟁에서 양국의 압력을 최소화 하고 중소분쟁 사이에서 주권을 수호하기 위한 노력으로 평가할 수 있다. 김일성은 반제국주의, 식민지민족해방운동과 국제노동운동 지지, 사회주의와 공산주의로의 전진, 내정불간섭, 상호존중, 평등과 호혜 등 네 가지 원칙 위에서 사회주의나라들 사이의 의견 차이를 넘어 사회주의국가들 및 국제공산당들과의 단결과 공동 투쟁을 하고 있다고 말했다.

김일성은 또한 북한이 신생독립국가들과는 영토 및 주권 존중, 불가침, 내정불간섭, 평등과 호혜, 평화공존의 5개 원칙에 기초하여 단결을 도모하고 있다고 설명했다.(김일성 2004b) 이들 국가들과 북한이 전개한 비동맹중립국외교는 남북간 체제경쟁 및 반미반제국주의투쟁의 연장선상에서 중시되었다. 대서방국가들과의 접촉은 그 비중이 상대적으로 적었으나 데탕트가 조성되면서 북한도 관심을 높이기 시작하였다. 김일성(2004c)은 "우리는 크고 작은 나라를 가리지 않고 완전한 평등과 호상존중의 원칙에서 다른 나라들과의 친선협조관계를 발전시켜왔다."고 말한 적이 있다.

이상과 같은 대외정책 노선과 원칙에 입각하여 김일성(1983, 324-325)은 1970년대 북한의 대외정책 방향을 "국제혁명력량과의 단결 강화"라는 차원에서 제시하였다. 그는 미국제국주의자들의 침략책동이 아시아에서 강화되고 있지만 아시아는 제국주의를 반대하는 격렬한 투쟁전선이 형성되고 있다고 판단하였다. 그런 인식의 연장선상에서 그는 대외정책 방향으로 1) 미국의 침략저지를 위한 아시아 인민들의 단결 강화, 2) 일본 군국주의 재생 반대투쟁 강화, 3) 아시아 인민들의 연대성 강화, 4) 조선의 혁명역량과 국제혁명역량과의 단결 강화 등을 제시하였다.

한 나라의 대외정책 수단은 행위주체와 정책수단의 성격에 따라 각기 분류할 수 있다. 북한뿐만 아니라 모든 나라들의 대외정책에는 다양한 수단이 활용되는데 상대국 정부 대표들을 초청하거나 방문하는 것을 기본으로 해 의원들이나 사회단체 지도자들이 교류하는 의원외교 혹은 민간(인민)외교도 있을 수 있다. 북한은 소련, 중국을 비롯한 사회주의국가들이나 비동맹중립국가들과는 정부 대표들 간의 초청외교 혹은 방문외교를 주로 활용하였다. 대신, 비수교국들이나 서방국가들과의 관계에서는 북한에 우호적인 정당인, 언론인, 학자들을 대상으로 한 의원외교나 인민외교를 이용하는 경향을 보였다. 물론 사회주의국가들과는 당 대 당의 의원외교가 활용되기도 하였다.

다음으로 정책수단의 성격에 따라 분류할 때 대외정책은 제안, 지원, 교섭, 선전, 위협 등을 꼽을 수 있다. 이때 사용되는 수단은 말에서부터 물자, 통신수단, 군사적 수단 등 다양하다. 북한은 제안, 교섭은 우호관계에 있는 사회주의 및 비동맹중립국가들에게 주로 사용했지만, 비동맹중립국가들에게는 지원과 선전도 많이 활용했다. 반면에 적대국가에게는 제안, 선전, 위협의 방법을 많이 사용했지만, 미국과 같은 강대국에게는 위협보다는 제안이나 선전이 더 많이 이용되었다.

전반적으로 1970년대 들어 북한은 전통적인 진영외교를 지속하면서도 데탕트, 실리외교 경향 등 국제정세 변화를 반영하여 외교 다변화를 추진해나갔다. 이 시기 북한의 대외관계는 소련, 중국 등 맹방에 가장 큰 비중을 두는 한편, 미국 등 서방국가들과의 접촉을 시도하는 양상을 보이기 시작하였다. 이는 북한이 자주성과 혁명성을 외교원칙으로 고수하면서도 1970년대 새로운 국제정세를 반영하여 실제 대외관계에서 신축성과 양면성을 띠고 있음을 보여주었다(김경수 1990, 11-14). 그래서 1970년대 북한 외교의 영역은 기존의 사회주의 진영과의 관계, 신생독립국들과의 외교에 대서방국가들과의 접촉이 추가되었다(김일성 1984c, 621-622).

III. 대서방외교 기조: 혁명주의에서 실용주의로의 전환 모색

이상과 같은 대외정책 방향 속에서 1970년대 북한의 대서방외교는 어떤 성격을 갖는지를 생각해볼 필요가 있다. 북한이 당시 국제정세를 "혁명력량과 반혁명력량, 반제자주세력과 지배세력 사이의 치열한 투쟁" 구도로 파악하고 "반제자주를 위한 인민들의 혁명투쟁이 날로 앙양되고 있는 반면에 지배권을 유지확장하기 위한 열강들의 침략과 쟁탈책동이 더욱 강화되고 있다."(김일성 1987c, 360)고 인식하고 있는 가운데 대서방외교의 위상과 의미가 무엇인가 질문을 던질 수 있다. 자신을 '반제자주역량'에 속한다고 본 북한은 "제국주의에 대하여서는 어떠한 환상도 가지지 말아야 한다"고 하고, "사회주의나라들과 블록 불가담 나라들, 모든 신흥세력나라들은 제국주의와 무원칙하게 타협하지 말아야 한다"고 생각하였다.(김일성 1987c, 360) 여기서 지배세력은 대부분 미국, 일본을 포함한 서방국가들을 의미한다고 볼 수 있고, 그렇다면 북한은 서방국가들에 대해서 기본적으로 적대적 인식을 하고 있기 때문에 대서방외교의 범주는 크지 않을 것으로 예상해볼 수 있다.

북한의 대서방외교는 첫째, 3대혁명역량 중 국제혁명역량 강화의 일환으로서 이루어졌다. 3대혁명역량이란 남조선혁명을 통한 전 한반도의 사회주의화를 달성하기 위한 남과 북, 해외에서의 혁명역량을 말한다.[2] 그 중 국제혁명역량은 곧 '반제자주세력'을 뜻하는데, 사회주의진영의 발전과 사회주의국가들 사이의 연대가 가장 중요하고 그 다음으로 신흥국가들, 그 다음으로 자본주의진영내 노동운동세력과 전 세계의 평화애호세력을 포함한다. 그만큼 북한의 대서방외교는 남조선혁명노선의 국제적 지지 역량을 획득하는 의미를 갖고 있다. 그런 의미는 다시 자주성 테제에 의해 구속받고 있다. 김일성(1987c, 361)은 1980년 10월 10일 조선노동당 제6차대회에서 한 중앙위원회 사업총화보고를 통해 1970년대 대외정책을 결산하면서 반제자주역량이 단결하는 목적은 '자주성'을 실현하는데 있다고 전제하고, "신흥세력나라들은 다른 나라의 자주성을 존중하여야 하며 남의 내정에 간섭하거나 남의 리익을 침해하는 행동을 하지 말아야 한다"고 밝힌 바 있다.

둘째, 그렇지만 1970년대 북한의 대서방외교는 그 이전과 분명 다른 새로운 현상이었다. 베를린 봉쇄와 중국의 공산화 및 한국전쟁은 냉전을 세계적으로 확립하는 계기가 되었고, 1960년대 들어 쿠바 미사일 위기와 제3세계 지역을 향한 미소간 체제경쟁은 냉전을 격화시켰다. 1960년대까지 북한의 대서방외교는 민간 차원의 일부 경제교류에 머물러 있었다. 이것은 중소분쟁으로 인한 양국의 북한에 대한 무상원조 및 우호무역이 크게 줄어든 것을 만회하기 위한 조치였다. 북한은 중소분쟁으로 사회주의진영의 단결을 강조했지만 다른 외교적 활로를 추구할 필요가 일어났다. 또 앞에서 살펴보았듯이 1960년대 말부터 데탕트와 북한경제의 침체가 발생하면서 대외정책의 변화는 현실적인 과제로 부상하였다. 거기에 급속한 경제성장에 힘입은 박정희 정권의 적극적인 통일정책[3]에 직면해 북한은 일면 대화에 임하면서도 체제경쟁에 우위를 점하기 위해 경제력과 국제적 위신이 더 필요하였다. 그래서 1970년대 북한의 대외정책에 대서방외교가 뚜렷하게 부상하였고 북한의 대서방외교에는 이념적 차이를 넘어선 경제적 이익 추구와 국제적 위신 제고와 같은 일반적인 외교정책 목표가 반영되었다. 이를 필자는 '실용주의 외교'라 이름 붙이는 것이다. 가령, 김일성은 1977년 6월 20일 프랑스의 한 언론과의 대담에서 "우리는 프랑스와 정치, 경제, 문화 교류를 활발히 할 것을 바라고 있다"고 말하고, 특히 서방국가들과의 교역에 높은 관심을 표명하였다.(김일성 1986b, 272, 274) 북한은 대서방외교를 전개함에 있어서 대부분의 서방국가들과 국교가 맺어지지 않았기 때문에 관계정상화를 시도하는 한편, 관계정상화가 이루어지지 않더라도 서방국가 내의 공산당이나 노동운동세력과 교류하면서 북한의 체제와 통일정책을 선전하는 일을 게을리 하지 않았다. 그 결과 1970년대 대외정책을 결산하면서 김일성(1987c, 358)은 "우리나라는 총 결기간 66개의 나라와 새로 외교관계를 맺었으며 세계의 수많은 나라들과 경제·문화적 교류와 협조를 확대발전시켰다. … 총결기간 우리 혁명의 국제적 연대성이 더욱 강화되었다."고 자평했다. 거기에 서방국가들과의 국교정상화 및 경제·문화적 교류협력이 포함되어 있다.

이렇게 1970년대 전체를 통해 북한의 대서방외교는 이념적 목표와 실리적 목표가 혼합되어 있음을 알 수 있다. 김일성은 대서방외교를 몇 가지 원칙을 전제로 관계개선과 무역 확대를 목표로 추진해나갈 것임을 표명하였다. 아래 김일성의 두 발언은 북한의 대서방외교가 이상과 같은 두 목표 하에서 두 방향으로 전개되어 갔음을 말해주고 있다.

우리는 또한 우리나라와 좋은 관계를 맺으려 하며 조선반도의 남과 북에 대하여 침략적 성격이 없는 균등한 정책을 실시하는 자본주의나라들과도 평화공존의 5개 원칙에서 국가적 및 정치, 경제, 문화적 관계를 맺기 위하여 노력할 것입니다.(김일성 1984c, 622)

우리는 평등과 호혜, 유무상통의 원칙에서 사회주의나라들과의 무역
을 계속 발전시키면서 제3세계나라들, 뿔럭불가담나라들을 비롯한 세계
여러 나라들과의 무역을 널리 발전시켜야 합니다.(김일성 1987c, 80)

그러나 북한이 경제적 실리를 위해 반제자주노선을 유보한 것은 아
니었다. 위와 같은 대서방외교 방침에도 불구하고 북한의 대외정책은
미국을 비롯한 반제반전투쟁 노선을 일관된 방침이라고 말하고 있다.
(김일성 1984c, 622) 모순되어 보이는 두 목표 사이에는 분명한 위계관
계를 발견할 수 있다. 김일성(1987c, 361-362)은 "사회주의 나라들과 블
록 불가담 나라들이 제국주의나라들과 국가관계를 가질 수 있으며 경
제문화교류를 발전시킬 수 있다."고 하면서도 "제국주의 나라들과 국가
관계를 좋게 가지기 위하여 반제적 입장을 포기하지 말아야 하며 자기
나라의 이익을 위하여 다른 나라의 이익을 희생시키는 행동을 하지 말
아야 한다"고 말했다. 북한에게 자주성은 모든 판단의 제일 기준으로
제시되었는데, 대외정책에서도 사회주의진영, 비동맹중립국들, 신흥국
가 등 모든 나라들과의 관계에서 자주성 견지가 제일 원칙이다.(김일
성 2004b) 따라서 서방국가들과의 교류 및 관계개선도 자주성 침해 혹
은 내정간섭의 소지가 있으면 곧바로 중단될 개연성을 갖고 있었다.

북한의 대서방외교는 경제적 이익을 추구하기 위한 실리적 목표와
반제자주투쟁 및 국제혁명역량 강화라는 이념적 목표가 공존하지만,
이념적 목표의 범위 안에서 실리적 목표를 추구하였다. 이러한 북한의
대서방외교의 성격을 전제로 실제 대서방외교의 전개과정을 세 영역으
로 나누어 살펴보자.

IV. 대서방외교의 실제

1. 대미외교: 안전보장 획득

전쟁을 치른 후 정전체제 하에 놓인 북한과 미국의 관계는 적성국 관계 외에도 강대국-약소국 관계, 체제이질적 관계, 정치군사적 문제 중심의 관계 등 적어도 네 가지 성격을 갖고 있다(서보혁 2004, 100-106). 그런 양국관계의 성격에는 국제체제, 국가 차원의 변수가 반영되어 있다. 북한의 입장에서 대미정책은 소극적으로는 체제의 존립 유지, 적극적으로는 남조선혁명 달성을 위한 미국의 영향을 배제하는 것이 목적이다. 이와 관련해 박재규(1977, 119-120)는 홀스티(K. J. Holsti)의 외교정책론을 대입해 북한의 대미국 정책을 △핵심적 이익으로 주한미군 철수를 통한 남한의 방위력 약화, △중기목표로 북미평화협정 등을 통한 국제적 지위 향상, △장기목표로 미국의 공산주의혁명으로 분류한 바 있다.

미국과 전쟁을 치르고 적성국 관계를 유지하고 있던 북한은 1960년대 말에 접어들면서 미국과 접촉을 시도하였다. 그 배경은 당연히 데탕트 분위기였다. 북한은 닉슨독트린을 "악랄한 침략책동", "뒤집어 놓은 전쟁전략"이라고 비난하면서도(박찬근 1972, 60-64; 구일선 1972, 59-64) 미국과 소련, 중국의 관계개선이 북미관계 개선으로 이어지길 기대하였다. 1968년 8월 미국 행정부가 북한이 초청한 미국공산당 대표단의 평양 방문을 허용한 이래 양국간에는 정당 및 언론계 인사들의 방북을 계기로 교류가 일어났고, 북한은 1973년 9월 뉴욕에 유엔 주재 북한대표부를 설치하기에 이른다(김계동 2012, 274). 미중 화해와 북미 민간교류의 분위기 속에서 김일성은 미국과의 관계개선 의사를 표명했다. 김일성(1984a, 223-224)은 1972년 5월 미국『뉴욕타임스(New York Times)』기자들과 한 대담에서 주한미군 철수와 미국과의 관계개선 의향을 이렇게 표명하였다.

> 미국정부는 큰 나라들과만 관계를 개선할 것이 아니라 응당 작은 나라
> 들과도 관계를 개선하여야 합니다. 중화인민공화국과 미국간의 공동콤뮤
> 니케에서 미국은 조선반도에서의 긴장상태의 완화와 남조선이 북조선과
> 접촉하는 것을 지지한다고 하였습니다. 이와 관련하여 미국이 남조선에
> 대하여 어떤 영향력을 발휘하는가 하는 것은 앞으로 두고 보아야 할 것
> 입니다.

그러나 북한의 대미외교는 국제정세 변화에 대응하는 차원에서의 관
계개선에 한정되지 않았다. 북한의 대미외교는 북한의 대외정책 목표
에서 대미관계가 갖는 비중, 양국간 적대관계, 한반도 문제에 관한 미
국의 영향력, 그리고 미국의 국제적 위상 등을 감안해 복합적인 성격
을 갖고 있었다. 실제 미중관계 개선이 북미관계 개선은 물론 남북관
계 개선으로 발전되지 않음에 따라 남한과의 체제경쟁이 격화되는 동
시에 안보불안은 더 깊어만 갔다. 그에 비례해 북한의 대미정책 비중
이 높아질 수밖에 없었다.

북한의 대미외교 역시 북한의 대외정책 목표의 연장선상에서 이해할
필요가 있다. 김일성(1984b, 329)은 『뉴욕타임스』 기자단과의 대담과 뒤
이은 미 『워싱턴포스트(*Washington Post*)』 기자단과의 대담에서 북미관
계 개선의 우선적 조건으로 "조선의 통일문제를 조선 사람들끼리 자주
적으로 해결할 수 있도록 우리나라의 내정에 간섭하지 말아야 한다."는
점을 꼽았다. 그는 서방진영이 제기하는 북한의 남침 위협론을 일축하
고 민족자결권에 입각한 자주적 통일을 달성하기 위해 주한미군 철수,
미국의 일본군국주의 부활 지원 중단, 북한에 대한 안전보장, 유엔 한
국통일부흥위원단 해체 등을 요구하였다. 북한이 추구하는 남조선혁명
론 상의 국제혁명역량 강화가 대외정책의 목표라고 할 때, 북한의 대

미외교는 그런 대외정책 목표 달성에 가장 큰 의미를 갖고 있었다. 당시 북한은 자신의 요구대로 미국의 대한반도 정책이 전환된다면 남조선혁명을 달성할 수 있다는 자신감이 있었던 것으로 보인다. 1974년 이전까지 북한은 미국에 주한미군 철수를 요구하되 평화협정 체결 및 군축의 당사자로 남북한을 설정하고 있었다(김일성 1984f, 46). 그러나 1970년대 중반에 접어들면서 미국의 아시아에서의 영향력 감퇴 경향, 미 행정부 교체에 따른 주한미군 철수 움직임 등의 분위기에 편승해 대미정책을 강화해 나갔다. 북한은 1973년 1월 미국과 북베트남 사이의 파리평화협정 체결을 지켜본 뒤 미국에 평화협정 체결을 제의한다.[4] 1974년 3월 25일 최고인민회의 제5기 3차회의에서 북한은 평화증진과 긴장해소를 목표로 한 미국과의 직접협상 제안을 결의하면서 미국에 불가침, 무력증강 중단, 유엔군 철수 등을 골자로 하는 북미간 평화협정 체결을 제의하였다. 북한은 이 제의에 양국간 국교정상화를 포함시키지 않았지만,[5] 미국으로부터의 체제 승인과 주한미군 철수 등을 겨냥해 대미접촉을 강화하려는 의도를 가진 것은 분명하다. 북한의 대미 평화협정 제의에 대해 미국은 4자회담, 3자회담을 등 남한을 포함시킨 다자회담 제의로 대응한다.[6]

1974년 3월 북한의 대미 평화협정 제의는 같은 해 1월 박정희 대통령의 '남북한 상호불가침협정 제의'에 대한 거부의 의미를 넘어 한반도 안보문제에 관한 한 북미협상, 남한배제라는 전략노선을 공식화 한 것이다. 물론 당시로서는 평화지향적인 이미지 선전, 한반도 문제에 관한 국제적 논의에서 주도권 확보, 지속되는 중소분쟁에서 등거리외교의 효과 극대화 등 다각적인 의미를 담고 있었다(박재규 1977, 125-126). 특히, 김일성은 주한미군 감축을 공약한 카터(J. Carter) 미 대통령의 당선(1976.11) 및 취임(1977.2)에 즈음해 비밀리에 미국과 접촉을 시도한 것이 확인되었다(홍석률 2012). 그보다 앞서 김일성은 대미 평화협정 체결 제의 3개월이 채 지나지 않은 1974년 6월 5일 평양을 방문한 세네갈의 생고르 대통령에게 "미국과 비밀협상을 환영하며, 한국과 관련한 미국의 영향력을 인정한다"는 뜻을 밝혔다(연합뉴스 2013/06/20). 북한은 카터 행정부와 관계를 개선하고 평화 무드를 고조시켜 주한미군 철수를 실현해 북한 주도의 통일 기반을 조성하려 했다. 실제 일부 주한미군의 감축은 북한의 대미 평화협정 제의가 성과를 거두는 것처럼 보였다. 요컨대, 1970년 들어 북한이 정리한 테제, 즉 통일문제는 남북 간에 자주적으로, 안보문제는 북미 양자 간에 추진해나간다는 입장은 오늘날까지 견지하고 있는 북한의 기본 노선이다.

북한은 미국으로부터 안전보장과 내정불간섭, 자주적 통일에 대한 방해 중단을 조건으로 양국간 관계개선이 가능하다는 입장을 취했다. 그렇기 때문에 적대관계가 해소되지 않은 상태에서 양국간 교류협력에는 큰 의미를 두지 않았다. 김일성(1984a, 225; 1984b, 330)은 위 미국 언론사들과의 대담에서 "두 나라 사이에 근본문제가 해결되기 전에는 기자 래왕이나 문화교류 같은 것은 큰 의의를 가지지 못하리라고 본다"고 말하고, "남조선에서 미군이 철거하고 조선반도에서 긴장상태가 완화된다면 우리는 미국과 무역 및 경제관계를 맺는 것을 반대하지 않으며 환영할 것이다"고 말했다. 북한에게 미국은 분단의 '원흉'이자 적대관계의 제일 대상이라는 기본인식이 크기 때문에 양국 간에 걸친 사안들 중에서 정치군사적 문제에 우선적인 비중을 두었던 것이다. 물론 김일성(1984a, 226; 1984b, 329)은 제한된 범위에서 미국 기자들과 "민주인사들"이 북한을 방문하는 것을 환영하고 그런 교류가 두 나라 인민들 사이의 이해를 촉진시키는데 도움이 될 것이라고 보았지만, 그것은 북미 적대관계가 유지되는 상태에서 "미국 인민과 미 제국주의"를 구분한 제한적 의미를 넘어서지 못한 것이었다. 이후 북한은 미국 정치인, 언론인, 학자, 재미교포 등을 대상으로 하는 소위 '인민외교'를 적극 전개해나갔다.

2. 대일외교: 경제적 이익 도모

북한과 일본의 관계는 상호 경제적 필요에 의해 1950년대부터 교역과 재일교포 북송사업이 이루어졌으나 1965년 한일국교정상화로 인해 교류가 중단되고 상호 대립하였다. 그러나 1970년대 들어 북한의 대일외교에도 적지 않은 변화가 나타났는데 데탕트의 영향과 한일 국교정상화를 만회하고 경제교역을 재개할 필요가 작용했기 때문이다.(김계동 2012, 345-348) 북한은 그전부터 이루어지던 일본과의 무역확대와 관계정상화에 대한 기대도 피력한다. 북한의 낙관론적 정세관도 대일외교 방침에 영향을 미쳤다. 1971년 11월 개최된 조선노동당 중앙위원회 제5기 제3차 회의에서 북한은 국제정세가 사회주의 진영에 유리하게 전개되고 있다고 보고, 일본 등 다수국들과 관계개선에 힘써 통일정책에 대한 대외 지지 여론을 조성하고 경제협력에 나서야 한다고 결정한 바 있다. 나아가 북한은 일본을 향해 미일 결속 저지, 일본의 중립화, 무역관계 확대, 재일교포의 친북역량 확대 등을 추구해나갔다(김세진 1977, 140).

1970년대 북한의 대일외교는 1971년 9월 『아사히신문(朝日新聞)』편집국장 등과의 회견, 1972년 9월 방북한 일본 『마이니치신문』 기자들과 한 대담에서 잘 나타나 있다. 김일성(1984e, 298-306)은 북한과 일본 사이의 식민통치 경험과 체제의 차이에도 불구하고 북한은 일본과 선린관계를 맺을 것을 희망한다고 말했다. 물론 김일성은 일본의 적대정책과 군국주의 부활 움직임을 비난하는 것을 잊지는 않았다. 그렇지만 김일성(1984d, 298-306)은 같은 해 미국 언론과 한 대담에서 밝힌 대미정책과 달리 북일 국교정상화에 대한 기대를 언급하면서 그 조건으로

내정불간섭, 남북한에 대한 균등한 외교관계 수립을 제시했다. 김일성
은 또 미국과의 교류에 제한적인 의미를 부여한 것과 달리 일본과 국
교관계를 맺기 전이라도 각계인사들의 왕래와 경제·문화 교류에 나설
의향을 피력하였다. 그리고 그는 재일조선인들의 민족교육과 북한 왕
래를 보장해줄 것을 요구하였다. 물론 김일성은 일본이 전후 경제부흥
에 힘입어 원조와 차관을 명분으로 한 신생독립국들과 남한에 대한 경
제적 침투와 군국화 우려를 숨기지 않았다(김일성 1984d, 419-420). 그
렇지만 북한은 일본의 급속한 경제성장과, 한일국교정상화 과정에서
대일청구권 자금이 남한의 경제성장에 활용된 사실을 보면서 대일 경
제 교류협력에 대한 기대를 보였다. 실제 일본과 북한의 인적 교류와
교역은 1970년대 중반까지 계속해서 증가해 인적 교류는 의회, 언론,
스포츠, 무역, 북송교포 처자 상봉 등에 걸쳐 매년 수백 명을 넘었고,
양국간 교역은 1971~80년 사이에 26.1억 달러에 달해(김세진 1977, 141;
Shin 1986, 255) 일본은 서방국가들 가운데 북한의 최대 교역국이 되었
다.

　1970년대 북한의 대일외교는 이전의 정경 연계 원칙에서 벗어나 관
계개선과 동시에(혹은 그 이전에라도) 경제·문화적 교류에 적극적인
자세를 보였다. 여기에는 중소분쟁 등으로 공산진영과의 교역의 한계
를 절감했기 때문에 '6개년경제계획(1971~1976년)'의 조기달성을 위한
경제적 필요가 높았기 때문으로 보인다(김세진 1977, 145-146). 이 시기
북한의 대일 국교 수립 및 경제·문화 교류 병행 추진은 한일 수교의
여파를 최소화하고 지리적 인접성과 재일교포 요인을 감안해 북한의
대일외교의 목표 전환을 보여주고 있다. 이런 입장도 오늘날 북한의
대일외교노선의 토대를 보여준다는 점에서 의의가 크다.

　그렇지만 1970년대 후반 들어 김일성의 대일관은 변화를 보이는데,
일본이 미국에 종속되어 있기 때문에 독자적이고 전향적인 대북정책을

펴기 어렵다는 판단이 그것이다. 1977년 4월 평양을 방문한 일본 『요미우리신문(讀賣新聞)』사 일행과 가진 대담에서 김일성은 "우리나라와 미국 사이의 관계가 개선되기 전에는 조일 두 나라사이의 관계에서도 큰 전진이 없으리라고 생각한다"고 밝히며, 신임 후쿠다(福田赳夫) 내각에 대한 기대가 없다고 말했다. 다만, 김일성은 미 카터 행정부가 북한 등 공산국가들에 대한 여행제한조치를 해제한다고 한 점을 들어 일본 인사들과의 왕래 및 문화교류에 대한 기대를 표하였다. 물론 교역 불균형과 북한의 채무 누적에도 불구하고 1980년 북일간 교역 규모는 역대 최대로 증가한다. 이러한 일련의 현상은 일본의 남북한 등거리외교, 내정불간섭과 함께 1970년대 북한의 대일외교정책의 지속성을 보여주는 부분이다. 김일성(1986a, 197-199)은 위 일본 언론사와의 대담에서 대일교역 확대 의향을 표시하면서 무역사무소 개설과 어업협정 체결과 같은 구체적인 방안을 제시하였다. 북한이 이렇게 일본의 대북정책에 미국의 영향력을 의식하며 변화가능성을 의심하면서도 경제·문화교류에 높은 관심을 가진 것은 북한의 경제적 필요와 지리적 근접성, 그리고 총련과 일본 사민당 등 일본 대내적 요소들에 대한 기대가 컸기 때문이다. 그래서 북한은 일본을 향해서도 의원외교, 민간외교 방식으로 접근을 계속해나갔다.

전반적으로 북한의 대미·대일외교는 기본적으로 적성국외교이기 때문에 양국으로부터 외교적 승인과 경제교류에 대한 관심이 공통적이지만(스칼라피노 1985, 337), 위에서 살펴본 것처럼 대미외교에서는 정치군사적 측면이, 대일외교에서는 경제적 측면이 상대적으로 더 큰 관심사였다고 구분해볼 수 있다.

3. 서유럽국가들과의 외교: 실익과 위신 병행

1970년대 북한 외교의 다변화는 비동맹 외교를 한편으로 하고 자본주의국가들과의 관계개선을 다른 한편으로 하여 전개되었다. 이는 당시 남한의 문호개방외교에 대응하는 것이었다. 북한의 소위 비적성 자유국가들에 대한 외교는 1960년대 후반부터 스웨덴, 핀란드, 프랑스 등 일부 서방 국가들과의 경제 및 문화적 접촉으로 시작되었으나 1970년대 들어 더욱 활발해졌다. 이 시기 북한은 북유럽 국가들을 비롯해 서방국가들과 외교관계를 수립해나가는 한편, 프랑스, 이탈리아 등 일부 국가들에서는 통상대표부를 설치하는 등 경제협력을 증진해나갔다(한종수 1995, 306-311). 북한은 또 미국, 일본 등 적대관계에 있던 주요 서방 국가들과도 접촉을 모색하는 유연한 외교를 보이기 시작하였다. 북한은 1971년 11월 노동당 제5기 3차 전원회의에서 채택된 "당면한 제문제의 전술적 전환"을 통해 이 같은 방침을 정하고, 이듬해 12월 열린 최고인민회의 제5기 1차 회의에서 김일성이 이를 재확인하였다(서보혁 2009, 189).

그런 방침에 따라 북한은 1970년대 들어 비동맹외교와 함께 대서방외교에 진력하여 적지 않을 성과를 거두었다. 1977년 서유럽 자본주의 20개국 중 북한은 핀란드, 덴마크, 노르웨이, 스웨덴, 스위스, 오스트리아, 포르투갈 등 9개국과 수교하는 성과를 거두었다. 같은 해 대사관 개설 기준 남북한 수교국 수는 102:90으로 치열한 체제경쟁을 보여주었다(서보혁 2009, 189; 박재규 1977, 109). 북한의 대서방외교는 또한 수교가 이루어지지 않은 나라들의 경우에는 공산당 계열의 정당이나 사회단체, 그리고 언론인들을 대상으로 주체사상을 선전하거나 미국의 대외정책을 비난하며 반전반핵, 민주주의 담론으로 연대성을 고취하는 의원외교, 민간외교의 형식을 취하기도 하였다.

한편, 중화학공업 중심의 북한 경제구조는 해외자본과 기술을 절대적으로 필요로 하였다. 생산 규모의 확대와 중공업 우선노선의 유지를 위해서였다. 이를 위해서는 기존의 진영외교와 비동맹외교 외에도 서방국가들과의 관계개선을 통한 대외무역의 확대가 필요하였다. 김일성(2004a; 2004d)은 북한의 경제발전을 위해 서방국가들과의 대외무역이 중요하다고 수차례 강조하면서 그를 위한 대형 선박의 제작에 관심을 보였다. 김일성(1987a, 5)은 1979년 '신년사'에서도 대외무역이 자립적 민족경제 강화와 세계 각국들과의 친선협조관계 발전에 중요하다고 그 의의를 언급하며, 대외무역 발전을 위해 "신용제일주의 원칙"을 준수할 것을 강조하기도 하였다. 북한의 적극적인 대외무역정책 결과 1975년 들어서는 비공산국가들과의 교역이 공산국가들과의 교역을 능가한 것으로 평가되었다.(박재규 1977, 111) 그러나 바로 그 절정기에 북한의 대외무역은 적자에 빠지기 시작하였고 서방국가들에게 채무를 갖게 되면서 북한 스스로 강조한 '신용'을 잃어버렸다. 석유파동, 국제 원자재 가격 앙등과 겹친 북한의 대서방 채무는 불법 "외화벌이 전투"를 가져오면서 대서방외교의 파국을 초래하기에 이른다. 그렇지만 북한의 서유럽국가들에 대한 외교는 경제적 실리는 물론 남한과의 체제경쟁과 한미일 3국의 압박에 대한 대응 차원에서 그 의미는 더욱 높아지기 시작했다.

V. 70년대 북한의 대서방외교: 북한외교의 '오래된 미래'

1978년 9월, 공화국 창건 30주년을 기념하며 북한 외상 허담(1978, 61, 63)은 "(노동)당의 자주적 대외정책에 의하여 공화국의 국제관계가 매우 넓어졌으며 혁명의 국제적 련대성은 더욱 강화되었다."는 김일성

주석의 발언을 상기하면서 사회주의진영, 신생독립국가군과의 외교는 물론 세계인민들과의 단결도 강화해가고 있다고 자평했다. 허담은 세계인민들과의 단결 강화의 징표로 자본주의국가들이 북한과의 관계를 발전시키고 있는 점과 유엔에서 북한측 입장에 대한 지지 확대를 꼽았다. 김일성(1987c, 358)도 1980년 10월 10일 노동당 제6차대회에서 "우리나라와 세계 여러 나라들과의 친선의 뉴대가 더욱 두터워졌으며 우리 인민의 혁명위업에 대한 지지자, 동정자 대렬이 전례 없이 늘어났다."고 평가했다. 그러나 위 발언들에서 우려되는 부분도 발견되는데, 제국주의세력의 신생독립국들에 대한 자주권 유린과 비동맹진영에서의 분열이 그것이다. 그에 대응해 북한이 제시한 대책은 대외활동에서 자주성 견지, 반제자주역량의 단결이었다.(김일성 1987c, 359-361; 허담 1978, 63) 이런 북한측의 설명처럼 1970년대 북한의 외교는 진영외교, 비동맹외교, 서방외교 등 세 영역에서 각각의 목표 아래 전개되었다. 그리고 당연하게도 그런 대외정책은 상위개념인 '남조선혁명' 달성을 위한 대내외적 조건 조성을 겨냥한 것이었다. 진영외교를 통한 이념적 연대 공고화와 신생독립국들과의 단결과 지지 확대는 물론 자본주의국가들과의 교류와 관계개선 노력은 △남북한 체제경쟁에서의 우위 확보, △한국의 동맹·우방관계 약화, △경제적 실리 획득을 추구한 것이다. 이상 세 영역에서 나타난 1970년대 북한외교를 관통하는 이념적 기반은 '자주성' 테제였고, 대서방외교에서는 주권 존중 및 평등의 원칙이 추가로 강조되었다. 이상은 1970년대를 예로 든 북한 대외정책의 '지속성'이라 말할 수 있다.

그럼에도 북한의 1970년대 대서방외교는 기존의 혁명주의 노선을 폐기하지 않았지만 대내외 정세 변화를 반영해 실용주의 요소를 적극 포함시킨 점을 특징으로 꼽을 수 있다. 특히 대미외교에서는 교전 및 적대국가관계로서의 특수성을 반영해 안보외교의 측면을 추가할 수 있다.

대일외교와 대서방국가들과의 외교에서는 실리적 요소들이 더욱 눈에 띈다.

~1960년대		1970~80년대			1990년대~현재	
진영 외교	비동맹 외교	진영 외교	비동맹 외교	서방 외교	서방외교	비동맹 외교

〈그림 1〉 북한의 대외정책 추이

서론에서 밝힌 문제제기와 관련지어 볼 때 1970년대 북한의 대외정책, 특히 대서방외교가 북한의 대외관계사에서 어떤 위치를 점하느냐 하는 점을 검토해보아야 할 것이다. 〈그림 1〉은 북한의 대외정책 추이를 크게 세 시기로 나누고 있는데, 세 시기 각각의 주요 외교 구성영역에서 차이를 보인다. 1970~80년대 대외정책은 중간 시기에 위치하면서 앞뒤 시기의 외교 구성영역과 차이를 보이면서도 그 둘을 연결하고 있다. 적대진영인 대서방외교가 없는 냉전시기 외교 관행에서 냉전 해체 이후 대서방외교로의 전환 사이에 1970년대 대외정책이 자리하고 있다. 그 특징이 대서방외교의 부상이다. 그에 따라 대외정책 수단도 선전은 물론 초청, 방문, 민간접촉, 경제교류 등 부드러운 방법들이 대거 활용되었다.

1970년대 북한의 대서방외교의 개시는 비동맹외교의 강화와 함께 1960년대 말 이후 나타난 국제정세의 변화, 남북간 체제경쟁의 격화, 그리고 북한경제의 침체 등 대내외적인 정책 환경에 대한 '능동적' 반응이라 할 수 있다. 그렇기 때문에 1970년대 북한의 대서방외교는 1) 주변 정세 변화에 따른 전술적 대응에 그치지 않고, 2) 남조선혁명론의 대외적 지지 기반 확대, 3) 그때까지 북한에 익숙하지 않았던 국제사회의 행위규범과 서방국가들과의 관계를 학습하는 시간이기도 했다. 반제자주노선에 입각해 그동안 소홀히 했던 대유엔 외교를 적극화 하고, 최대의 적대국인 미국, 일본과의 관계개선을 위한 다각적인 접근이 시도되었고, 서유럽 국가들과의 교류협력도 추진되었다. 김일성이 데탕트 무드를 활용해 미국, 일본과의 접촉 및 교역을 넘어 관계개선을 추구했다는 점은 1970년대 북한의 대서방외교에 정세 대응 수준 이상의 의미를 부여할 수 있다. 전반적으로 1970년대 북한의 대서방외교는 동맹진영과의 동맹 약화, 남한과의 관계 개선 실패, 그리고 경제외교의 비중 증대가 맞물려 본격화되기 시작했다. 그 결과 북한은 대서방 외교관계의 확대를 추진하면서 남한과 더욱 치열한 체제경쟁에 돌입한다. 그 특징으로는 이전 시기 이념, 돌파 중심의 외교정책 기조에서 실리와 적응이 가미되며 이중적 양상을 보였다. 특히, 이 시기 대서방외교에서 처음 나타난 북미 평화협정 제의와 북일 수교 구상은 오늘날 북한의 대미, 대일정책의 출발점일 뿐 아니라 이후 협상력 제고에 유용한 자산으로도 활용되고 있다. 이상과 같은 점들은 1970년대 북한 대외정책의 '변화'를 나타내는 부분이다. 이는 1970년대 북한의 대서방외교가 오늘날 북한외교의 '오래된 미래'라는 점을 말해주고 있다.

[제 9 장]

미중협력과 한반도 위기로 좌우된 북중관계*

-미중관계와 한반도 안정 중시의 유산-

이상숙

Ⅰ. 문제 제기

김정은 체제가 들어선 이후 제3차 핵실험을 강행하면서 중국 시진핑 (習近平) 지도부는 북한에 대한 냉담한 태도를 보여주고 있다. 물론 중국 대한반도정책의 기본노선인 '두 개의 한국정책(two Korea policy)'의 근본적 변화가 발생한 것은 아니지만 북한 핵문제에 대한 정책의 미세한 변화가 발생한 것은 부인할 수 없다. 특히 시진핑 지도부 등장 이후 한중 정상회담이 두 번 이루어지고, 시진핑 주석이 북한보다 한국을 먼저 방문한 반면, 북한과 중국 간의 정상회담은 2014년 10월 현재 이뤄지지 않고 있다는 점은 주목할 필요가 있다.

이러한 중국의 대북정책은 한반도 안정을 중시하고 '신형대국 관계'로 대별되는 미국과의 관계를 고려하는 중국 대외정책의 방향과 관련이 깊다. 이러한 중국의 대북정책이 시작된 시기는 1970년대부터이다. 당시 중국은 미국과의 데탕트를 통해 미중관계가 대외정책에 중심이 되었고, 한반도 안보 위기를 조성하는 북한을 제어하려는 움직임을 가

시화하였다. 이런 의미에서 현재 시진핑-김정은 시대의 북중관계를 이해하기 위해서 1970년대의 북중관계를 검토할 필요성이 있다.

1970년대 북한의 외교는 가장 활발하고 역동적인 활동을 보여주었던 시기였다. 사회주의 분열로 대표되는 중소분쟁의 약화, 미중 데탕트의 등장, 비동맹권의 성장, 베트남전의 종결 등의 국제정세 속에서 남북대화, 대 UN 외교 및 비동맹 외교 강화, 대서방외교 및 경제외교 적극화 등을 활발하게 추진하였던 시기였다. 북한으로서는 거대한 국제정세 변화 속에서 다양한 방식으로 외교활동의 반경을 넓혀간 시기였다.

특히 북한은 미중간의 데탕트 속에서 찾아 온 남한과의 대화 기회에도 적극 임하였다. 1960년대 말까지 적대관계를 유지하였던 남북한은 1970년대 들어서서 상대방을 대화의 상대로 인정하고 남북대화를 시작하였다. 이에 대해 미국과 중국은 모두 남북대화를 지지하였고 각각의 동맹국이 대화의 장에 나선 것을 지지하였다. 그러나 남북대화는 시작된 지 얼마 지나지 않아 1973년부터 삐걱거렸다. 이후 1970년대 중반부터 남북대화는 중단되었고 오히려 한반도에 위기가 발생하였고, 북한은 남북대화보다는 한반도 위기를 상승시키는 대결국면을 택하였다.

북한이 남북대화를 중단시키고 한반도에서 대결 국면을 선택한 것에 대해 중국은 어떤 대응을 하였고, 이에 대한 북한의 반응은 어떠했는가의 문제가 제기된다. 1970년대 미중 데탕트는 북중관계에서 처음으로 미중관계가 중요 변수로 등장했다는 점에서 흥미롭다. 미중관계와 남북관계 속에서 규정되었던 1970년대 북중관계는 현재 북중관계를 볼 수 있는 의미 있는 시각을 제공할 것이다.

대부분 1970년대 북중관계에 대한 연구는 미중데탕트로 인하여 북중관계는 오히려 긴밀해졌으나, 1978년 덩샤오핑(鄧小平)의 개혁·개방정책 시행으로 소원해졌다는 해석이 지배적이었다.[1] 그러나 1970년대 중반 북중관계는 점차 균열이 가기 시작했다는 연구들이 등장하였다. 양국의 동맹 형성이 외적 균형뿐 아니라 내적 결박을 위한 것이라는 특성이 1970년대 두드러졌다는 연구가 있고,[2] 북한과 중국의 관계가 약소국과 강대국의 관계 속에서 발생하는 비대칭갈등이 1970년대 UN에서의 한반도 문제 논의와 주한미군 철수 문제에서 확대되었다는 연구가 있다.[3] 그러나 1970년대 중·후반의 북중관계 균열 원인을 개혁·개방 노선이 아니라, 1970년대 중반 한반도 위기와 연계시킨 연구는 없었다.

이러한 의미에서 이 글은 미중 데탕트로 인한 1970년대 전체의 북한과 중국의 관계를 살펴본다. 먼저 1970년대 초반 일련의 대외 환경 변화에 따른 북중관계를 살펴보고, 한반도 불안정을 야기한 북한의 행위와 이에 대한 중국의 인식 변화를 검토한다. 구체적으로는 1970년대 전체를 미중 데탕트 초기(1970-1973년), 한반도 위기 상승 시기(1974-1975년), '8·18 판문점 사건'[4] 이후(1976-1979년)의 세 시기로 구분하여 각 시기의 북중관계의 변화를 알아본다. 이를 통해 북한의 한반도 위기조성 사례에 대한 중국의 대응과 북중관계에 대한 유의미한 시사점을 찾아보고자 한다. 즉, 중국 시진핑 지도부의 대북정책과 북한 김정은 체제의 대외정책에 대한 함의를 도출해볼 것이다.

II. 미중데탕트 초기 북중관계와 남북대화(1970~1972)

1. 미중데탕트와 북중간의 긴밀한 의사소통

1970년대 들어서서 미국은 중국과의 통상금지 완화를 비롯하여 중국에 대한 완화정책을 시도하였다. 1971년 4월 베이징 당국이 미국의 탁구 선수단을 초청한 것을 계기로 그해 7월 9일부터 11일까지 헨리 키신저(Henry Kissinger) 미국 대통령 안보담당 특별보좌관이 베이징을 방문하였다. 그해 7월 15일 닉슨 대통령이 1972년 베이징을 방문할 것임을 공동성명을 통해 밝힘으로써 점진적인 관계정상화의 과정이 시작되었다.

미중 데탕트에 대해 북한은 상당한 관심을 가지고 중국의 의견을 알기 위해 노력하였다. 1971년 6월 15일 김일성이 베이징을 방문해 마오쩌둥(毛澤東) 및 저우언라이(周恩來)와 인민대회당에서 회담하였다. 이후 7월 30일 베이징을 방문한 김일 부수상 일행은 저우언라이와 회담하였다. 이 자리에서 김일은 "조선로동당 정치위원회에서 닉슨의 방중문제를 신중하게 토론하였으며, 중국공산당의 반제 입장에는 결코 변화가 없고, 이에 대한 우리 당의 믿음도 변함이 없다"는 뜻을 전달하였다.[5] 북한으로서는 중국의 대외정책 변화 속에서 중국 공산당의 북한에 대한 신뢰를 확인할 필요성이 있었다.

그리고 1971년 10월 키신저의 두 번째 중국 방문 직후인 11월 1일에서 3일까지 3일간 북한 김일성 주석이 베이징을 방문했던 사실도 미중간의 논의사항에 대해 북중간의 의견 교환이 있었다는 것을 의미한다. 이후에도 중국은 미중대화 결과에 대해 북한과 회담을 지속했는데, 1972년 1월 26일 중국 리셴녠(李先念)과 저우언라이는 중국을 방문한 북한 내각 부수상 박성철과 회담하였다.[6]

또한 1972년 3월 저우언라이가 북한을 방문하여 김일성과 회담한 자리에서 닉슨 미 대통령의 중국 방문의 배경과 경과를 설명하였다. 당시 북중 양국관계에 대해 관찰한 구소련의 쿠르바토프(Kurbatov)에 따르면 김일성은 닉슨과의 회담에서 한반도 통일을 이루는 데에 중국의 협력을 적극적으로 요청하였으나, 중국 지도자들은 한반도 긴장에 대해 관심이 없는 것으로 평가하였다. 그럼에도 불구하고 중국이 이 시기부터 한반도 문제에 더 많은 영향력을 행사하기 시작하였다는 점은 중요하다.[7]

1972년 8월 김일성은 다시 베이징을 방문하여 저우언라이와 회담을 가졌다. 양국은 국제통일전선과 한반도, 일본, 미소관계 및 UN 문제 등에 대해 의견을 나누었다. 이 자리에서 저우언라이는 외교정책과 전략에 대해 "외교상 지도부와의 왕래를 쟁취하는 목표는 바로 인민이다. 인민이 양자관계의 연계를 희망하는 것이 중요하다"라고 대미관계 접근을 정당화하였다.[8] 이로써 북한은 중국의 대미접근이 반제투쟁의 포기가 아님을 확인하였다.

이러한 가운데 북한과 중국의 협력관계는 경제 분야에서도 확대되어 북한의 무역액에서 큰 비중을 차지하였다. 1973년 북한 무역액에서 소련은 45%를 차지하였고, 중국은 20%를 차지하였고, 1973년에는 북중 양국이 800만 스위스 프랑의 상품공급 계획에 합의하기도 하였다.[9]

북중간의 긴밀한 의사소통 속에서 중국의 대미접근에 대한 북한의 공식적 반응은 긍정적이었다. 북한은 미국의 닉슨 방문에 대해 미국이 백기를 들고 온 것으로 주장하면서 중국의 대미 접근에 동조하였다. 이러한 북한의 태도는 중국이 대미 데탕트의 충격을 최소화하기 위해 주변국에 미리 통보하고 회담 상황에 대해 설명하는 노력을 기울였기 때문이다. 북한으로서는 중국의 높아진 대외적 위상을 활용하여 한반도에서 북한에 유리한 정세를 조성하려는 의도를 가지고 있었기 때문에 미중 협력을 환영하였던 것이다. 1971년부터 미국의 베트남 철수가 시작되면서 북한은 베트남의 상황이 한반도에서 유리하게 작용할 것으로 판단하였다.

2. 미중협력과 남북대화의 시작

한국문제는 미국과 중국의 데탕트 진전에서 지속적으로 하나의 중요한 쟁점으로 등장하였다. 1968년 푸에블로 사건과 1969년 E-C 121기 사건 이후 미국은 한반도에 군사적 긴장 상태를 완화해야 한다는 입장을

견지하였다. 중국도 역시 미국과 마찬가지로 이 시기 남북대화를 지지
했고, 북한에게 남북관계 개선 등 한반도 긴장완화에 나서도록 영향력
을 행사하였다.[10]

　이러한 미중 데탕트의 영향으로 남북한은 분단 이후 처음으로 남북
대화를 시작하였다. 1971년 8월 대한적십자사 최두선 총재가 특별성명
을 통해 남북이산가족 찾기 운동을 제안하였다. 이에 남북한은 1971년
9월 20일부터 1972년 6월 16일까지 25차례의 예비회담을 통하여 적십
자 본회담에서 논의될 의제에 대해 합의를 보았다.[11] 이후 남북한은
1972년 7월 4일 오전 10시에 서울에서 이후락, 평양에서 박성철에 의해
서 7·4 남북공동성명을 동시에 발표하였다. 여기서 남북한은 '자주, 평
화, 민족대단결'이라는 통일원칙에 합의하였다.

　이러한 남북대화의 시작은 남북한이 처음으로 상대방을 대화상대로
인정하고 한반도에서 남북한의 평화공존을 상정했다는 점에서 의의가
있다. 이전에 상호 비방과 대결로 일관하던 남북한이 협상 테이블로
나오게 된 것은 남북한의 자발적 선택이라기보다는 미중간의 합의와
이에 대한 남북한의 대응이라고 분석된다.

III. 한반도 긴장 상승과 북중관계(1973~1975)

1. 한반도 긴장 상승 요인

1) 남북대화의 중단과정

　1973년부터 남북대화는 교착되기 시작하였다. 1973년 3월 평양에서 2
차 남북조절위원회 회담이 개최되었으나, 북한은 5개항의 군사 제안을
하고 이것이 선결되어야 한다고 주장하였다. 5개항의 내용은 남북의

무력증강 및 군비경쟁 중지, 남북군대 10만 이하 감축, 남북의 무력증강 및 군비경쟁 중지, 주한미군을 포함한 모든 외국군대 철수, 남북평화협정 체결이었다. 이중에서 핵심은 주한미군 철수와 남북평화협정 체결이었다. 남북한 양측이 합의한 내용 외에는 일체 공표하지 않기로 한 합의를 깨고 북한은 위의 5개항의 군사 제안을 공표하였다.[12]

또한 적십자회담도 1973년 들어 지속의 원동력을 잃었다. 1973년 3월 평양에서 5차 남북적십자 본회담이 개최되었으나, 아무런 합의도 도출하지 못하였다. 이후 1973년 5월 서울에서 열린 6차 본회담에서 북한은 '국가보안법'과 '반공법'을 구체적으로 언급하면서 두 법률의 폐지를 주장하였다. 이후 1973년 남한의 '6·23 선언'을 통한 남북한 UN 동시가입 주장은 북한의 강한 반발을 불러왔다. 당시 북한은 남북한의 UN 동시 가입은 분단을 고착화시키는 것이라며 강력히 반대하였다. 결국 8월 28일 북한은 남북대화를 일방적으로 중단한다는 성명서를 발표하였고 남북한은 다시 대결 국면으로 접어들었다.[13]

한편 남북한은 1937년부터 UN에서 외교경쟁으로 되돌아가서 언커크 (UNCURK: UN Commission for the Unification and Rehabilitation of Korea, 국제연합한국통일부흥위원회)와 UN사령부 해체를 두고 충돌하였다.[14] 북한은 언커크와 UN사령부가 모두 해체되어야 하며 이와 동시에 주한미군의 철수도 이루어져야 한다고 강조하였다. 남한에서 언커크를 해체하고 UN군을 철수시키라는 주장은 UN군이 미군의 통제 하에 있기 때문에 결국 주한미군의 철수를 의미하였다. 1973년 1월 27일 파리평화협정 체결로 미국과 베트남이 휴전하고, 3월 말 미군이 철수 완료되자, 북한은 이러한 사실에 고무되어 주한미군 철수를 강하게 주장하였다. 특히 북한은 1974 12월 1일 서해5도 해역 관할권 문제를 들고 나와서 그 권할권을 선언하면서 정전체제의 단점을 부각시키려 하였다.

또한 남북대화 진행 중에 남북한의 충돌은 크게 줄었으나 1973년 8

월 남북대화가 중단되고 1974년 11월 북한의 땅굴이 발견되면서 남북
관계는 악화되었다. 이러한 분위기 속에서 판문점에서는 양측 경비병
또는 기타 인원들 사이에 주먹과 발길질이 오가는 충돌이 발생하였
다.[15] 1974년부터 판문점을 중심으로 한반도에서는 긴장이 고조되었다.

2) 남한의 핵개발 노력과 미국의 대한안보지원 강화

1975년 즈음 미국 정부는 남한 정부가 핵무기 개발 프로그램의 초기
단계를 진행하고 있다는 보고를 받았다. 당시 미국 정부는 남한이 10
년 안에 제한적 핵무기와 미사일을 개발할 수 있다고 판단하였다. 미
국 정부는 남한이 실제로 핵무기를 생산하게 되기까지는 상당한 기간
과 어려움이 있을 것이라는 평가를 하였지만 사실상 현실화되기 전에
주변국들에게 이 사실이 노출될 것이라는 점을 우려하였다. 남한이 핵
능력을 보유하게 되면 북한과 일본이 영향을 받아 핵능력 보유 노력을
할 것이고, 북한이 한반도 불안정시 구소련이나 중국으로부터 핵무기
지원에 대한 보증을 이끌어낼 수 있다는 점에서 한반도 안보에 큰 영
향을 미칠 것으로 평가하였다.[16]

이에 따라 미국 정부는 남한 정부의 노력을 단념시키기 위하여 노력
하기로 결정하였다. 즉 남한의 어떤 핵폭발 능력이나 발사 시스템의
개발을 완전히 저지하는 것이었다. 이를 위하여 미국은 민감한 기술과
장비에 대한 남한의 접근을 금지시키고, 무기로 사용가능한 물질의 확
산을 금지시키기 위한 엄격한 규제를 취하는 정책 방향을 모색하였다.
다른 한편으로는 남한이 핵확산금지조약(NPT)을 비준하도록 하고, 한
국의 핵에너지 설비에 대해 기술적으로 훈련된 인사에 의한 사찰을 고
려하였다.[17]

1975년 1월 전직 태국 대사 킨트너(William R. Kintner)의 '아시아-태평

양 지역에서 미국의 정책적 이해에 관한 연구' 보고서를 보면, 미국은 당시 남한에서 미군이 전쟁 억제에 실질적 기여를 하고 있는 것으로 분석하였다. 그럼에도 불구하고 한반도에서 미군의 가장 가까운 위협은 모스크바와 베이징의 지원을 받아 혹은 지원 없이 한반도에서 전쟁을 일으킬 수 있다는 북한의 오판 가능성임을 지적하였다. 이 때문에 남한에서 전쟁을 막고 남한군의 방위 능력을 유지하고 증강시키는 것이 한반도에서 미군의 가장 큰 목적이라고 주장하였다. 또한 한반도에서 베트남 전쟁과 같은 전쟁이 발생할 가능성은 낮지만 남한 내 도시 지역에 심각한 내부 혼란이 있을 수 있으며 이를 활용하여 김일성이 도시 게릴라 작전 등으로 군사 개입을 할 가능성은 있다고 판단하였다.[18] 이에 따라 한반도에서 남한지역의 방위 능력을 확대시킬 필요성을 인식하였다.

당시 남한의 핵능력 개발은 미국의 남한에 대한 안보 보장에 대해 우려로부터 시작되었다. 남한은 미국으로부터 독자적 안보능력을 가지려는 노력의 일환으로 핵개발을 추진하였다. 이러한 이유 때문에 미국은 남한이 안보 우려를 가지지 않게 하기 위하여 남한에 대한 안보 지원을 강화하였다.[19] 남한 정부는 핵개발 좌절로 인한 안보공백의 우려를 제어하기 위하여 미국에 대한 안보지원 요청에 적극적이었는데, 이를 1976년에 이룰 수 있었다. 이러한 미국의 대한 안보능력 강화는 북한의 대한반도 정책에도 영향을 주었다.

2. 북한의 통일 노력과 북중관계

1970년대 중국의 대한반도 정책은 남북한 통일문제와 관련된 북한의 주장 및 제의에 대한 반응으로 나타나는데, 이것은 상당히 명분적인 성격을 띠고 있다. 이와 관련 논의를 살펴보면 1974년 6월 25일『인민일보』는 한국전쟁 발발 24주년에 관련한 사설을 통해 1973년 6월 23일 김일성의 '조국통일 5대 강령'에 대한 북한의 입장을 지지하였다. 해당 사설에서 중국은 한반도 통일에 대해 "어떠한 외세의 간섭도 없는 조건하에서 조선인민이 자주적으로 통일을 실현시키는 것"이며, "사회주의혁명과 사회주의건설의 공동투쟁에 있어서 중국인민은 영원히 영웅적인 조선인민과 함께 단결하고 상호지지하고 상호학습하여 공동으로 전진할 것"이라고 강조하였다.[20]

그러나 1974년 7월 4일자 『인민일보』에 실린 글을 마지막으로 중국의 한반도 통일문제 관련 대남비방이나 대북지지의 논조가 상당히 변한 것을 발견할 수 있다. 1974년 이전 중국은 북한의 주요 대남제의 기념일에 사설 또는 평론원의 논평을 게재했으나, 1974년 이후부터 북한의 통일문제 관련 제의나 주장을 지지하는 논설을 게재하지 않았다.[21]

이와 동시에 중국은 베트남전 종식과 동시에 베트남 통일에 대한 우려를 가졌는데, 이 점은 중국의 대북한 정책에 영향을 주었다. 당시 중국 외교 당국자들을 인터뷰했던 학자에 따르면, 중국은 동북아시아에서 무력 충돌은 소련의 지역 영향력 확대를 의미하는 것이기 때문에 한반도에서 어떤 전쟁의 발발도 반대하였다. 따라서 중국은 통일을 위해 한반도에서 북한이 어떠한 무력을 사용하는 것도 허용하지 않았다.[22]

실제로 1975년 하노이의 사이공 점령 이후부터 중국은 북한의 적극적 통일 노력에 우려를 나타내었다. 1975년 4월 김일성은 중국을 공식 방문하여 덩샤오핑을 만났다. 양국 지도자간 회담에서 북한은 중요한 군사 대표가 참가하는 대규모 대표단을 이끌고 중국을 방문하였다. 그러나 중국의 국방장관 예젠잉(叶劍英)은 참석하지 않아 중국측이 당시 회담에서 군사적 측면의 논의를 평가절하하려는 의도를 보였다.[23]

또한 당시 공동 성명에는 "논의된 모든 이슈들에 대해 양측 모두가 만족하였다"라고 되어 있었지만 실질적 논의에서 양측의 의견 차이를 발견할 수 있다. 김일성의 방중 목적은 한반도에서 주한미군 철수를 중국과 협의하고 한반도 통일을 추진하기 위한 중국의 지원을 확보하기 위한 것이었다. 김일성은 매우 공격적으로 남한 해방에 대한 연설을 하였는데, 주한미군의 철수와 자주적·평화적 통일을 위한 전제조건으로 박정희 정권의 타도를 주장하였다. 그는 "만약 남한에서 혁명이 일어나면 북한은 지체 없이 지원을 제공할 것이며 조선 인민들이 잃을 것은 휴전선이고 얻을 것은 통일"이라고 주장하였다.[24]

북한은 인도차이나에서 베트남공산당의 승리를 한반도에서 통일의 호기로 판단했고 이에 대한 중국의 입장을 시험하였다. 특히 베트남과 미군의 즉, 주한미군 철수를 통한 한반도 통일 성취에 대한 중국으로부터 확고한 지원을 받으려 하였다. 그러나 당시 중국은 한반도 통일에 대해 '독립적·평화적 통일'에 대해서만 강조함으로써 북한의 요구를 들어주지 않았고, 북한은 중국으로부터 실질적 지원과 지지를 받는 데에 실패하였다.[25]

당시 마오쩌둥은 김일성이 한반도 통일 달성을 위해 '극단적 조치'를 취하는 공격적 군사 전략 사용에 대해 조심스러운 반대 입장을 나타냈다. 공동 성명에서 "중국 정부는 북한 지도자가 도발적인 군사적 행동에 의존하지 않겠다고 한 확언을 위반하지 않을 것이라 신뢰한다"[26]라는 구절을 삽입함으로써 중국이 북한의 무력 행위의 자제를 요구했음을 암시하였다. 공동 성명은 한반도 통일이나 남한에 대한 북한의 주장을 직접적으로 담지 않았고, 단지 한반도의 자주적·평화적 통일을 지지하고 남북대화 재개를 주장하였다. 명백히 중국은 북한의 미국 및 남한 정부에 대한 대결에 관심이 없음을 보여주었다.[27]

당시 북한은 1975년 4월 30일 북베트남의 전쟁 승리에 힘입어 1975년 즈음이 어느 때보다도 통일을 달성하기에 적합한 시기로 평가하였다. 당시 북한은 통일의 달성을 '혁명적 대사변[28]'으로 표현하고 통일의 분위기를 고조시키고 있었다.

> 우리는 제국주의자들의 전쟁위협에 언제나 경각성을 높이면서 전쟁이 일어나든지, 혁명이 일어나든지 다가오는 혁명적대사변을 승리적으로 맞이하기 위하여 튼튼히 준비되어 있을 것입니다.[29]

김일성은 1975년 5월에 캄보디아를 방문하고 6월에 유고슬라비아를 방문하여 각각 친분이 두터웠던 시하누크(Norodom Sihanouk) 국왕과 티토(Josip Broz Tito)를 만나서 북한의 혁명에 대한 적극적 지원과 지지를 부탁하였다.[30] 그리고 1975년 6월 김일성은 불가리아를 방문하여 불가리아공산당 서기인 토도르 지프코프(Todor Zhivkov)를 만난 자리에서 "베트남 전쟁에서 미국의 패배 이후 세계의 이목은 한반도 문제에 집중되어 있다"고 전제하고, "남한군은 76만 명으로 북한의 50만 명보다 강하며, 미군의 지원을 받는 무기 역시 월등이 뛰어남"을 인정하면서, 주한미군 철수를 강하게 주장하였다.[31]

또한 1975년 10월 9일 당 창건 30주년 기념일에 한 연설에서 "조국의 자주적 평화통일을 이룩하자"면서 일시적 정전상태에서 자주 평화통일을 위하여 민족대단결의 원칙에서 전국적 민족 통일전선을 형성하여야 한다고 주장하였다.[32]

그러나 이러한 북한의 태도에 대해 중국은 냉담한 입장을 나타내었다. 1975년 8월 홍콩 저널 『China』와 타이완 저널 『New China』에 실린 중국 외무장관 챠오관화(喬冠華)의 연설도 동일한 맥락이었다. 그는 북한은 외세 개입 없이 자주적 통일의 길로 나가고 있으며, 만약 한반도에서 충돌이 발생한다면 중국은 단지 미국이 직접 개입할 때만 군대를 보낼 것이고, 만약 미군이 개입하지 않는다면 단지 도덕적 지지만을 보낼 것이라고 단언하였다. 당시 북중 관계를 관찰했던 동독주재 베트남 대사 역시 북한은 통일을 위한 투쟁에 중국의 정치·경제적 지원을 요구했지만, 중국은 외부 세계에 북한과 우호관계를 유지하는 것처럼 보여주는 데에만 목적이 있었다고 주장하였다.[33]

따라서 미중 데탕트로 인해 중국은 국제사회의 영향력이 있는 국가로서 UN에 가입하고 타이완을 대신하여 안보리 상임이사국이 되었다. 국제적 위상이 높아진 중국은 지역 안보문제에 개입하기 시작하였다. 당시 가장 중요한 것은 미국과 베트남전을 정리하는 것이었다. 이와 함께 한반도 문제도 미국과 논의하였다. 가장 중요한 베트남 문제는 미중 양국이 충돌하지 않는 방향으로 가고 있었고, 한반도 문제에 대해서는 여러 가지 논의 끝에 현상 변경 보다는 현상 유지로 방향을 설정하였다. 반면 북한은 한반도에 대한 현상 변경을 추진하였기 때문에 이에 대해 북한과 중국 간의 이견이 노출되었다.

Ⅳ. '8·18 판문점 사건'과 북중관계(1976~1979)

1. '8·18 판문점 사건'의 발발

1976년 1월 베트남은 통일을 이룩하였고 1976년에 들어서서 한반도에서는 판문점과 서해상에서 크고 작은 충돌이 일어났다. 이러한 긴장 상태를 막기 위하여 1976년 1월 UN군 측은 가급적 상호 충돌을 피하기 위해 일방적으로 공동경비구역 무장병력을 반으로 줄이기도 하였다.[34] 말하자면 1976년 '8·18 판문점 사건' 발생 전부터 한반도에서는 긴장이 감돌았다. 1975년 6월 미군 핸더슨(Henderson) 소령이 북한 기자와 시비 끝에 북한 경비병의 공격으로 후두부가 부서지는 중상을 입은 사건이 발생하였다. 또한 같은 달 서북5도에 대한 북한의 공격이

발생하여 미군은 한반도의 긴장 고조를 주시하였다.[35]

그리고 1976년 8월 5일 양쪽에서 몇 분 동안 총격이 오고가는 사건이 발생하였다.[36] 이에 대해 8월 5일 북한은 정부차원에서 한반도에 전쟁위기가 고조되고 있다는 특별성명을 발표하였다. 북한은 이 성명에서 "미국과 남조선이 전쟁준비를 마치고 도화선에 불을 지르려 한다"고 주장하였다.[37] 한반도 상황에 대해 북한이 정부 차원의 성명서를 낸 것은 불과 세 번째 일로 대단히 이례적인 일이었다. 또한 같은 날 중부 전선지역에서 총격전이 벌어졌는데 북한은 이를 남한의 도발이라고 비난하였다.[38]

그러한 가운데 1976년 8월 18일 한국 비무장지대(DMZ)에서 사고가 발생하였다. 사건 당일 며칠 전 UN사령부 요원이 문제의 나무를 잘라낼 계획을 세우고 몇 명의 비무장 한국인 관리요원이 문제의 지역을 방문하여 미리 검토하고 방법을 논의하였다. 이 때 몇 명의 북한인민군 경비병들이 나무를 그대로 두라고 말하였고 8월 18일 북한인민군요원들에게 나무를 정비하라는 명령이 공지되었다. 그날 5명의 한국인 노무자와 3명의 UN군사령부 장교 및 7명의 보안요원으로 구성된 UN군사령부 작업반이 UN군사령부 제3관측초소에 있는 커다란 나무를 정비하기 위하여 파견되었다. 왜냐하면 문제의 나무가 UN군사령부 경비 3초소와 관측 5초소 사이의 시야에 장애가 되었기 때문이었다.[39]

작업반이 현장에 도착한 후 곧 2명의 북한인민군 장교와 약 9명의 북한인민군 경비병이 트럭을 타고 현장에 도착하였다. 북한인민군 장교가 남한 장교에게 무슨 일인지 물었고 남한 장교는 나무를 정비하고 있으나 나무 전체를 잘라낼 의도가 없다고 설명하였다. 이에 북한인민군 장교는 '괜찮다'는 의사를 전하였고 작업은 10~15분 정도 진행되었다. 미군 장교는 북한인민군 측에게 작업이 계속될 것을 알리자 약 30명의 북한인민군 경비병이 현장에 도착하고 5명의 북한인민군 장교가 합세하여 본티파스를 공격하였다. 북한인민군 경비병들은 기타 UN군 사령부 도끼자루와 몽둥이로 경비병을 공격하였다. 당일 아침 북한의 경비병들이 판문점 공동경비구역에 있는 UN군 사령부의 소규모 작업 부대를 공격하여 제압하였다. 두 명의 미국 장교가 살해되었고 몇 몇의 다른 군사 관계자들인 미국인과 한국인이 부상을 입었다.[40]

미국측은 북한의 계획적 도발행위라고 확신하였는데, 하나는 콜롬보에서 개최된 비동맹회담에서 한반도 주요 긴장의 원인이 미국이라는 주장을 위한 것이며, 다른 하나는 미국 대통령 선거 운동 기간에 주한미군에 대한 미국의 여론을 일으키기 위한 것이라고 분석하였다.[41]

이에 대한 대응으로 미국은 'B-52'의 비행연습을 시작하고 미국의 해군 기동대가 남쪽으로 이동하며, 18대의 F-11기들을 움직이기 시작하는 대응정책을 시행하였다.[42] 8월 20일 2개의 GBU-15(레이저 유도 활공폭탄)를 장착한 F-4E기가 미 앨먼도프 공군기지를 통과하여 21일 한국 오산 공군기지에 도착하였다. 그리고 즉시 남한에 '데프콘 3(Defense Readiness Condition 3:정규전에 대비해 발령하는 전투준비태세)'[43]를 발동시켰다.[44]

사건 직후 북한은 8월 19일 '조선인민군 최고사령부'의 명령으로 '인민군 전체 부대들과 로농적위대, 붉은 청년 근위대 전체 대원들'에게 전투 태세를 갖출 것을 지시하였다.[45] 또한 한편으로는 8월 20일 비공개 군사정전위원회 회의 개최를 요청하면서 조선인민군 총사령관이 UN군 사령관에게 보낸 편지를 전달하였다. 8월 21일 조선인민군 과 UN군 사령부 수석 군사정전위원회 위원들 사이에 비공개회의가 개최되었고 조선인민군 총사령관인 김일성의 메시지를 전하였다. 메시지에는 이번 사고에 대한 유감을 표명하면서 재발 방지에 노력해야 한다고 주장하였다. 이에 따라 무장한 이들이 다시 들어온다면 동일한 사고가 언제든지 일어날 수 있으므로 선통보도 없이 무장한 사람들을 들여보

내지 말 것을 요구하였다.[46]

이에 미국은 8월 20일 남북대화를 재개하고 협상을 통하여 양측간에 존재하는 문제들의 해결책에 이르는 것을 촉구하는 한반도 결의안을 발의하였다. 이 결의안은 남한과 북한, 그리고 직접적 관련국가로서 미국과 중국이 정전협정에 의거하여 UN사령부의 해산을 가능케 하는 방안 또는 평화 유지를 위한 영구적 협정을 정전협정을 대체하는 방안에 대하여 조기에 협상에 나설 것을 촉구하였다.[47]

판문점 사건 이후 북한의 도발을 방지하기 위하여 미국과 한국 정부는 한국에 대한 안보 지원을 강화하는 데에 합의하였다. 당시 미국은 만약 미군이 철수한다면 북한이 통일이라는 최우선의 목표에 따라 군사적으로 성취하려는 노력을 할 가능성이 있다고 판단하였다.[48] 이를 방지하기 위해서는 남한에 대한 미국의 안보 공약의 확인을 강조할 필요성이 있었다.

실제로 1976년 마베릭(MAVERICK) 공대지 미사일 등의 군수물자가 한국에 판매되었고 F-4E와 F-5E/Fs, 호크 포병중대(Hawk batteries) 등이 추가로 판매되었다.[49] 또한 1977년 미국 카터 정부는 4~5년 내에 한국의 지상군과 핵무기 철수 결정을 내렸으나, 실제로는 일부 철군을 전제로 군사적 지원을 확대하였다. 특히 해·공군 주둔과 대규모 군사원조 계획을 발표하여 남한의 안보 강화를 지원하였다.

2. '8·18 판문점 사건' 이후 북중관계

국제 여론에 악화를 만회하기 위하여 북한은 판문점 사건이 우발적 사건이라는 점을 크게 부각시키려 하였다. 1976년 10월 동독 군대표단이 북한을 방문한 자리에서 김일성은 "이번 사건은 예상치 못한 사건으로 북한에 이익에 반하는 것"이며, "사회주의 형제국가들의 우려를 낮은 것에 대해 유감"이라고 밝혔다.[50] 북한의 이러한 우려는 동유럽 국가들과 중국이 한반도 불안정을 일으킨 북한에 대해 불만을 가졌던 것 때문이었다.

미국 국무부 문서에 따르면 1976년 8월 중국 언론은 '8 · 18 판문점 사건'에 대해 매우 신중하게 보도하였다. 중국 언론은 제한된 보도만을 하였고 자체 논평을 피한 채 오직 북한 언론을 인용하는 보도만을 하였다. 또한 이에 대한 미국의 대응에 대해 비판을 하지 않았다.[51] 이 때문에 판문점 사건을 보도한 북한『노동신문』이 각 국의 북한 지지 보도를 언급하면서 소련, 독일, 쿠웨이트 등의 보도를 인용하였으나, 중국의 보도에 대해서는 언급하지 않았다.[52]

1976년 '8 · 18 판문점 사건'으로 중국은 미군이 북한의 무력 도발을 억제한다는 점을 분명히 인식하였다. 특히 주한미군의 철수에 따른 동북아지역에서 힘의 공백을 소련이 개입할 가능성을 가장 우려하였다. 또한 이 사건 이후 중국을 비롯하여 북한의 입장을 지지했던 비동맹 회원국들도 국제 사회 여론이 악화되자 북한측의 의견을 더 이상 UN 에 상정하지 않았다.[53]

이후 중국의 대북한 태도는 변화되기 시작하였다. 이것은 1976년 주석 자리에 오른 화궈펑(华国锋)의 1978년 5월 4일 북한 방문에서 나타났다. 김일성과 화궈펑이 처음 만난 정상회담이었기 때문에 양국이 공동된 의견을 보인 것으로 선전되었으나, 실제로는 김일성의 미국과 한반도 문제에 대해 다른 의견을 나타내었다. 당시 김일성은 연방제와 북미협상을 위한 미국과 남북한간의 '3자회담'을 주장하였다. 이에 대해 화궈펑은 3자회담에 대해 의견을 제시하지 않았고 '1975년 4월 마오쩌둥 주석과 저우언라이 총리가 합의하여 북한에 제시한 방침'을 따를 뿐이라는 점만을 대답하였다.[54] 즉 1975년 4월 김일성의 중국 방문 시에 중국이 북한에 요청한 한반도 통일은 지금 적합하지 않고 무력 도발을 자제 방침을 고수한다는 의미이다.

이러한 화궈펑의 생각은 회담 이후 양국 지도자의 주한미군에 대한 발언에서도 드러난다. 화궈펑 주석은 주한미군 철수에 관하여 "UN사령부는 즉시 해산되어야 하며 미국은 남조선에서 침략적 군대와 무기를 전면 철수해야 한다"라고 하였다. 그러나 화궈펑의 발언은 북한의 '주한미군 즉시 철수' 지지라는 표현과는 달리, 미군의 철수에 대해서는 '전면적인 철수'라는 원칙적 표현으로만 언급하였다. 특히 UN사령부에 대한 즉시 해산 주장과 달리 주한미군의 즉시 철수는 언급하지 않았다. 반면 김일성은 "먼저 미국이 이러한 모험적 무력증강 행동을 중지하고, 이미 동의한 대로 즉시 남조선에서 자기 무력을 철수시켜야 한다"라고 미군의 '즉시 철수'를 주장하였다.[55] 즉 중국은 주한미군의 철수 문제에 대해 표면적으로는 북한과 공조하는 것처럼 보이긴 했으나 주한미군의 '즉시 철수'가 아닌 '한시적 주둔'에 무게를 두었다.

이러한 중국의 태도는 북한에게 중국과의 협력이 제한적임을 인식시켜 주었다. 중국은 북한에 의한 한반도 불안정에 대한 우려를 지속하였고 북한의 도발을 억제하기 위해서 주한미군 철수를 용인하는 태도를 보였다. 실제로 1980년 3월 도쿄를 방문한 중국 외교부부장은 중국은 한반도의 분단과 주한미군의 존재를 '수용할(acceptable)' 수 있음을 확인하였다.[56]

이에 대해 북한은 1978년 화궈펑 방문 직후부터 적극적으로 소련과의 관계 강화를 모색하기 시작하였고,[57] 1978년 12월 31일 나진항을 통해 소련의 화물수송에 동의하는 의정서에 조인하였다.[58] 이후 1979년 중미관계 정상화에 대해서 우회적으로 비난을 하였다. 김일성은 1980년 제6차 당대회 보고에서 제국주의와의 타협에 대하여 "무원칙하게 타협하지 말아야"한다고 경고하였다. 특히 "자기 나라의 이익을 위하여 다른 나라의 이익을 희생시키는 행동을 하지 말아야"한다고 강조하였다.59) 이것은 1970년대 초 미중간의 접근 시 우호적인 반응과는 다른 것으로 북한의 대중 인식이 달라졌음을 보여준다.

위와 같이 1970년대 중반부터 중국과 북한은 한반도 상황에 대한 다른 평가를 하고 있었고 한반도 통일과 주한미군 철수에 대해 다른 이해관계를 가지고 있었다. 미중 관계 개선 이후 중국은 한반도 문제가 악화되지 않도록 UN에서 한국 문제를 더 이상 토론하지 않기로 노력하였으나, 북한은 끊임없이 한반도 문제를 UN에서 다루면서 주한미군 철수를 공론화하기 위해 노력하였다.

이러한 가운데 발생한 1976년 '8·18 판문점 사건'은 한반도의 위기가 언제든지 발생할 수 있다는 점을 중국에게 인식시켜 주었다. 이에 따라 중국은 한편으로는 주한미군 주둔을 당분간 용인하여 북한의 도발을 억제하였다. 다른 한편으로는 북한의 도발을 관리할 수 있도록 북한에 대한 영향력 확보를 위하여 정치·경제적 협력관계는 유지하는 정책을 펼친 것으로 분석된다.

중국은 주변의 안정을 최우선으로 삼고 중심적 역할을 하기 위해 최선의 노력을 하면서 지역 안보문제에 적극적으로 개입하였다. 1970년대 중반부터 한반도의 긴장 확대와 함께 북한 김일성의 통일에 대한 의지를 확인한 중국은 한반도를 제2의 베트남이 될 수 있을 것으로 평가하였다.60) 이 시기부터 중국은 북한의 한반도 불안정을 야기할 수 있는 도발을 억제하기 위하여 노력하였고, 그러한 중국의 대한반도 안정 중시 정책은 지속되고 있다.

V. 결론

이 연구는 1970년대 중반 한반도 위기와 북중관계에 대한 영향을 분석하였다. 1970년대 미중 데탕트로 인하여 시작되었던 남북대화는 1970년대 중반 중단되었고, 이로 인해 한반도 위기가 조성되었다는 점을 확인하였다. 이러한 가운데 한반도 위기를 악화시킨 '8·18 판문점 사건'이 발생하였고, 이것은 북중관계에 일정한 영향을 주었음을 분석하였다.

미중 데탕트의 영향으로 남북한은 대화를 시작하고 1972년 7월 4일 7·4 남북공동성명을 발표하였다. 그러나 1973년부터 남북대화가 교착되었고 북한의 땅굴이 발견되면서 남북관계는 급속히 냉각되었다. 또한 1975년 즈음 남한 정부의 핵무기 개발 프로그램 진행 사실이 확인되면서 미국은 핵개발 포기에 대가로 남한에 대한 군사지원을 확대하였다.

중국 역시 북한의 한반도 불안정 야기를 우려하면서 북한의 한반도 무력 도발을 억제하려 하였다. 1976년 '8·18 판문점사건'에 대해서도 중국은 북한의 입장을 지지하지 않았고 한반도 안정을 중시하는 정책을 추구하기 시작하였다. 특히 중국이 우려한 것은 8·18 판문점사건 이후 미국의 대응정책이었다. 북한의 도발로 미군이 한반도에 군사개입을 강화하자 중국은 무력 충돌에 대해 우려를 표명하였다. 이후 중국은 북한의 주한미군 즉시 철수 주장에 대해 적극적 지지를 표명하지 않았다.

이에 따라 1970년대 말부터 중국은 한편으로는 주한미군을 주둔에 어느 정도 용인하고, 다른 한편으로는 북한의 도발을 관리하면서 한반도 통일이라는 현상 변경보다는 현상 유지(status quo)의 정책을 시행하였다. 이러한 중국의 우려는 탈냉전 이후 현재에도 지속되고 있어 중국은 북한이 한반도 위기를 고조시키면 이를 억제하기 위하여 한반도 문제에 개입을 확대하는 정책을 시행하고 있다. 결국 1970년대부터 중국의 대한반도정책이 미중관계와 한반도 안정이라는 요소에 의해 결정되면서 북중관계도 두 요소가 가장 중요한 변수로 등장하였다.

현재 중국은 지역뿐만 아니라 글로벌 차원의 강대국으로 부상하였다. 중국 시진핑 지도부는 '신형대국관계'를 내세우면서 미국과의 협력을 중시하면서 한반도 안정을 저해하는 북한의 도발을 경계하고 있다. 김정은 체제가 들어선 이후 북한은 장거리 로켓 발사 및 제3차 핵실험을 감행하고 '경제건설과 핵무력건설'의 병진노선을 노동당의 노선으로 공식화하였다. 이러한 김정은 체제의 도발은 중국이 가장 중시하는 대미관계와 한반도 안정을 저해하고 있기 때문에 시진핑 지도부는 북한에 대한 우려의 메시지를 전달하고 있는 것이다. 결국 북한 김정은 체제가 북핵문제를 통해 한반도 긴장을 확대시키는 전략을 취한다면 중국은 대미협력과 한반도 안정을 위해 북한의 도발을 억제하는 대북정책을 실시할 것이다. 말하자면 향후 북중관계도 미중관계와 한반도 안정이라는 변수에 의해 좌우될 것이다.

[제 10 장]

제3세계·유엔외교의 목표와 전략

임상순

Ⅰ. 서론

유엔 주재 북한대사는 지난 2013년 6월 21일 유엔본부에서 기자회견을 열고 발언문을 발표했다. 이 발언문에서 북한은, 1975년 11월 유엔총회 제30차회의에서 통과된 '주한 유엔군사령부를 해체할 데 대한 결의 3390B'에 대하여, 당시 미국도 조건부적으로나마 동의했고 그 필요성을 인정했기 때문에, 주한 유엔군사령부를 지체 없이 해체해야 한다고 주장했다. 만약 미국이 주한 유엔군사령부를 그대로 두고, 대조선적 대시정책과 핵위협을 포기하지 않는다면 북한도 핵억제력을 절대로 포기하지 않을 것이라고 강조[1]했다. 이 발표문을 통해 확인할 수 있는 것은, 1975년 30차 유엔총회에서 제3세계국가들의 강력한 지원 하에 통과된 친북한 결의안을 북한이 현재까지도 유용한 외교적 수단으로 활용하고 있다는 것이다.

그리고 지난 2014년 4월 28일에는 북한 외무상이 알제리에서 열린 비동맹회의 외무장관회담에서 연설을 통해, 한미 군사훈련을 비난하고, 미국과 서방이 해마다 유엔총회와 유엔 인권이사회에서 북한을 상대로 모략적인 인권 공격행위를 벌이고 있다고 불만을 표출했다.[2] 북한은 1975년 8월 25일 비동맹회의 정식회원으로 가입한 이후부터 2014년 현재까지 비동맹회의의 각종 회의에 참여하여 북한의 입장을 강조하고, 자신에게 유리한 국제여론을 조성하고자 노력하고 있다.

위의 두 사례를 통해, 현재 시점에서 우리가 1970년대 북한의 제3세계[3] 외교와 유엔외교를 살펴보아야 할 두 가지 이유를 확인할 수 있다. 첫 번째 이유는, 사건의 영향이 지속되고 있기 때문이다. 앞에서 본 바와 같이 1970년대에 의결된 유엔총회 결의안과 북한의 비동맹회의 가입의 영향이 현재까지 계속되고 있다. 두 번째 이유는, 냉전 및 남북간 경쟁구조가 한반도에서 지속되고 있기 때문이다. 1970년대 북한은 냉전구조 하에서 유리한 국제환경을 바탕으로, 제3세계와 공조하여 미국과 남한을 공세적으로 압박했다. 국제적 냉전구조가 붕괴된 오늘까지도 한반도에는 냉전구조가 그대로 유지되고 있으며, 남북한의 체제 정당성 경쟁도 지속되고 있다.

본 연구의 목적은, 오늘날까지 영향을 미치고 있는, 1970년대 북한의 제3세계 및 유엔외교를 '전략적'으로 이해하는 것이다. 이를 위해, 북한이 제3세계 및 유엔외교를 통해 달성하고자 한 전략목표는 무엇이고, 그 전략목표를 이루기 위하여 활용한 기본전략 및 전략수단이 무엇이 었는지를 분석하고자 한다. 북한연구에서 흔히 경험하는 자료부족 문제를 해결하기 위하여 1970년 1월 1일부터 1979년 12월 31일까지의 『로동신문』 기사를 자세히 검토하였다. 그리고 당시 외교정책결정의 정점에 있었던 김일성의 정책판단 과정과 그 결과들을 확인하기 위해서 『김일성 저작선집』과 『김일성 저작집』을 참고하였다. 이러한 분석을 통해, 1970년대 북한의 제3세계 및 유엔외교 과정이 세 시기로 구분될 수 있음을 확인할 수 있었다. 이런 시기 구분을 로즈노의 전이론(Pre-Theory)에 근거하여 이론적으로 설명하고자 한다.

II. 북한의 제3세계 및 유엔 외교 전략 메커니즘과 전략실행의 시기 구분

1. 북한의 제3세계 및 유엔 외교 전략 목표와 전략 메커니즘

1970년대 북한은 자신에게 유리한 국제상황을 활용하여, 진영외교에서 벗어나 제3세계와 유엔을 통한 외교의 다변화를 추구하였다. 1970년대 북한의 제3세계 및 유엔외교과정 분석을 통해, 북한이 국가전략목표를 달성하기 위하여 '제3세계 혁명역량과의 통일전선전략[4]'을 실행하였음을 확인할 수 있다. 그렇다면, 북한이 이 통일전선전략을 통하여 달성하고자 한 전략목표 및 세부목표는 무엇이고, 통일전선전략 메커니즘은 어떻게 구성되어 있는지에 대하여 다음에서 자세히 설명하고자 한다.

1) 북한의 통일전선전략 목표

김일성은 1964년 2월 당 중앙위원회 전원회의 발표 그리고, 1965년 4월 인도네시아 '알리 아르함' 사회과학원 연설을 통해, 최대 민족적 과업과 그 과업을 달성하기 위한 3가지 구체적 방안을 제시하였다. 국내와 해외에서 동일하게 발표된 북한의 최대 민족적 과업은, '민족해방혁명 완수'이고, 3가지 구체적 방안은 북조선의 혁명역량 강화, 남조선의 혁명역량 강화, 국제적 혁명역량 강화로 구성된 3대혁명역량 강화이다.[5] 특히, 김일성은 이 민족적 과업을 이루기 위해, 제국주의자들의 침략을 반대하는 신생독립국가들과, 제국주의의 예속에서 벗어나기 위하여 싸우고 있는 아세아, 아프리카, 라틴아메리카의 모든 나라 인민들을 적극 지지하며 그들과의 단결을 강화하는 노선을 확고히 견지할 것임을 밝혔다.[6] 이를 통해, 북한이 제3세계 외교를 통해 달성하고자 한

전략목표가 '한반도 공산화를 위한 토대구축'이었음을 확인할 수 있다.

이 전략목표는 3가지 세부목표로 구성되어 있다. 첫째는, 주한미군 철수이다. 김일성은 남한에서 미군을 몰아내지 않고서는, 남조선인민들의 자유와 해방도, 남조선 사회의 진보도 있을 수 없으며 조국통일도 이룰 수 없다고 주장했다.[7] 둘째는, 미국과의 평화협정체결이다. 김일성은 당 중앙위 정치위원회 연설에서, 조국의 자주적 평화통일을 이룩하려면 하루빨리 북한과 미국사이에 평화협정을 맺어야 하며, 이것이 조국통일을 위한 투쟁에서 북한이 이룩하려는 중요한 목표 중 하나라고 강조하였다.[8] 셋째는 남한의 국제적 고립이다. 김일성은, 제3세계 나라들과의 단결을 강화하여 남한정부를 국제적으로 고립시키기 위하여 적극 투쟁할 것을 촉구하였다.[9]

2) 북한의 통일전선전략 메커니즘

앞에서 살펴본 바와 같이, 북한은 '제3세계 혁명역량과의 통일전선전략'을 통하여, 한반도 공산화를 위한 토대를 구축하고자 했다. 이를 위해 북한은 '정당성 확보' 전략수단과 '국제여론조성' 전략수단을 활용하였다. 북한이 고려한 '정당성의 두 가지 핵심지표'는, 국제공동체 국가들에 의한 외교적 인정과 국제기구에 대표로 참여하는 것이었다.[10] 그리고, 김일성은 '국제적 여론'을 더 많이 불러일으켜 주한미군을 철수시킴으로서, 한반도에서 새 전쟁이 일어나는 것을 막고, 아세아와 세계의 평화를 유지하면서 통일을 자주적으로 그리고, 평화적 방법으로 이룩할 수 있다고 주장하였다.[11] 북한은 국제적 여론 조성을 위해, 비동맹 회의와 유엔에 결의안을 제출하였고, 제3세계 개별국가들과 공동보도 및 콤뮤니케를 발표하였다. 이러한 북한의 통일전선전략 메커니즘을 모형으로 나타내면 다음과 같다.

〈표 1〉 북한의 통일전선전략 메커니즘

전략목표		한반도 공산화를 위한 토대 구축		
세부목표		주한미군 철수	미국과 평화협정 체결	남한의 외교적 고립
		↑	↑	↑
기본전략		제3세계 혁명역량과의 통일전선전략		
전략수단		정당성 확보 수단		국제여론조성 수단
	다자수단	비동맹회의와 유엔 기구 가입		비동맹회의 결의문 채택과 유엔 결의안 제출
	양자수단	제3세계 국가와의 외교관계 수립		제3세계 개별국가의 동의확보

기본전략을 실행하기 위한 전략수단 중 비동맹회의와 유엔 기구 가입, 비동맹회의 결의문 채택과 유엔에 대한 결의안 제출은 다수 국가를 대상으로 한 전략수단에 해당한다. 그리고 제3세계 개별국가와의 외교관계 수립, 제3세계 국가와의 공동보도 및 콤뮤니케 발표를 통한 동의확보는, 개별국가를 대상으로 하는 전략수단이다.

로즈노(James N. Rosenau)가 전이론(pre-theory)에서 제시한 5가지 외교정책 변수 즉, 개인(individual), 역할(role), 정부(government), 사회(societal), 체계(systemic) 변수 중에서 북한의 통일전선전략 실행에 가장 큰 영향을 미친 변수는 체계변수이다. 로즈노의 체계변수는, 외부환경의 비인간적 측면 또는 정책결정자들의 결정에 영향을 미치는 사건들 중 외부에서 발생한 것을 의미한다.[12] 특히, 한반도 분단상황에서 북한의 전략실행에 영향을 미친 체계 변수는 한반도체계변수[13]와 국제체계변수로 구분할 수 있다. 체계변수의 변화에 따른, 북한 전략실행의 변화과정은 다음과 같이 세 가지 시기로 구분된다.

2. 북한의 통일전선전략 실행의 시기구분

북한의 전략실행에 영향을 미친 한반도체계변수와 국제체계변수를 기준으로, 1970년대를 3가지 시기로 구분할 수 있다. 첫 번째 시기는, 한반도에서 남북대화가 진행되고, 국제적으로 비동맹정상회담이 재개되는 한편, 미국과 중국의 데탕트가 이루어지던 시기이다. 이 시기에 북한은, 제3세계 외교에 중요한 분기점인 1966년 자주외교선언 이후부터 1969년까지[14]의 시기와 비교하여, 제3세계 국가와의 관계를 증진시키고 공조를 본격화하였다. 두 번째 시기는 한반도에서 남북대화가 중단되고, 국제적으로 베트남이 공산화되던 시기로서 북한은 이전 시기에 비해 제3세계와 외교관계를 확대하고 공조를 강화했다. 세 번째 시기는 한반도에서 판문점 사건이 발생하고, 국제적으로 제3세계가 분열됨으로써 북한의 외교력이 상당히 떨어지던 시기로서, 북한은 제3세계와의 외교관계를 유지했지만 공조는 약화되었다. 이러한 시기구분을 도표로 살펴보면 다음과 같다.

〈표 2〉 체계변수 변화에 따른 북한의 통일전선전략 실행의 시기구분

구분	기간	체계변수 변화 (한반도체계 / 국제체계)
제3세계 관계증진 및 공조 본격화시기	1970년 ~ 1973년 8월 27일	남북대화 진행 /비동맹회의 재개, 미중 데탕트
제3세계 관계확대 및 공조 강화시기	1973년 8월 28일 ~ 1976년 8월 17일	남북한 대화중단 / 베트남 공산화
제3세계 관계유지 및 공조 약화시기	1976년 8월 18일 ~ 1979년	판문점 사건 / 제3세계 분열

세 시기의 기간을 살펴보면, 제3세계 관계증진 및 공조 본격화시기가 3년 8개월, 제3세계 관계 확대 및 공조 강화시기가 3년 그리고 제3

세계 관계유지 및 공조 약화시기가 3년 4개월로서, 각 시기별로 4개월에서 8개월 정도의 크지 않은 기간 차이가 나타난다. 각 시기별 주요 체계변수와 북한의 전략실행 과정을 다음 장에서 구체적으로 고찰하고자 한다.

III. 북한의 제3세계 및 유엔 외교 전략의 실행 - 3가지 시기를 중심으로

1. 제3세계 관계증진 및 공조 본격화시기(1970년~1973년 8월 27일)

1) 제3세계 관계증진 및 공조 본격화시기의 주요 체계 변수

제3세계 관계증진 및 공조 본격화시기 때, 북한의 전략실행에 영향을 미친 주요 체계변수는 비동맹회의의 재개, 미중 데탕트 그리고, 여기에 영향을 받아 진행된 남북대화이다.

1955년 반둥회의로 시작된 비동맹회의는 1964년 제 2차 정상회담 개최이후 5년간 아무런 회의도 열지 못했다. 그러다가 아시아, 아프리카, 라틴 아메리카 3대륙의 민족해방운동이 본격화되면서 1969년 비동맹운동 재개를 위한 회의가 열렸고, 1970년 제 3차 정상회담이 개최되었다. 이후부터 매 3년마다 정기적으로 비동맹회의 정상회담이 열리면서, 북한의 제3세계 국가와의 공조 토대가 마련되었다.

한편, 1969년 중소국경분쟁은 미국과 중국의 관계개선을 촉발시켰다. 이 국경분쟁을 통해, 중국지도부는 미국과의 협력 필요성을 절감했으며, 미국 또한 소련의 아시아 집단안보체계 구축으로 요약되는 팽창정책을 저지할 필요가 있었다. 이러한 상황에서 닉슨은 1969년 8월 루마니아 차우세스쿠에게 '중국과 미국 사이의 중계역할'을 맡아줄 것을 부탁했고, 차우세스쿠는 총리 마우레를 통해 1969년 9월 7일 주은래에게 이 메시지를 전달했다.[15] 중국은 이러한 미국의 의사를 받아들였고, 1970년 1월 20일 미중회담이 시작되었다.[16] 이후, 1971년 4월 중국당국은 미국의 탁구선수단을 초청했고, 그해 7월 9일부터 11일까지 미국 대통령 안보담당 특별보좌관 키신저가 특사자격으로 비밀리에 북경을 방문하여 주은래와 17시간에 걸친 회담을 벌였다. 이 회담은 양국관계 개선의 분기점이 되었고, 7월 15일에 닉슨의 중국방문이 발표되었다.[17]

이러한 분위기 속에서, 1971년 10월 25일 제 26차 유엔총회에서 미국의 묵인 하에 중국이 대만을 대신하여 모든 합법적 권리를 회복하였다. 이를 통해, 제3세계 국가들의 유엔 내 구심점이 마련되었고, 북한에게 있어 유엔진출을 위한 강력한 교두보가 확보 되었다.[18] 1972년 2월 21일에는 닉슨 대통령이 중국을 방문하여 주권의 상호존중, 상호불가침, 내정불간섭, 평등호혜, 평화공존 등 평화 5원칙이 포함된 '미중 상하이 공동선언'을 발표함으로써 미중 데탕트가 더욱 강화되었다.

이러한 미중 데탕트의 영향으로 남북한은 분단이후 처음으로 남북대화를 시작하였다. 1971년 8월 12일 대한적십자사는 특별성명을 통해 남북이산가족찾기 운동을 제안하였고, 이 제안에 대해 북한이 이틀 만에 동의를 나타냄으로써 남북대화가 본격화 되었다. 남북대화는 적십자회담이라는 인도주의적 대화와 당국자들 간의 정치 대화로 나누어 진행되었다. 적십자회담은 1971년 8월 20일 남북적십자 파견원 접촉을 시작으로, 1973년 7월 13일까지 5차례의 파견원 접촉, 25차례의 예비회담, 7차례의 본회담이 개최되었다. 적십자회담과 함께 남북정치회담이 1971년 11월 20일 남한의 정홍진과 북한의 김덕현 사이에서 시작되었다. 이후 이후락 중앙정보부장이 1972년 5월 2일부터 5월 5일까지 평양을 방문하여 김영주 조직지도부장과 회담을 하였고, 박성철 제 2부수상이 1972년 5월 29일부터 6월 1일까지 서울을 방문하여 회담이 진행되었다. 이러한 과정을 거쳐 1972년 7월 4일, 7.4 남북공동성명이 발표되었다.[19] 그리고, 남북공동성명을 이행하기 위하여 이후락과 김영주를 위원장으로 하는 '남북조절위원회'가 구성되었으며, 1973년 6월 14일까지 모두 3차례에 걸쳐 '남북조절위원회' 본회담이 개최되었다.[20] 남북대화로 형성된 한반도 화해무드는 북한의 제3세계 및 대 서방외교에 매우 긍정적인 영향을 미쳤다.

2) 제3세계 관계증진 및 공조 본격화시기의 정당성 확보 수단 실행

제3세계 관계증진 및 공조 본격화시기에 북한은, 정당성 확보를 위해서, 제3세계 국가들의 적극적인 지원 하에 유엔전문기구에 가입하였으며, 제3세계 국가들 중 17개국과 외교관계를 맺었다.

북한이 최초로 가입한 유엔전문기구는 세계보건기구(WHO)이다. 세계보건기구는 1973년 5월 20일 열린 제 26차 총회에서 북한의 즉시가입결의안을 찬성 66, 반대 41, 기권 22로 통과시켰다.[21] 이 과정에서 북한은 제3세계 국가들의 전폭적인 지지를 받았다. 유엔전문기구 가입으로 유엔 옵저버 자격을 획득한 북한은, 1973년 5월 29일 허담 외교부장 명의의 전문을 유엔사무국에 보내 제네바에 국제기구 상설대표부를, 뉴욕 유엔본부에 유엔 옵저버 대표부를 설치할 것임을 밝혔다. 그리고, 3개월 후인 9월 5일 뉴욕 유엔본부에 대표부를 개설하였다.[22] 이후 뉴욕주재 북한 대표는 유엔총회 참석, 기자회견 진행 등을 통해 북한의 입장을 전 세계에 알리는 역할을 하였다.

제3세계 관계증진 및 공조 본격화시기에 북한이 국교를 수립한, 제3세계 17개 국가의 현황을 표로 정리하면 〈표 3〉과 같다.

〈표 3〉 제3세계 관계증진 및 공조 본격화시기 북한의 제3세계 수교 현황

국가명	국교수립일	한국과의 관계	국가명	국교수립일	한국과의 관계
몰디브	1970.6.14	수교	베닌	1973.2.5	수교
스리랑카	1970.7.15	미수교	세네갈	1972.9.8	수교
파키스탄	1972.11.9	미수교	시에라리온	1971.10.14	수교
이란	1973.4.19	수교	어퍼볼타	1972.10.11	수교
감비아	1973.3.2	수교	자이르	1972.12.15	수교
루안다	1972.4.22	수교	카메룬	1972.3.3	수교
마다가스	1972.11.16	수교	토고	1973.1.13	수교
모리셔스	1973.3.16	수교	말타	1971.12.20	수교
말레이시아	1973.6.30	수교			

* 출처: 북한연구소, 『북한총람』 (서울: 북한연구소, 1983), pp. 433~436.

위의 표에서 보는 바와 같이, 제3세계 관계증진 및 공조 본격화시기에 북한과 국교를 수립한 17개국 가운데, 한국과 수교를 맺고 있는 국가가 모두 15개국이고, 북한과 단독으로 수교한 국가는 스리랑카와 파키스탄 2개국이었다. 1966년부터 1969년 사이에 북한이 제3세계 11개국과 수교한 것과 비교해 볼 때, 상당한 증진이 있었음을 확인할 수 있다.

3) 제3세계 관계증진 및 공조 본격화시기의 국제여론 조성 수단 실행

제3세계 관계증진 및 공조 본격화시기 때, 북한은 제3세계 국가들과 협력하여 주한미군 철수, 평화협정체결, 남한의 국제적 고립과 관련된 내용이 포함된 유엔결의안을 제출하였고, 비동맹회의 외무장관회담 선언을 발표하였으며, 제3세계 개별국가들과 공동보도 및 콤뮤니케를 발표했다.

먼저 비동맹회의의 선언 및 결의에 대하여 살펴보자. 1970년 제 3차 정상회담이 재개되면서, 이후 매 3년(1973년, 1976년, 1979년) 정상회담

이 열렸고, 정상회담 전년도인 1972년, 1975년, 1978년 외무장관회담이 개최되었다. 그리고 1972년 조지타운 외무장관회담에서는 17개국으로 구성된 상설기관인 조정국을 설치하기로 하였고, 이 조정국 외무장관들은 년 1회 회의를 갖도록 하였다.[23] 비동맹회의에서 친북선언 및 결의가 채택되기 시작한 것은 1972년 조지타운 외무장관회담이다. 1972년 8월 진행된 이 회담에서, 한반도문제에 대한 모든 외세의 간섭 중단 및 남한 내 외국군대 철수를 요구하는 선언이 채택되었다.[24]

한편, 북한은 1970년, 1971년, 1972년 매해 알제리와 같은 친북한 제3세계국가들 그리고, 사회주의 국가들과 공조를 유지하면서 유엔총회에 결의안을 제출하였다. 제출안의 세 가지 핵심내용은, 유엔한국통일부흥위원단의 해체, 주한 외국군철수, 주한 유엔사령부 해체였다.[25] 하지만, 남북대화가 진행 중이기 때문에 유엔에서 이 문제를 논의하는 것이 적절하지 않다는, 미국 등 서방국가들의 주장에 밀려, 이 제출 결의안들은 유엔총회의제로 채택되지는 못했다.

북한은 제3세계 국가들과 개별적인 외교접촉을 갖고, 주한미군 철수, 남한의 고립과 관련된 내용이 담긴 공동보도 및 콤뮤니케를 발표하였다. 발표 현황을 표로 정리하면 다음과 같다.

〈표 4〉 제3세계 관계증진 및 공조 본격화시기
제3세계와의공동보도 및 콤뮤니케 발표 현황

국가명	작성일	핵심내용	국가명	작성일	핵심내용
캄보디아	1970.6.30	주한미군 철수 남조선괴뢰도당	수단	1971.5.22	주한미군 철수 박정희괴뢰도당
	1971.8.13				
	1971.12.18			1972.2.17	
	1972.5.6				
시리아	1971.5.27	주한미군 철수 박정희괴뢰도당	이라크	1971.6.3	주한미군 철수 박정희괴뢰도당
	1972.2.23			1971.10.30	

시에라레온	1971.8.3	주한미군 철수	알제리	1971.8.18	주한미군 철수
	1972.3.4				
콜롬비아	1971.9.25	주한미군 철수	베트남	1971.10.29	주한미군 철수
				1973.4.21	
				1973.7.1	
쿠바	1972.2.21	주한미군 철수 박정희괴뢰정권	(북) 예멘	1972.2.21	주한미군 철수 박정희괴뢰도당
				1972.7.23	
소말리아	1972.2.27	주한미군 철수 박정희괴뢰도당	이집트	1972.3.8	주한미군 철수
	1972.5.24				
몽골	1972.3.20	주한미군 철수 박정희괴뢰도당	(남) 예멘	1972.8.4	주한미군 철수
도미니카	1972.10.31	주한미군 철수	콩고	1973.8.8	주한미군 철수

* 출처: 『로동신문』, 1970년 1월 1일~1973년 8월 27일 기사.

위의 표를 통해서 알 수 있듯이, 북한은 이 시기에, 16개국과 총 27회에 걸쳐 공동보도 및 콤뮤니케를 발표하였다. 공동보도 및 콤뮤니케를 발표한 16개국 모두 주한미군 철수에 동의했으며, 절반인 8개국이 남한 정권을 괴뢰도당이라고 표현함으로써 남한 정권의 정당성을 부인하였다.

2. 제3세계 관계확대 및 공조 강화시기(1973년 8월 28일~1976년 8월 17일)

1) 제3세계 관계확대 및 공조 강화시기의 주요 체계 변수

제3세계 관계확대 및 공조 강화시기 때, 북한의 전략실행에 영향을 미친 주요 체계변수는 남북대화 중단과 베트남의 공산화이다.

분단이후 처음으로 지속되던 남북대화는 1973년 8월 28일 김영주 남북조절위원회 위원장의 '이후락 위원장 불인정 성명'발표 이후 사실상 중단되었다. 이 대화 중단에 대하여 박정희 대통령은, 북한측이 남북대화 과정에서 늘 같은 소리만 되풀이하고 대화의 진전에 성의를 보이지 않아 왔기 때문26)이라며 그 책임을 북한에 돌렸다. 이에 대해 김일성은, 남북대화 과정에서 남한 당국자들이 북한이 내놓은 정당한 제안들을 하나도 받아들이지 않았으며, 미국에 의존하여 전쟁준비와 분열책동을 더욱 강화했다27)며 남한을 비난했다. 남북대화가 중단되면서, 제3세계와의 공조를 통한 공세가 보다 강화 되었다.

한편, 1975년 4월 북베트남군은 전면전을 통해 사이공을 함락시킴으로써, 1954년 제네바 평화협상에 의해 성립된 남북베트남이 공산국가인 북베트남에 의해 한 국가로 통일되었다. 이러한 전쟁의 결말은 1973년 1월 북베트남과 미국이 파리 평화협정에 서명하고, 베트남전쟁에 투입되었던 미군을 철수시키기로 합의 했을 때 이미 예견된 것이었다. 파리 협정에 따라 1973년 3월 한국군도 철수했다.28)

무력에 의한 베트남 통일과정을 지켜보면서 전한반도 공산화 통일에 대한 자신감을 얻은 북한지도부는, 남한에 대하여 전쟁도 불사할 정도29)로 전면적인 공세를 취하게 되었다.

2) 제3세계 관계확대 및 공조 강화시기의 정당성 확보 수단 실행

제3세계 관계확대 및 공조 강화시기에 북한은, 정당성 확보를 위해 비동맹회의 가입을 둘러싸고 남한과 경쟁을 벌였고 여기에서 승리하였다. 그리고, 이 시기에 제3세계 국가들 중 25개국과 외교관계를 맺었는데, 이는 북한 역사상 단기간에 가장 많은 국가와 수교한 것이다. 이에 대한 자세한 내용을 다음에서 살펴보고자 한다.

1975년 8월 페루 리마에서 열린 '비동맹회의 외무장관회담'에, 북한과 남한 모두 '비동맹회의' 가입신청서를 제출했다. 비동맹회의에 가입하기 위해서는 5가지 조건을 갖추어야 한다. 첫째, 어떠한 블럭에도 속하지 않은 채 평화공존에 근거한 독자적인 정책을 수행해야 하고, 둘째, 민족해방운동을 지원해야 하며, 셋째, 동서 강대국과 관련된 다자군사동맹에 가입하지 않아야 하고, 넷째, 동서 강대국과 관련된 양자 또는 지역 군사동맹에 가입하지 않아야 한다. 그리고 다섯째, 동서 강대국에게 군사기지를 제공하지 않아야 한다.[30] 비동맹회의는 신규회원국 가입에 관해 만장일치제를 채택하고 있다. 쿠바, 알제리 등 친북한 국가들은 리마 외무장관회담에서, 북한이 소련 및 중국과 군사동맹을 맺고 있다는 것을 숨긴 채, 박수로 만장일치를 유도해 냈다.[31] 이에 반해, 남한의 가입신청은 남한의 '미군기지' 제공과 '미국과의 군사동맹'을 이유로 부결되었다.

한편, 북한은 이 시기에 제3세계국가와의 관계정상화를 확대하기 위해 외교력을 총동원하였다. 그 결과 3년 남짓한 기간에 모두 25개 제3세계 국가들과 국교를 맺었다. 구체적인 사항을 표로 정리하면 다음과 같다.

〈표 5〉 제3세계 관계확대 및 공조 강화시기 북한의 제3세계 수교 현황

국가명	국교수립일	한국과의 관계	국가명	국교수립일	한국과의 관계
네팔	1974.5.15	수교	라이베리아	1973.12.20	수교
라오스	1974.6.24	수교	모잠비크	1975.6.25	미수교
방글라데시	1973.12.9	미수교	보츠와나	1974.11.27	수교
싱가포르	1975.11.8	수교	상토메프	1975.8.9	미수교
아프가니스탄	1973.12.26	미수교	세이셸	1976.8.24	수교
인도	1973.12.10	수교	앙골라	1976.4.15	미수교
리비아	1974.1.29	미수교	이디오피아	1975.6.5	수교
요르단	1974.6.30	수교	키이프	1975.8.16	미수교
튀니지	1975.7.16	수교	케냐	1975.5.12	수교
가봉	1974.1.29	수교	코모르	1975.11.13	미수교
기니비소	1974.3.16	미수교	가이아나	1974.5.18	수교

| 나이지리아 | 1976.5.26 | 미수교 | 자메이카 | 1974.10.9 | 수교 |
| 니제르 | 1974.9.6 | 수교 | | | |

* 출처: 북한연구소, 『북한총람』(서울: 북한연구소, 1983), pp. 433~436.

〈표 5〉에서 보는 바와 같이, 제3세계 관계 확대 및 공조 강화시기에 북한과 국교를 맺은 25개 국가 가운데, 남한과 동시수교를 한 국가는 15개국이고, 북한과 단독으로 수교한 국가가 무려 10개국이었다. 이를 통해, 이 시기에 북한이 남한보다 더 적극적으로 제3세계 국가와 관계 정상화를 추진했음을 확인 할 수 있다.

3) 제3세계 관계확대 및 공조 강화시기의 국제여론 조성 수단 실행

제3세계 관계확대 및 공조 강화시기에 북한은 주한미군 철수, 평화 협정체결, 남한의 국제적 고립을 위한 국제여론을 형성하기 위하여, 제3세계 국가와 공조를 강화하여 두 차례의 비동맹회의 정상회담 결의채택, 유엔결의안의 서방세계와의 합의 처리 및 의결 그리고, 제3세계 개별국가들과의 공동보도 및 콤뮤니케 발표를 하였다.

1973년 9월 알제리에서 열린 제 4차 비동맹회의 정상회담에서 그리고, 1976년 8월 스리랑카 콜롬보에서 열린 제 5차 비동맹회의 정상회담에서 북한이 제기한 안건이 모두 결의되었다. 구체적인 의결 내용을 살펴보면, 먼저 제 4차 비동맹 정상회담에서는, 남한에 주둔하고 있는 모든 외국군대의 철수, 28차 유엔총회에서 한국문제를 심의할 것과 유엔한국통일부흥위원단을 해체 할 것, 남북한의 유엔가입은 남북한의 완전한 통일이 이룩된 다음이거나 남북연방제가 실시된 다음 단일국호에 의하여 이루어져야 한다는 것 등이 정치선언에 포함되었다.[32] 그리고, 제 5차 비동맹 정상회담에서는, 남한으로부터 모든 외국군대가 철거되어야 하고, 정전협정이 평화협정으로 대체되어야 하며, 한반도의 자주적 평화통일에 도움을 주기 위하여 국제기구, 국제회의들에서 회원국들이 공동행동을 취할 것을 결의했다.[33]

북한은 1971년 10월 중국의 유엔진출과 1973년 5월 북한의 유엔전문기구 가입 이후, 제3세계 국가들의 강력한 동조 하에 적극적으로 유엔에 결의안을 제출하였고, 의결을 위하여 노력하였다. 이러한 적극적인 활동의 결과로 1973년 제 28차 유엔총회에서, 북한측 결의안의 일부가 받아들여진 합의안이 유엔총회에서 채택되었다. 이 합의안을 통해 북한이 그동안 주장해 온 유엔한국통일부흥위원단의 해체가 즉시 이루어졌다.[34]

그리고 1974년 제 29차 유엔총회에서 알제리 등 제3세계 국가가 중심이 된 34개국이 북미 평화협정체결, 주한 외국군 철수를 주장하는 결의안을 제출하였다. 비록 이 결의안이 가부동수로 부결되긴 했지만, 역대 가장 많은 48개국의 찬성표를 받는 성과를 얻었다.[35] 1975년 제 30차 유엔총회에서는 역사상 처음으로 북한측 안(3390B)이 남한측 안(3390A)과 함께 총회에서 의결되었다. 북한측 안에 찬성한 54개국 중 제3세계 국가가 44개국일 정도로, 제3세계 국가들의 공조가 절대적이었다.[36] 유엔결의 3390B로 의결된 북한측 안의 중심내용은, 유엔군 사령부를 해체하고, 유엔기치아래 남한에 주둔하고 있는 모든 외국군을 철수시키고, 휴전협정의 실제적 당사자(북한과 미국) 사이에 평화협정을 체결하는 것이다.[37] 국제여론 조성을 위한 다양한 다자수단의 실행과 함께, 북한은 제3세계 국가들과 개별적인 외교접촉을 갖고, 주한미군 철수, 평화협정체결, 남한의 고립과 관련된 내용이 담긴 공동보도 및 콤뮤니케를 발표하였다. 발표현황을 표로 정리하면 〈표 6〉과 같다.

〈표 6〉 제3세계 관계확대 및 공조 강화시기 북한의
제3세계와의 공동보도 및 콤뮤니케 발표 현황

국가명	작성일	핵심내용	국가명	작성일	핵심내용
이집트	1973.9.21	주한미군 철수	감비아	1973.10.30	주한미군 철수
알제리	1974.3.6	주한미군 철수 남한고립필요 평화협정체결	캄보디아	1974.4.10	주한미군 철수 남한고립필요 평화협정체결
	1974.4.18				
	1975.6.3			1975.8.22	
세네갈	1974.5.16	주한미군 철수	우간다	1974.5.20	주한미군 철수
	1974.9.28				
베트남	1974.8.31	주한미군 철수	시리아	1974.10.5	주한미군 철수 남조선괴뢰도당
(북) 예멘	1974.11.25	주한미군 철수 남조선괴뢰도당	자이르	1975.3.8	주한미군 철수
모리타니	1975.6.5	주한미군 철수 박정희괴뢰도당	이라크	1975.7.13	주한미군 철수 박정희괴뢰도당
산토메 프린시페	1975.12.29	주한미군 철수 평화협정체결 남조선반동세력	말리	1976.5.19	주한미군 철수 평화협정체결 남조선괴뢰
파키스탄	1976.5.26	주한미군 철수 평화협정체결	말가슈	1976.6.12	주한미군 철수 평화협정체결 남조선괴뢰정권
베닌	1976.7.16	주한미군 철수 평화협정체결 남조선괴뢰정권			

* 출처: 『로동신문』, 1973년 8월 28일~1976년 8월 17일 기사.

〈표 6〉에서 보는 바와 같이, 제3세계 관계확대 및 공조 강화시기에 북한은 17개국과 총 21회에 걸쳐 공동 보도문 및 콤뮤니케를 발표함으로써 여론을 형성하고자 하였다. 내용 면에서 볼 때, 이전 시기에 나타나지 않았던 북미간 평화협정체결 요구가 7개국 발표문에서 제기되었

고, 2개국과의 발표문에는 남한의 국제적 고립이 직접적으로 언급되었다. 그리고 공동발표문 참가국 중 8개국이 남한정권을 괴뢰정권으로 지칭함으로써 그 정당성을 인정하지 않았다. 이전 시기와 비교해 보았을 때, 발표 국가 및 발표회수는 비슷하지만, 내용이 더 강화되었음을 확인할 수 있다.

3. 제3세계 관계유지 및 공조 약화시기(1976년 8월 18일~1979년)

1) 제3세계 관계유지 및 공조 약화시기의 주요 체계 변수

제3세계 관계유지 및 공조 약화시기에 북한의 전략실행에 영향을 미친 주요 체계변수는 판문점 사건과 제3세계의 분열이다. 이 두 가지 사건으로 인해 북한의 외교력과 제3세계와의 공조가 상당히 약화되었다.

판문점 사건은 1976년 8월 18일 판문점 공동경비구역에서 발생했다. 한국인 노무자 5명과 한미양국 군인들이 미루나무 가지치기 작업을 하던 중 북한군 30여 명으로부터 폭행을 당했다. 이 사건으로 2명의 미군장교가 사망하고, 한국군 통역장교와 한미 양국군 병사 4명이 부상을 입었다.[38] 당시 조선로동당 중앙당 부부장으로서 김정일을 곁에서 지켜보았던 신경완의 증언에 의하면, 1976년 판문점 사건 때, 미군헌병과 한국인 노무자들이 나무를 베려한다는 것이 김정일에게 보고되었고, 김정일의 '조선사람의 본때를 보여주라'는 지시에 따라, 이 사건이 발생했다. 사건이 커지자 김일성에게 보고되었고, 격노한 김일성의 유감표명 지시에 따라 김일성의 유감서한이 유엔군 사령부에 전달되었다.[39] 김일성의 거듭된 대외적 해명과 유감표명[40]에도 불구하고, 북한에 대한 국제적 여론은 더욱 악화되었다. 이 판문점 사건은 북한을 지지하던 제3세계국가와 동맹국들을 당황하게 만들었고, 북한에 대한 비

우호국들의 입장을 강화시켰으며, 실질적 혹은 잠재적인 우호국가들을 떠나가게 만들었다.[41] 한편, 제3세계는 본질적으로 이질적인 정부들의 모임이고, 식민지 시대의 유산인 국경문제와 민족문제 등 서로 대립되는 요인을 내포하고 있기 때문에 분열과 갈등은 불가피한 것이었다.[42] 이러한 분열은 1976년 8월 콜롬보에서 열린 제 5차 비동맹회의 정상회담과 1978년 7월 베오그라드에서 개최된 제 6차 비동맹회의 외무장관 회담에서 분명하게 드러났다. 1976년 8월 콜롬보회담에서 다음의 3가지 내부갈등이 표면화되었다. 첫째, 일부 아시아 국가들, 특히 ASEAN 국가들의 비동맹회의에 대한 반감이 증대되었다. 싱가포르와 말레이시아 등의 국가들이 동아시아 지역의 독립운동에 대한 찬사를 달갑게 여기지 않았으며, '진정한 독립', '신 식민주의'와 같은 용어 사용에 반대했다. 둘째, 쿠바의 아프리카 군사 개입을 둘러싸고 회원국들 간에 갈등이 발생했다. 셋째, 이스라엘 등 서방국가와 우호적인 관계를 맺고자 하는 이집트의 외교적 입장에 대한 논쟁이 가열되었다.[43]

위의 3가지 갈등 중 쿠바 문제가 1978년 7월 베오그라드 회의에서 다시 점화되었다. 쿠바의 아프리카 군사개입을 놓고 반쿠바 진영은, 쿠바가 소련의 앞잡이이기 때문에 비동맹회의에서 축출되어야 한다고 주장하였다. 이를 계기로 비동맹회의는 쿠바의 축출을 지지하는 반공산주의 국가파트, 쿠바의 축출은 반대하지만 소련의 침투는 배격하는 온건파 국가파트 그리고, 쿠바를 지지하는 강경파 국가파트로 분리되었고, 이후 대립은 더욱 첨예화 되었다.[44]

2) 제3세계 관계유지 및 공조 약화시기의 정당성 확보 수단 실행

제3세계 관계유지 및 공조 약화시기 때, 북한은 정당성 확보를 위하여, 3개의 유엔전문기구에 가입하였고, 비동맹회의 조정국가로 선출되었으며, 제3세계 국가들 중 4개국과 외교관계를 맺었다. 이러한 성과를 통해서 볼 때, 이전의 시기에 비해 북한의 제3세계 및 유엔외교가 상당히 위축되었음을 확인할 수 있다.

북한이 이 시기에 가입한 유엔전문기구에는 ICAO(국제민간항공기구, 1977년 9월 가입), FAO(유엔식량농업기구, 1977년 11월 가입) 그리고, UNDP(유엔개발계획, 1979년 6월 가입)가 있다. 북한은 특히, UNDP를 통해 제3세계국가들과의 경제협력을 도모하였고, 이 국제기구로부터 8백 85만 달러의 원조를 받기도 하였다.[45)]

한편, 북한은 1979년 9월 하바나에서 열린 제 6차 비동맹회의 정상회담에서 36개국으로 확대 재편성된 조정국의 위원국가로 선출되었다. 인도, 스리랑카, 요르단 등과 함께 아시아에 배정된 12석 중 한 석을 차지하게 된 것이다.[46)] 이 조정국 제도는 1972년 조지타운 외무장관회담에서 만들어진 것으로, 비동맹회의의 상설기관 역할을 담당한다.

북한은 이 시기에 제3세계 국가들 중 4개국과 국교를 정상화하였는데, 그 현황을 도표로 정리하면 〈표 7〉과 같다.

〈표 7〉 제3세계 관계유지 및 공조 약화시기 북한의 제3세계 수교 현황

국가명	국교수립일	한국과의 관계	국가명	국교수립일	한국과의 관계
가나	1977.11.14	수교	그레나다	1979.5.9	수교
니카라과	1979. 8.21	수교	세인트 루시아	1979.9.13	수교

* 출처: 북한연구소, 『북한총람』(서울: 북한연구소, 1983), pp. 433~436.

〈표 7〉에서 알 수 있는 바와 같이, 제3세계 관계유지 및 공조 약화시기에 북한이 국교를 맺은 국가는 4개국이며, 그 4개국 모두 남한과의 수교 국가였다. 이를 통해, 이 시기에 북한은 제3세계 외교에서 관

계의 확장보다 유지에 더 중점을 두었음을 짐작할 수 있다.

3) 제3세계 관계유지 및 공조 약화시기의 국제여론 조성 수단 실행

제3세계 관계유지 및 공조 약화시기 때, 북한은 주한미군 철수, 평화협정체결, 남한의 국제적 고립에 우호적인 국제여론을 형성하기 위하여, 제3세계와의 공조를 통해 유엔에 결의안을 제출하였고, 비동맹회의 정상회담에서 친북한 결의를 채택하였다. 그리고 제3세계 개별국가들과 공동보도 및 콤뮤니케를 발표하였다. 하지만, 결과적으로 제3세계와의 공조약화로 유엔결의안은 철회되었으며, 공동보도 및 콤뮤니케 발표 횟수가 줄어들었고, 그 내용도 이전에 비해 강도가 떨어졌다. 구체적인 내용을 다음에서 살펴보고자 한다.

판문점 사건이 발생하기 이틀 전인 1976년 8월 16일, 알제리 등 북한에 우호적인 국가 24개국은 유엔총회 제 31차 회의에 결의안을 제출하였다. 결의안의 주요내용은, 남한 내 유엔군 사령부를 해체하고, 외국군대를 철수하며, 정전협정을 평화협정으로 바꾸어야 한다는 것이었다.[47] 결의안이 제출된 직후인 9월 9일, 북한지도부는 국가창건기념 연설을 통해 제 31차 유엔총회에 제출된 결의안이 정당하며, 그에 대한 공동발기 국가의 수가 계속해서 증가하고 있다고 강조하였다.[48] 하지만, 북한은 그 후 2주도 지나지 않은 9월 21일 유엔대표부 성명을 통해 결의안의 철회를 발표하였다. 결의안을 철회하는 이유에 대해서 북한은, 제 30차 총회에서 결의된 내용이 실제로 이행되도록 촉구하기 위해서라고 공식발표하였다.[49] 그러나 이 공식발표는 설득력이 떨어지며, 철회의 가장 결정적인 원인은 판문점 사건으로 촉발된 제3세계와의 공조약화에 있었다.[50]

한편 1979년 9월 하바나에서 개최된 제 6차 비동맹회의 정상회담에

서는, 한반도 문제가 의제로 다루어졌으며, 북한이 제출한 결의안건이
회원국가들의 별다른 반대 없이 통과되었다. 결의안의 주요내용은, 남
한에 있는 모든 외국군대를 철수시키고 유엔군사령부를 해체하며, 정
전협정을 항구적인 평화협정으로 교체할 것을 촉구하는 것이었다.[51]

북한은 이 시기에도 제3세계 개별국가들과 공동보도 및 콤뮤니케를
발표함으로써 여론을 형성하고자 했다. 그 현황을 표로 정리하면 〈표
8〉과 같다.

〈표 8〉 제3세계 관계유지 및 공조 약화시기
북한의 제3세계와의 공동보도 및 콤뮤니케 발표 현황

국가명	작성일	핵심내용	국가명	작성일	핵심내용
탄자니아	1976.12.21	주한미군 철수 평화협정체결	라오스	1977.6.20	주한미군 철수 남조선괴뢰도당
적도기니	1977.9.20	주한미군 철수 제국주의앞잡이	미얀마	1977.9.23	주한미군 철수 평화협정체결
캄보디아	1977.10.8	주한미군 철수 평화협정체결 남조선괴뢰도당	중앙 아프리카	1978.5.3	주한미군 철수
모잠비크	1978.5.21	주한미군 철수 남조선괴뢰정권	콩고	1978.5.29	주한미군 철수 제국주의앞잡이

* 출처: 『로동신문』, 1976년 8월 18일~1979년 12월 31일 기사.

위의 표를 통하여 알 수 있듯이, 이 시기 북한은 모두 8개국과 총 8
회에 걸쳐 공동보도 및 콤뮤니케를 발표하였다. 총 8회 중 평화협정체
결을 주장한 것이 3회이며, 남한정권의 정당성을 인정하지 않은 국가
는 모두 5개 국가였다. 이전 시기와 비교해 볼 때, 발표 국가와 횟수
모두에서 큰 차이가 나타남을 알 수 있다. 특히, 1979년에는 3월 말가
슈와 한 차례 공동보도를 발표하긴 했지만, 자주적 평화통일에 굳은

연대성을 표시하는 정도에 그쳤을 뿐이다.[52]

Ⅳ. 결론

이 글의 목적은 1970년부터 1979년까지 10년 동안 북한이 제3세계와 유엔을 상대로 펼쳤던 외교활동을, 전략메커니즘의 틀을 활용하여 보다 체계적이고 이론적으로 설명하는 데 있다. 북한 조선노동당 부부장인 장용순의 발언을 통해서 알 수 있듯이, 북한은 외교를 총포소리 없는 하나의 전쟁으로 인식하고 있다.[53] 특히, 미국을 중심으로 한 자유진영과 소련을 중심으로 한 공산진영이 첨예하게 대립하던 1970년대 냉전구조 하에서, 북한은 외교활동을, 국가의 안보와 생존이 달려 있는 중요한 '상위정치(high politics)'의 문제로 판단하였으며, 남한과의 체제정당성 경쟁에서 승리하고 궁극적으로 한반도를 공산화하기 위해 외교활동을 전개했다.

1970년대 북한의 대 제3세계 및 유엔 외교 전략을 확인하기 위해서, 북한의 조선노동당 기관지인 『로동신문』과 당시 최고정책결정자였던 김일성의 발언이 기록되어 있는 『김일성 저작선집』과 『김일성 저작집』을 자세히 검토하였다. 이를 통해 북한지도부가 '제3세계 혁명역량과의 통일전선전략을 기본전략으로 설정하고 '한반도 공산화를 위한 토대'를 구축하고자 했음을 알 수 있었다. '한반도 공산화를 위한 토대 구축'이라는 전략목표는 주한미군 철수, 북미평화협정 체결, 남한의 외교적 고립이라는 3가지 세부목표로 구성되어 있었다. 이 전략목표를 달성하기 위하여 두 가지 수단 즉, 정당성 확보수단과 국제여론조성 수단을 조성된 시기에 따라 경중을 조절하며 실행해나갔다. 세 시기는 국제질서 변화에 따라 제3세계 관계증진 및 공조 본격화시기, 관계확대 및 공조 강화시기, 관계유지 및 공조 약화시기로 나타났다.

1990년대 냉전 종식 이후 이념갈등이 쇠퇴하면서 비동맹의 의미가 약화되었음에도 불구하고, 비동맹회의에는 유엔 회원국의 3분의 2에 달하는 141개국이 회원국(120개국) 및 참관국(21국)으로 참여하면서, 개발도상국의 권익과 단합을 추구하고 있다.[54] 특히, 2012년 8월 30일 이란에서 열린 비동맹회의 정상회담에서는 평화적 핵에너지 개발권리 보장, 강대국의 일방적 제재 비난 등 북한에 유리한 내용의 '테헤란 선언'이 채택되었다. 하지만 1970년대와 같이 비동맹회의에서 북한의 주장이 반영된 결의안이 채택되지는 않고 있다.

한편, 유엔에서 5개 강대국을 상임이사국으로 하는 안전보장이사회는 유엔 핵심기구로서 국제사회의 평화와 안정에 일차적 책임을 지고 있다. 1971년 10월 25일 유엔결의 제2758호 채택으로 중국이 유엔 안보리 상임이사국으로 참여한 이후부터 현재까지, 이 구조가 그대로 유지되고 있다. 1991년 9월 17일 제 46차 유엔총회에서 남한과 북한이 유엔에 동시 가입한 이후부터, 체제경쟁에서 승리한 남한이, 유엔과 다양한 국제기구를 통해 북한에 역공을 가하고 있다. 그 대표적인 사례가 바로 북한인권에 대한 공세인데, 이 공세에 제3세계 국가들이 동참하고 있다. 이를 통해, 1970년대 하반기에 형성된 북한의 '제3세계 관계유지 및 협력의 약화'가, 냉전종식 등 체계변수의 변화를 거치면서, 오늘날에는 '제3세계 관계유지 및 협력의 실종'상태로 악화되었음을 알 수 있다.

이러한 시점에 북한 김정은 정권은, 1970년대에 제3세계가 김일성과 김정일의 탁월한 영도에 의해 단결, 강화, 발전될 수 있었다고 주장하고 있다. 그리고 1970년대처럼 북한 김정은의 적극적인 지도하에 제3세계가 다시 단결하여 '온 세계의 자주화, 핵전쟁의 방지, 식민주의 및 인종주의의 청산, 민족해방위업의 완성, 남남협조와 경제적 자립 그리고, 새로운 국제질서의 수립'을 이루어 내야 한다[55])는 새로운 전망과 목표를 제창하고 있다. 그 기원으로 북한은 1970년대 대 제3세계 및 유엔외교를 호명하고 있는 것이다.

[결론]

오늘도 지속되는 1970년대 북한

이창희

　북한의 1970년대는 오늘날 지속되고 있다. 2014년 2월 26일 '조선로 동당 제8차 사상일꾼대회'에서도 1970년대는 여전히 강조되었다. 10년 만에 열린 대회에서 김정은은 "혁명적인 사상공세로 최후 승리를 앞당 겨나가자!"라는 연설을 통해 1970년대를 이렇게 설명하였다.

　　"우리 인민은 이미 위대한 전환의 1970년대에 전인민적인 집단적혁신 운동으로 사회주의건설의 일대 전성기를 열어놓은 귀중한 경험을 가지고 있습니다. 혁명의 북소리, 속도전의 진공나팔소리가 높이 울리던 1970년 대에 우리는 미제의 대규모전쟁연습에 군사적으로 대응하면서도 조국청 사에 일찌기 없었던 거창한 창조와 변혁을 이룩하였습니다. 이 시기에 우리나라는 세계에서 처음으로 세금제도를 폐지하고 전반적11년제의무 교육을 실시하였으며 발전도상나라들과 싸우는 인민들에게 막대한 지원 을 주었습니다. 우리 당은 경제강국, 문명국건설도 바로 1970년대처럼 사회주의위력, 집단주의위력을 발양시켜 본때있게 하자는 것입니다."[1]

　짧은 설명이었지만 북한이 평가하는 1970년대 상황을 종합적으로 개 괄하고 있다. 군사적 대결 속에서도 경제, 교육, 외교, 문화 등에서 전성기를 실현하였다는 것이다. 이는 그가 1970년대를 북한의 역사적 '대전성기'로 보고 있는 근거였다. 2012년 『로동신문』 사설에서 김정은이 "김정일 동지의 령도밑에 온 사회를 김일성주의화하기 위한 투쟁속에서 정치와 군사, 경제와 문화를 비롯한 모든 분야에서 로동당 시대의 대전성기가 펼쳐지게 되었다"[2]고 주장하였다. 이러한 표현은 2006년에 발간된 당(黨)사인 『조선로동당력사』에서 밝힌 "당사업과 당활동의 일대 전성기"[3]라는 표현에서 매우 진전된 것이기도 하다.

현재 북한에서는 1970년대의 시대정신을 따라 배울 것을 호소하고 있다. 위대한 시대에는 위대한 정신이 있다는 것이다. 1970년대의 시대정신에는 '일심단결의 정신', '당정책 결사관철의 정신', '진취적이며 혁신적인 창조정신' 등이 포함된다. 따라서 『로동신문』 등에서 강조되었던 "1970년대의 시대정신이 온 나라에 차넘치게 하자"라는 구호는 대외환경이 어려운 현실에서도 지난날 고난의 행군으로 어려워지고 흐트러진 당·국가체제를 정상화시키고, 그를 통해 경제, 교육, 문화, 외교 등의 시스템을 복원하여 사회주의 건설을 본격적으로 진전시키려는 의지의 표현이라고 볼 수 있다. 그러한 의지를 북한 인민들이 생활 속에서 실질적으로 나은 삶을 경험했던 1970년대에 대한 향수를 통해 실현하려는 것이다. 대표적 사례가 1973년 공표된 '전반적 11년제 의무교육'을 2012년 '전반적 12년제 의무교육으로 부활시킨 것이다.

이렇게 과거를 불러와 오늘의 어려움을 개척하려는 시도는 유교적 사회에서 매우 익숙한 방식이다. 유교의 역사관은 과거의 역사를 오늘의 거울로 삼아서 미래를 개척하는 원동력으로 만들고자 한다. 유교적 전통을 지닌 북한에서도 이와 유사한 미래대처방식이 나타나고 있는 것이다. 북한이 1970년대를 호명하는 것에서 '오래된 미래'를 연상하는 것은 과거의 전통으로 미래를 이끌어가는 동력을 확보하려는 시도로 보았기 때문이다. 본 연구는 북한의 정치, 경제, 사회, 외교 등을 이끌어 가는 시스템의 근간이 1970년대에 형성되었음을 확인하였고, 북한 당국이 그것을 현재에 복원하려고 노력한다는 점에 주목하였다. 1970년대 김정일로의 후계체제를 형성하였던 경험을 가지고 있기 때문에 현재 김정은 중심의 정치체제를 강화하려는 북한으로서는 당연한 시도일 수 있다.

그러나 과거의 영광을 재현하려는 북한의 '1970년대 호명' 방식의 성공은 장담할 수 없다. 이는 본 연구에 참가한 연구자들의 공통된 인식이기도 하다. 자칫하면 유교적 전통은 과거의 위계를 강조하는 경향이 있기 때문에 복잡다단한 오늘날의 현실에 대한 창조적인 대응을 어렵게 한다는 단점을 지닐 수 있다. 과거의 위계 형성 과정에서 일정한 문제점이 있었다면 그것의 복원은 오류의 반복이라는 문제점을 낳는다. 따라서 유교에서는 보편적인 전통의 복원일지라도 그것은 오늘날 시대 상황에 맞게 실사구시의 방향으로 재구성될 필요가 있다. 김정은 정권이 그렇게 할 수 있을까? 이는 북한만이 아니라 한반도와 동아시아의 미래에도 영향을 미칠 중대한 지점이다.

북한이 1970년대의 성과를 불러오면서 가장 중요하게 여기는 것은 '당의 유일적 영도체계'의 재강화이다. 그들의 표현에 따르면 "사상적 순결체, 조직적 전일체, 행동의 통일체"로 승리를 구현하자는 것이다. 이는 북한 당국이 1970년대 조직적인 '당·국가체제'의 형성을 통해 인민생활이 향상되는 등 자신들의 전성기를 실현하였다고 인식하기 때문이다. 하지만 과거의 복원을 통해 현실에서 전성기를 복원시킬 수 있는지를 잘 따져 보아야 한다. 과거의 조직체계가 '속도전' 등으로 무리하게 운영되거나 '후계체제의 강화' 등으로 경직되었기 때문에 인민생활을 질적으로 향상시키지 못해서 현재의 문제가 발생한 것이라면, 이를 대대적으로 개혁해야만 새로운 발전으로 나아갈 수 있다.

따라서 과거 형성된 북한식 당·국가체제의 복구를 통한 정치, 군사,

경제, 사회, 문화, 외교 시스템의 복원이 변화된 오늘 상황에 적합한 것인지 의문이 아닐 수 없다. 시장화의 진전, 정보 유입의 증가, 중국과 비대칭적인 교역 관계 등 북한의 내외 환경은 많이 변화되었다. 이러한 변화에 대해서 기존의 '수령제사회주의 당·국가체제'로의 복귀 시도가 아래로부터, 밖으로부터의 변화 물결과 부딪힐 경우 적지 않은 혼란이 야기될 수 있다. 북한 체제가 1970년대 사회주의 건설의 전통을 오늘의 변화된 현실에 맞게 구현하여 '오래된 미래'를 실현할 수 있을지 관심 있게 지켜보아야 할 것이다.

1부_ 대내정치와 남북관계

[제1장] 북한 후계자 정치와 그 현재적 함의

* 본 논문은 필자의 "Crisis in the Leadership of Kim Jong Un: Focused on the Unitary Leadership System," *Journal of Peace and Unification*, vol .4, no. 1의 내용을 보완 발전시킨 것임.

1) 스즈키 마사유키 저, 유영구 역, 『김정일과 수령제사회주의』(서울: 중앙일보사, 1994), p. 20.

2) 사회주의출판사, "주체사상의 사회력사 원리", 『위대한 주체사상 총서2』(평양: 사회과학출판사, 1985), p. 219.

3) 김유민, 『후계자론』(서울: 신문화사, 1984), pp. 54~55.

4) En-lai Chou, "Report to the Tenth National Congress of the Communist Party of China," *The Tenth National Congress of the Communist Party of China: Documents* (Peking: Foreign Language Press, 1973), pp. 3-37.

5) 김유민, 『후계자론』, p. 56.

6) 위의 책, p. 61.

7) 정창현, 『곁에서 본 김정일』(서울: 토지, 1999), pp. 104~105.

8) 위의 책, p. 105.

9) 위의 책, p. 106.

10) 이승열, 『김정일의 선택』(서울: 시대정신, 2009), pp. 54~55.

11) 김재천, 『후계자문제의 이론과 실천』(1989), p. 75.

12) 위의 책, p. 78.

13) 위의 책, p. 78.

14) 이찬행, 『김정일』(서울, 백산서당, 2001), p. 347.

15) 김정일, "주체사상에 제기되는 몇 가지 문제에 관하여(1986년 7월 15일)," 『김정일 선집 8』(평양: 조선로동당출판사, 1998), p. 447.

16) 김재천, 『후계자문제의 이론과 실천』, p. 50.

17) 김유민, 『후계자론』, p. 86.

18) 김재천,『후계자문제의 이론과 실천』, p. 78.

19) 김정일, "온 사회를 김일성주의화 하기 위한 당사상사업의 당면한 몇 가지 과업에 대하여(1974.2.19),"『김정일선집 4』(평양: 조선로동당출판사, 1994), pp. 8~9.

20) 김정일, "당사업에 제기되는 몇 가지 기본적인 문제에 대하여(1974.2.25),"『주체혁명위업의 완성을 위하여 3』(평양: 조선로동당출판사, 1987), p. 88.

21) 김정일, "전당과 온 사회에 유일사상체계를 더욱 튼튼히 세우자(1974.4.14),"『주체혁명위업의 완성을 위하여 3』(평양: 조선로동당출판사, 1987), pp. 101~110.

22) 위의 글, pp. 101~124.

23)『조선중앙방송』, 2009년 10월 9일자.

24) 이춘희, "김정일 사망보도,"『조선중앙방송』. 2011년 12월 19일.

25) 박성국, "김정은, '軍기강해이' 최룡해 아닌 현영철 강등?『연합뉴스』, 2012년 10월 11일.

26) 김상협, "강등 · 승진 '롤러코스터'… 김정은, 제멋대로 '軍 심복 만들기'," "『문화일보』, 2012년 11월 29일.

[제2장] '혁명적 수령관'의 형성과 제도화

1) 편집위원회, "김일성동지의 주체사상은 혁명과 건설의 위대한 맑스-레닌주의적 지도사상,"『근로자』, 1호 (평양: 근로자사, 1970), p. 29.

2) 김광용, "북한 '수령제' 정치체제의 구조와 특성에 관한 연구," 한양대학교 정치외교학과 박사학위논문 (1995), p. 6.

3) 북한 특수성론에 대한 종합적 정리는 박형중, "제1장 북한정치연구," 북한연구학회 편,『분단 반세기 북한 연구사』(서울: 한울아카데미, 1999), pp. 29~75. 이 외에도 B. 커밍스(Bruce Cumings)의 사회주의적 조합주의론, G 맥코맥(Gavan McCormack)의 신전체주의론 등이 논의 되었다. 이에 대한 분석은 이종석,『새로 쓴 현대북한의 이해』(서울: 역사비평사, 2000), pp. 113~118 참조.

4) 와다 하루키, "유격대 국가 북한의 성립과 전개,"『극동문제』12월호 (1993). 이 글은 후에 와다 하루키 저, 서동만 · 남기정 역,『북조선-유격대 국가에서 정규군 국가로』(서울: 돌베개, 2002), pp. 112~131와 와다 하루키 저 · 남기정 역,『북한현대사』(서울: 창비, 2014), pp. 109~178에도 수록되었다. 본 글에서의 인용은 2014년 저서를 기준으로 하였음.

5) 서동만,『북조선 사회주의체제 성립사 1945~1961』(서울: 선인, 2005). 이 책은 그의 1994년 동경대학교 박사학위논문을 수정 보완하여 출간한 것이다.

6) 스즈키 마사유키 저 · 유영구 역,『김정일과 수령제 사회주의』(서울: 중앙일보

사, 1994), p. 268.

7) 위의 책, p. 180.

8) 이종석,『조선로동당연구-지도사상과 구조 변화를 중심으로』(서울: 역사비평사, 1995), pp. 349~350.

9) 박형중, "제1장 북한정치연구," p. 70.

10) 김정은,『신년사(2013년 1월 1일)』(평양: 조선로동당출판사, 2013), p. 15. 북한은『로동신문』2014년 1월 15일자에서 70년대 당사업 방식인 화선식(전투가 진행되고 있는 경계선) 사업 방식의 특징을 "1970년대 당사업은 결사전에로 나아가는 용사들의 심장을 뜨겁게 달구듯이 빈구호나 군더더기가 없이 산현실 속에서 실감 있게 진행된 항일유격대식, 당의 유일적 영도체계를 철저히 세우며 당의 노선과 정책을 한 치의 드팀도 없이 결사관철하는 투쟁기풍, 모든 일군들이 들끓는 현실에 내려가 대중을 발동하여 제기되는 문제들을 풀어나가는 혁명적인 일뽄새가 높이 발휘된 것"이라고 설명하고 있다.

11) 정영철, "1970년대 대중운동과 북한사회: 돌파형 대중운동에서 일상형 대중운동으로,"『현대북한연구』, 제6권 1호 (2003), p. 121.

12) 조선로동당출판사,『위대한 김일성동지 혁명력사』(평양: 조선로동당출판사, 1992), pp. 527~530.

13) 함택영, "경제 · 국방건설 병진노선의 문제점,"『북한 사회주의 건설의 정치 · 경제』(서울: 경남대학교 극동문제연구소, 1993), p. 137.

14) 위의 책, p. 138.

15) 고정웅 · 리준항,『조선로동당의 반수정주의투쟁경험』(평양: 사화과학출판사, 1995), p. 17.

16) 위의 책, pp. 18~19.

17) 위의 책, p. 98.

18) 김일성, "당 조직사업과 사상사업을 개선 강화할데 대하여"(발췌, 1962.3.8),『우리 혁명에서의 주체에 대하여』(일본: 구월서방 번각발행, 1975), p. 188.

19) 고정웅 · 리준항,『조선로동당의 반수정주의투쟁경험』, p. 98.

20) 위의 책, pp. 98~99.

21) "우리가 양풍을 반대하는 것은 미국풍을 반대하자는 것이지 서양의 것을 다 반대하자는 것은 아닙니다. 수정주의와 양풍은 사촌사이라고 말할 수 있습니다. 수정주의가 들어오면 양풍이 들어오고 양풍이 들어오면 수정주의가 들어옵니다……구체적으로 어떤 것이 양풍입니까? 음악으로 말하면 쟈즈음악, 춤으로 말하면 만보춤(벌거벗고 추는 춤), 이런 것이 양풍입니다." 김일성, "당 조직사업과 사상사업을 개선 강화할데 대하여(발췌, 1962년 3월 8일),"『우리 혁명에서의 주체에 대하여』, pp. 191~192.

22) 함택영, "경제·국방건설 병진노선의 문제점," p. 138.

23) 이태섭, 『김일성리더십연구』 (서울: 들녘, 2001), p. 302.

24) 와다 하루키 저·남기정 역, 『북한현대사』, p. 154.

25) 김일성, "조선민주주의인민공화국에서의 사회주의건설과 남조선혁명에 대하여(발췌, 1965년 4월 14일)," 『우리 혁명에서의 주체에 대하여』 (일본: 구월서방 번각발행, 1975), pp. 343~345.

26) 김일성은 "만일 우리에게 어느 편인가 하고 묻는다면 우리는 맑스-레닌주의의 편이며 혁명의 편이라고 대답할 것입니다" 하며 중·소의 갈등 속에서 중립을 지킬 것을 주장하였다. 김일성, "현 정세와 우리 당의 과업(발췌, 1966.10.5)," 『우리 혁명에서의 주체에 대하여』 (일본: 구월서방 번각발행, 1975), p. 428.

27) 위의 책, p. 435.

28) 이태섭, 『김일성리더십연구』, pp. 424~425.

29) 김일성, "당사업을 개선하며 당대표자결정을 관철할데 대하여(1967년 3월 14일~27일)," 『김일성전집 38』 (평양: 조선로동당출판사, 2001), p. 255.

30) 위의 책, pp. 255~256.

31) 이태섭, 『김일성리더십연구』, pp. 426~427.

32) 함택영, "경제·국방건설 병진노선의 문제점," 『북한 사회주의 건설의 정치·경제』, pp. 143~144.

33) 조선로동당 중앙위원회 당력사연구소, 『조선로동당력사(2006년판)』 (평양: 로동당출판사, 2006), p. 347.

34) 위와 같음. 이 회의에서 김정일은 당비서국 조직지도부 중앙지도과 중앙지도 담당 책임지도원 자격으로 숙청대상자의 행태를 은밀히 조사하여 김일성에게 보고하였다고 한다. 이승현, "1960년대 북한의 권력구조 재편과 유일사상의 대두," 경남대학교 북한대학원 편, 『북한현대사 1』 (서울: 도서출판 한울, 2004), pp. 362~363.

35) 조선로동당 중앙위원회 당력사연구소, 『조선로동당략사(1979년판)』 (평양: 로동당출판사, 1979), p. 599.

36) 이종석, 『조선로동당연구-지도사상과 구조 변화를 중심으로』, p. 305.

37) 이승현, "1960년대 북한의 권력구조 재편과 유일사상의 대두," 경남대학교 북한대학원 편, 『북한현대사1』, p. 345.

38) 조선로동당 중앙위원회 당력사연구소, 『조선로동당략사(1979년판)』, p. 599.

39) 고정웅·리준항, 『조선로동당의 반수정주의투쟁경험』, p. 77.

40) 김정일, "반당반혁명분자들의 사상여독을 뿌리빼고 당의 유일사상체계를 세울데 대하여(1967년 6월 15일)," 『김정일선집(증보판)』 1 (평양: 조선로동당출판사, 2009), p. 309.

41) 한편 이들의 숙청에 김정일도 일정한 역할을 수행하였다. 김정일은 당 조직지
도부에서 갑산파 숙청과 유일사상체계 확립에 깊숙이 관여하였다. 정창현,
『곁에서 본 김정일(개정증보판)』(서울: 김영사, 2000), pp. 99~100; 조선로동당
중앙위원회 당력사연구소, 『조선로동당력사(2006년판)』, p. 347.

42) 이에 대해서는 이태섭, 『김일성리더십연구』, pp. 423~436 참조.

43) 와다 하루키 저 · 남기정 역, 『북한현대사』, p. 163. 와다는 『로동신문』 1967년
7월 4일자 "조선로동당 중앙위원회 전원회의에 관한 보도"를 토대로 1967년 6
월 28일부터 개최된 제16차 전원회의에서 유일사상체계확립 문제가 결론지어
졌다고 보고 있다. 한편 황장엽은 1967년 5월 25일 김일성이 당사상사업부문
간부들앞에서 한 연설인 "자본주의로부터 사회주의에로의 과도기와 프로레타
리아독재 문제에 대하여"(일명 5.25 교시)를 발표한 이후 북한 사회가 극좌적
으로 변해가는 전환점이 되었다고 회고하고 있다. 황장엽, 『나는 역사의 진리
를 보았다』(서울: 한울, 1998), p. 148.

44) 김정일, "반당반혁명분자들의 사상여독을 뿌리빼고 당의 유일사상체계를 세울
데 대하여(1967년 6월 15일)," 『김정일선집(증보판)』, pp. 313~314.

45) 조선로동당 중앙위원회 당력사연구소, 『조선로동당력사』, pp. 350~351.

46) 김정일, "반당반혁명분자들의 사상여독을 뿌리빼고 당의 유일사상체계를 세울
데 대하여," p. 313.

47) 편집위원회, "김일성동지에 의해 창건되고 령도된 우리 당은 필승불패의 대오
로 성장하였다," 『근로자』, 10호 (1967), p. 8.

48) 정영철, 『김정일 리더십연구』(서울: 선인, 2005), p. 80.

49) 엄기현, "항일유격대원들의 수령에 대한 무한한 충직성," 『근로자』 7호, (1967),
p. 9.

50) 이종석, 조선로동당연구-지도사상과 구조 변화를 중심으로』, p. 151.

51) 김일성, "국가활동의 모든 분야에서 자주, 자립, 자위의 혁명정신을 더욱 철저
히 구현하자(1967년 12월 16일)," 『김일성전집 39』(평양: 조선로동당출판사,
2001), p. 395.

52) 정성장, "주체사상의 형성 · 변화와 논리체계," 북한연구학회 편, 『북한의 정치
2』(서울: 경인문화사, 2006), p. 27.

53) 정영철, 『김정일 리더십연구』, pp. 81~82.

54) 국토통일원 조사연구실 편, 『조선로동당대회자료집』 3 (서울: 1988), pp.
20~36.

55) 위의 책, pp. 37~57.

56) 이승열, 『김정일의 선택』(서울: 시대정신, 2009), p. 41.

57) 재일조선인총엽합회 편, 『조선로동당규약해설』(동경: 학우서방, 1960), p. 3.

58) 스즈키 마사유키 저·유영구 역,『김정일과 수령제 사회주의』, pp. 82~83.

59) 조선로동당 중앙위원회 당력사연구소,『조선로동당력사』(2006년판), p. 366에 서는 "당이 이룩한 성과와 경험, 당앞에 나선 새로운 혁명임무에 맞게 당규약 을 일부 수정 보충하였다. 당규약은 김일성동지의 혁명사상, 주체사상이 우리 당의 지도사상이라는 것을 명백히 규정하고 전당에서 유일사상체계를 튼튼히 세우며 당원들의 당조직생활을 강화하고 당조직들의 전투력을 더욱 높일 수 있게 개정되었다"고 밝히고 있다.

60) 국토통일원 조사연구실 편,『조선로동당자료집』3, p. 246.

61) 스즈키 마사유키 저·유영구 역,『김정일과 수령제 사회주의』, p. 84.

62) 국토통일원 조사연구실 편,『조선로동당자료집』3, p. 342.

63) "김일성동지는 우리 당과 4천만 조선인민의 위대한 수령이시며 국제공산주의 운동과 로동운동 및 세계혁명승리에 크게 기여하고 계시는 탁월한 맑스-레닌 주의자이시다,"『로동신문』, 1969년 4월 29일자 2면.

64) 김정일, "당간부양성사업을 개선하기 위한 몇 가지 과업(1981.6.12),"『김정일 선집9(증보판)』(평양: 조선로동당출판사, 2011), p. 334.

65)『조선대백과사전24』(평양: 백과사전출판사, 2001), p. 204.

66) 이종석,『조선로동당연구』, p. 102.

67)『광명백과사전3(정치, 법)』(평양: 백과사전출판사, 2009), p. 223.

68) 정우곤, "'수령제'의 형성과 대외관계," 고황정치학회,『고황정치학회보』1권 (1997), p. 152.

69) 최남혁, "공화국헌법의 발전과 그 특징,"『김일성종합대학학보-력사 법학』, 제 48권 4호 (2002), p. 51.

70) '조선민주주의인민공화국 사회주의헌법'으로 불리는 사회주의헌법은 1972년 조선로동당 중앙위원회 제5기 5차 회의(1972년 10월 23일)와 6차 회의(1972년 12월 22일), 조국통일민주주의전선 중앙위원회 제57차 회의(1972년 12월 15일) 에서 초안 토의를 마친 뒤, 같은 해 12월 25일에 새로 구성된 최고인민회의 제5기 1차 회의에서 만장일치로 통과되었다. 백성일, "사회주의헌법은 수령의 헌법,"『김일성종합대학학보-력사 법학』제49권 3호 (2003), p. 38; 사회주의헌 법에 대해서는『근로자』, 1호 (1973), pp. 29~41. 참조.

71) 장명봉, "북한의 사회주의 헌법," 전인영 편,『북한의 정치』(서울: 을유문화사, 1990), p. 178.

72) 첫 번째 헌법 개정은 1954년에 있었다. 1954년 4월 23일 최고인민회의 제1기 7차 회의에서 헌법 제 37조 8항을 고쳐 행정구역에서 면을 폐지하고 읍과 로 동자구를 신설했다. 제2차 개정은 이로부터 6개월 후인 1954년 10월 30일 최 고인민회의 제1기 8차 회의에서였다. 이 때 지방주권기관인 각급 인민위원회 가 의결기관인 '인민회의'와 집행기관인 '인민위원회'로 분리됐으며 제5장과

관련된 전 조항을 개정하여 지방에 대한 중앙의 지도를 강화했다. 이 밖에 제 36조의 최고인민회의 대의원의 임기를 3년에서 4년으로 연장했다. 제 3차 개정은 1955년 3월 11일에 있었다. 이 날 최고인민회의 제1기 9차 회의에서는 제 2차 헌법 개정에 따른 각급 지방 주권가관의 권한의 일부를 변경하고 최고인민회의 상임위원회 및 내각의 구성 조항과 권한에 대한 개정이 이루어졌다. '리인민위원회'를 '리인민회의'로 개정하고 최고인민회의 상임위원회의 구성원 수를 '부위원장 2명, 위원 17명'에서 '부위원장 약간 명, 위원들'로 바꾸었다. 최고인민회의 상임위원회의 권한도 '외국과의 조약 비준'을 '외국과의 조약 비준 및 폐기'로 고쳤고 내각의 '결정 지시 공포'를 '결정 명령 공포'로 개정했다. 1956년 11월 7일 최고인민회의 제1기 12차 회의에서는 제12조의 선거권과 피선거권의 연령을 만 20세에서 만 18세로 낮추는 4차 개정이 있었다. 이는 선거권뿐만 아니라 피선거권까지 동시에 18세로 하향 조정했다는 점에서 참정권 확대라는 특징이 있다. 1962년 10월 18일 최고인민회의 제3기 1차 회의에서 이루어진 제5차 개정에서는 제35조의 최고인민회의 대의원 선거 기준을 '인구 5만에 1명'의 비율에서 '인구 3만에 1명'으로 변경했고 그밖에 내각 채택 결정의 '수상 서명 공포' 조항도 '수상 부수상 관계상 서명 공포'로 개정되었다. 백성일, "우리 나라 인민민주주의헌법의 강화발전," 『김일성종합대학학보–력사, 법학』, 제50권 3호 (2004), pp. 49~53.

73) 김일성, "우리나라 사회주의제도를 더욱 강화하자(1972.12.25)," 『근로자』, 1호 (1973), pp. 2~3.

74) 최성, "1970년대 북한 사회주의의 건설," 『한국사21』 (서울: 한길사, 1995), p. 259.

75) 김갑식, "북한의 헌법상 국가기관체계 변화," 『북한연구학회보』, 제6권 제2호 (2002), p. 72.

76) 편집위원회, 『새 사회주의헌법은 불멸의 주체사상을 구현하고 있는 가장 선진적인 헌법," 『근로자』, 제1호 (1970), p. 62.

77) 홍극표 · 박원필, 『사회주의국가기구에 관한 위대한 수령 김일성동지의 리론』 (평양: 사회과학출판사, 1976), p. 116.

78) 김갑식, "북한의 헌법상 국가기관체계 변화," p. 72.

79) 사회과학원 법학연구소, 『주체의 사회주의헌법리론』 (평양: 사회과학출판사, 1977), p. 126.

80) 서대숙은 북한의 주석제에 대하여 "당에서 국가로 중점이 이전된 것"이라고 평가하고 있다. 서대숙 저 · 서주석 역, 『북한의 지도자 김일성』 (서울: 청계연구소, 1989), p. 237.

81) 편집위원회, "새 사회주의헌법은 불멸의 주체사상을 구현하고 있는 가장 선진적인 헌법," p. 62.

82) 서대숙, 『현대북한의 지도자-김일성과 김정일』 (서울: 을유문화사, 2000), p.

221.

83) 김갑식, "북한의 헌법상 국가기관체계 변화," p. 73.

84) 서대숙, "당·정관계의 변화," 전인영 편, 『북한의 정치』 (서울: 을유문화사, 1990), p. 275.

85) 황장엽의 증언에 따르면 '유일사상체계 확립을 위한 10대 원칙'은 김일성의 동생인 김영주가 작성하였다고 한다(황장엽, 『나는 역사의 진리를 보았다』, p. 173, 『정치사전』 (평양: 사회과학출판사, 1973). pp. 266~267에 7개항의 내용이 실려 있음). 한편 신경완은 1967년 8월에 제4기 16차 전원회의에서 '유일사상체계 확립을 위한 10대 원칙'이 토의·채택했다고 하였다(정창현, 『곁에서 본 김정일』, p. 133). 그러나 『정치사전』, pp. 830~831의 '제4기 16차 전원회의' 항목을 살펴보면 제4기 16차 전원회의는 1967년 6월 28일부터 7월 3일까지 평양에서 개최되었으며, '유일사상체계확립을 위한 10대 원칙'은 회의 내용에 들어 있지 않다.

86) 정창현, 『곁에서 본 김정일』, pp. 133~135.

87) 『김정일 주체혁명위업의 완성을 위하여 3』 (평양: 조선로동당출판사), 1987에 그 내용이 실려 있음.

88) 현성일, 『북한의 국가전략과 파워엘리트』 (서울: 선인, 2007), p. 115. 보다 자세한 내용은 현성일, "북한노동당의 조직구조와 사회통제체계에 관한 연구," 한국외국어대학교 외교안보학과 석사학위논문 (1999) 참조.

89) 정창현, 『곁에서 본 김정일』, p. 136.

90) "조선로동당 중앙위원회 정치국 확대회의에 관한 보도," 『로동신문』, 2013년 12월 9일자 1면.

91) "천만군민의 치솟는 분노의 폭발. 만고역적 단호히 처단," 『로동신문』, 2013년 12월 13일자 2면.

92) 장성택은 김정일 국방위원장의 매제이자, 김정은의 고모부였다. 장성택은 김정일 생존 시에 2009년 국방위원회 국방위원, 2010년 6월 당 행정부장 및 국방위원회 부위원장, 당 정치국 후보위원, 당중앙군사위원회 위원, 2011년 인민군 대장 등을 역임했다. 그리고 김정일 사후에는 김정일 훈장을 수훈하고, 인민군 대장과 당정치국 위원에 선출되었기에 북한의 막후 실력자로 인식되었다.

93) 『민족21』 2013년 12월호 (서울: ㈜민족이십일, 2003), p. 69.

94) "北 '유일사상 10대 원칙' 첫 개정…세습 정당성 강조(종합)," 『연합뉴스』(온라인), 2013년 8월 12일; 〈http://www.yonhapnews.co.kr/northkorea/2013/08/12/1801000000AKR20130812087351014.HTML〉 이하의 개정 내용은 위 기사의 요약임.

95) 김정은은 "오늘 우리 혁명 위업은 위대한 김일성동지와 김정일동지를 영원한 수령으로 높이 모시고 온 사회의 김일성-김정일주의화를 전면적으로 실현해

나가는 새로운 력사적 단계에 들어섰습니다"라고 하여 김일성과 김정일을 모두 '영원한 수령'으로 규정하였다. 김정은,『우리의 사회과학은 온 사회의 김일성-김정일주의화위업수행에 적극 이바지하여야한다(2012년 12월 1일)』(평양: 조선로동당출판사, 2012), p. 5.

96) "천군만민의 치솟는 분노의 폭발, 만고역적 단호히 쳐단,"『로동신문』, 2013년 12월 13일자 2면.

[제3장] 김정일의 영군체계 확립 과정

1) 이는 1982년 11월에 평양에서 열린 "인민군 포병대회"와 관련한『로동신문』의 글에서 당중앙 군사위원회라는 문구의 출현으로 확인되었다.『로동신문』, 1982년 11월 14일.

2) 조선중앙통신사,『조선중앙년감 1991』(평양: 조선중앙통신사, 1992), p. 431.

3) 위의 글.

4) 강우철, "군사지도사상과 영군체계를 중심으로; 중국과 북한의 군사사상," 명지대학교 박사학위논문, 2012; 강신창, "북한군의 통수, 방위결정체제의 변화와 특징: 포스트 김일성, 김정일,"『북한연구학회보』, 2권 2호 (1998), pp. 90~124.

5) 국방대학교,『안보관계용어집』, p. 83.

6) 이선호,『국방행정론』(서울: 고려원, 1975), p. 181 재구성.

7) 우리나라는 헌법 74조에 대통령의 군통수권을 포괄적으로 명기하고 있다. 제74조 ① 대통령은 헌법과 법률이 정하는 바에 의하여 국군을 통수한다. ② 국군의 조직과 편성은 법률로 정한다.

8) 김동엽, "선군시대 북한의 군사지도·지휘체계: 당·국가·군 관계를 중심으로," 북한대학원 대학교 박사학위논문 (2013), p. 40.

9) 이대근,『북한군부는 왜 쿠데타를 하지 않나: 김정일 시대 선군정치와 군부의 정치적 역할』(서울: 한울아카데미, 2003). p. 139.

10) 김일성, "청년들은 대를 이어 혁명을 계속하여야 합니다(조선사회주의로동청년동맹 제6차대회에서 한 연설, 1971년 6월 24일),"『김일성저작집』, 제26권 (평양: 조선로동당 출판사, 1984년), p. 204.

11) "모든 청년들을 우리 혁명의 참된 계승자로 튼튼히 키우자,"『근로자』, 7호 (1971), p. 17.

12) 조선로동당출판사,『조선로동당력사』(평양: 조선로동당출판사, 1991), pp. 477~478.

13) 김정일, "당 사업을 근본적으로 개선 강화하여 온 사회의 김일성주의화를 힘

있게 다그치자(전국당조직일군강습회에서 한 연설, 1974년 8월 2일)," 『주체혁명위업의 완성을 위하여』, 제3권 (평양: 조선로동당출판사, 1991), pp. 170~171.

14) 강현수, "우리 당은 수령님의 위대한 주체사상을 실현하기 위하여 투쟁하는 당이다," 『근로자』, 4호 (1975), p. 37.

15) 정영철, "김정일체제 형성의 사회정치적 기원: 1967-1982," 서울대학교 박사학위 논문 (2001).

16) 김정일, "당 사업에서 낡은 틀을 마스고 새로운 전환을 일으킬데 대하여(조선로동당 중앙위원회 조직지도부, 선전선동부 일군들앞에서 한 연설, 1974년 2월 28일)," 『주체혁명위업의 완성을 위하여』, 제3권 (평양: 조선로동당출판사, 1991), p. 61.

17) 정창현, 『곁에서 본 김정일』 (서울: 토지, 1999), p. 159.

18) 위의 책.

19) 조선로동당출판사, 『위대한 수령 김일성동지의 불멸의 혁명업적 20: 혁명위업 계승문제의 빛나는 해결』 (평양: 조선로동당출판사, 2000), p. 215.

20) 정성장, 『현대 북한의 정치: 역사·이념·체계』 (파주: 한울, 2011), p. 106.

21) 조선로동당 당력사연구소, 『우리당의 선군정치』 제20권 (평양: 조선로동당 출판사, 2006), pp. 70~71.

22) 김정일, "인민군대 당조직과 정치기관들의 역할을 높일데 대하여(조선로동당 중앙위원회 조직지도부 및 조선인민군 총정치국 일군들과 한 담화, 1969년 1월 19일)," 『김정일선집3』 (평양: 조선로동당 출판사, 2010), pp. 49~50.

23) 위의 책, p. 49.

24) 김정일, "인민군대는 우리당의 위업을 실현해 나가는데서 앞장서야 한다(인민무력부책임들과 한 담화, 1974년 2월 18일)," 『김정일 선집6』 (평양: 조선로동당출판사, 2010), pp. 435~437.

25) 위의 책, pp. 49~51.

26) 김정일, "인민군신문은 전군을 당 제5차대회의결정관철에로 힘있게 불러일으켜야 한다(조선인민군 총정치국 책임일군과 한 담화, 1970년 11월 24일)," 『김정일 선집3』 (평양: 조선로동당출판사, 2010), pp. 411~417.

27) 김정일, "부대정치위원의 임무(조선인민군 군부대 정치위원과 한 담화, 1972년 10월 17일)," 『김정일선집3』 (평양: 조선로동당출판사, 2010), pp. 435~437.

28) 김정일, "전군에 당의 유일적지도체제를 철저히 세울데 대하여(조선인민군 총정치국 책임일군과 한 담화, 1974년 1월 12일)," 『김정일선집6』 (평양: 조선로동당출판사, 2010), pp. 2~6.

29) 김정일, "인민군대는 우리당의 위업을 실현해 나가는데서 앞장서야 한다(인민무력부책임들과 한 담화, 1974년 2월 18일)," 『김정일선집』 (평양: 조선로동당

출판사, 2010), pp. 435~437.

30) 김정일, "인민군지휘성원들은 참다운 김일성주의정수분자가 되어야 한다(인민무력부책임들과 한 담화, 1974년 4월 10일),"『김정일선집6』(평양: 조선로동당출판사, 2010), p. 164.

31) 정동익, "청산리 방법대로 군중속에 깊이 들어가 살며 일하자,"『근로자』, 3호 (1976), p. 29.

32) 김정일, "위대한 수령님을 위하여 한목숨 바쳐싸우자(조서로동당 중앙위원회, 조선인민군 총정치국 일군들과 한 담화, 1976년 1월 1일),"『김정일 선집』제7권 (평양: 조선로동당출판사, 2010), p. 77.

33) 김정일, "항일유격대식정치사업방법을 철저히 구현할데 대하여(조선인민군총정치국장과 한 담화, 1977년 1월 9일),"『김정일선집7』(평양: 조선로동당출판사, 2010), p. 15.

34) 김정일, "현 시기 인민군대 당정치사업에서 나서는 몇 가지 문제(조선인민군총정치 책임일군과 한 담화, 1977년 8월 29일),"『김정일선집8』(평양: 조선로동당출판사, 2010), p. 128.

35) 김정일, "당의 의도대로 선전선동체계를 잘 운영할데 대하여(조선인민군총정치국선전부장과 한 담화, 1977년 9월 25일),"『김정일선집8』(평양: 조선로동당출판사, 2010), p. 133.

36) 김정일, "인민군대안의 선전선동사업을 개선강화할데 대하여(조선인민군 군단, 사, 단 정치부장 및 선전선동부장회의 및 강습참가자들에게 보낸 서한, 1979년 2월 14일),"『김정일선집8』(평양: 조선로동당출판사, 2010), p. 448.

37) 김정일, "인민군대에서 리수복영웅을 따라배우기 위한 사업을 힘있게 벌릴데 대하여(조선인민군총정치국장과 한 담화, 1976년 10월 2일),"『김정일선집7』(평양: 조선로동당출판사, 2010), pp. 483~484.

38) 김정일, "인민군지휘성원들속에서 오중흡동지를 따라배우기 위한 사업을 힘있게 벌릴데 대하여(조선인민군총정치국 일군과 한 담화, 1979년 12월 17일),"『김정일선집9』(평양: 조선로동당출판사, 2010), pp. 82~83.

39) 김정일, "전군을 김일성주의화하자(조선인민군총정치국 책임일군과 한 담화, 1975년 1월 1일),"『김정일선집7』(평양: 조선로동당출판사, 2010), p. 77.

40) 위의 책, p. 79.

41) 중앙일보 특별취재반,『한반도 절반의 승계자 김정일』, pp. 112~118; 임영태,『북한 50년 1』(서울: 들녘), p. 108.

42) 이대근,『북한군부는 왜 쿠데타를 하지 않나: 김정일시대 선군정치와 군부의 정치적 역할』(서울: 한울아카데미, 2003), p. 142.

43) 강명도,『평양은 망명을 꿈꾼다』(서울: 중앙일보사, 1995), pp. 63~64.

44) 현성일,『북한의 국가전략과 파워엘리트』(서울: 선인, 2007), pp. 112~113.

45) 강명도, 『평양은 망명을 꿈꾼다』, pp. 73~75.

46) 김정일, "조선인민군협주단에서 군사물가극을 창조할데 대하여(조선인민군총 정치국 선전선동부 일군, 조선인민군협주단 단장과 한 담화, 1971년 7월 8일)," 『김정일선집3』(평양: 조선로동당출판사, 2010), p. 95.

47) 김정일, "조선인민군협주단을 혁명적이며 전투적인 예술단체로 만들어야 한다 (조선인민군 총정치국 책임일군과 한 담화, 1971년 9월 15일)," 『김정일선집』3 (평양: 조선로동당출판사, 2010), p. 125.

48) 김정일, "인민군대에서 3대혁명붉은기쟁취운동을 힘있게 벌릴데 대하여(조선 인민군 총정치국 책임일군과 한 담화, 1975년 12월 21일)," 『김정일선집7』(평 양: 조선로동당출판사, 2010), pp. 333~334.

49) 고재홍, 『북한군 최고사령관 위상 연구』(서울: 통일연구원, 2006), p. 44.

50) 이대근, 『북한군부는 왜 쿠데타를 하지 않나』, p. 187. 북한은 2010년 제3차 당 대표자회에서 당규 약을 개정하면서 당중앙위원회 군사위원회를 당중앙군사 위원회로 바꾸었고, 상설적인 지도기관으로 개편하였다. 또한 당 총비서가 당 중앙군사위원장직을 겸하게 명시하였다.(제3장 22항)

51) 김병욱 · 김영희, "1990년대 북한의 '민간인 중심 지역방위체계'연구," 『국방정 책연구』, 80호 (2008), pp. 92~93.

52) 이태섭, "김정일 후계체제의 확립과 단결의 정치," 『현대북한연구』, 6권 1호 (2003), p. 14.

53) 김일성, "주체의 혁명위업을 무력으로 튼튼히 담보하자(1982년 4월 25일)," 『김 일성저작집37』(평양: 조선로동당출판사, 1998), p. 154.

54) 조선로동당출판사, 『위대한 수령 김일성 동지의 불멸의 혁명업적6』(평양: 조 선로동당출판사, 1998), pp. 466~467.

55) 백학순, "북한정치에서의 군대: 성격 · 위상 · 역할," 세종정책연구 2011-4 (2011), p. 22.

56) 최완규, "조선인군의 형성과 발전," 북한연구학회 편, 『북한의 군사』(서울: 경 인문화사, 2006), pp. 7~52.

[제4장] 북한의 남북대화 전략과 평가

1) 김학준, 『남북한 관계의 갈등과 발전』(서울: 평민사, 1985); 이영일, 『분단시대 의 통일논리』(태양문화사, 1981); 윤홍석, "1970년대 이전의 남북관계," 『극동 문제』, 12월호 (2004), pp. 15~45; 윤홍석, "'8.15 평화통일구상 선언'," 『극동문 제』, 1월호 (2005), pp. 28~ 55; 박봉식, "기조연설," 「1970년대의 남북한관계: 국 제세미나 주제논문 및 토론」, 동아일보사 주최 학술회 발표문 (1973), pp.

24~38; 남기영, "1970년대에 있어서 미·중·소 관계와 남북대화," 연세대학교 행정대학원 석사학위 논문 (1987) 등.

2) 김성진,『한국정치 100년을 말한다』(두산동아, 1999), p. 337. 박대통령 인용 "아무리 적의를 가진 사람이라도 그의 한쪽 손을 붙들고 있으면 그가 나를 칠지 안 칠지를 알아차릴 수 있지. 그래서 대화가 필요한 것이야. 그러나 나는 김일성과 만나지는 않겠어. 만나야 아무 소용도 없어."

3) 배긍찬, "닉슨독트린과 동아시아 권위주의 체제의 등장: 한국, 필리핀 그리고 인도네시아의 비교분석,"『한국정치학회보』, 22권 2호 (1988), pp. 320~337.

4) 민병천, "남북대화의 전개과정에 대한 고찰,"『행정논집』, 제14집 (1984), pp. 7~29.

5) 유세희, "유일사상체계와 유신체제의 대립," 이삼성 외,『평화통일을 위한 남북대결: 1965년에서 1980년까지의 내외적 상황』(서울: 소화, 1996), p. 157.

6) 이종석,『새로 쓴 현대북한의 이해』(서울: 역사비평사, 2000), pp. 31~33.

7) 김일한, "남북한 관계의 형성과 기원 : 1970년대 적대적 상호의존관계 형성을 중심으로,"『북한학보』, 34집 1호 (2009), pp. 139~177.

8) 박건영·박선원·우승지, "제3공화국 시기 국제정치와 남북관계: 7.4 공동성명과 미국의 역할을 중심으로,"『국가전략』, 9권 4호 (2003), pp. 61~91.

9) 홍석률,『분단의 히스테리: 공개문서로 보는 미중관계와 한반도』(서울: 창비, 2012).

10) 통일원,『남북한 통일·대화 제의비교 제1집, 1945-1987』(통일원, 1986), p. 9.

11) 국토통일원,『북한최고인민회의자료집 제Ⅱ집』(서울: 국토통일원 조사연구실, 1988), pp. 1097~1102.

12)『로동신문』, 1962년 7월 29일, 1면.

13) "9·9절 15주년 기념대회에서의 최용건 연설(1963년 9월 8일),"『조선중앙년감 1964』(평양: 조선중앙통신사, 1964), p. 52.

14) "최고인민회의상임위·조국전선 중앙위·조평통 합동회의 호소문(1963년 12월 10일),"『조선중앙년감 1964』, p. 77.

15) 김일성,『김일성저작집19』(조선로동당출판사, 1982), pp. 327~328.

16) 김일성,『김일성저작집20』(조선로동당출판사, 1982), pp. 448~469.

17) 신종대, "한국정치의 북한요인 연구: 1961-72년을 중심으로," 서강대 정치외교학과 박사학위 논문 (2002), p. 247.

18) 1960년대 후반기 북한의 무력도발이 급증한 원인에 대해서는 여러 논문에서 다루어졌다. 위 논문, pp. 246~255; 홍석률,『분단의 히스테리』pp. 47~60 및 류길재, "1960년대 말 북한의 도발과 한미관계의 균열,"『박정희시대 한미관계』, pp. 185~242 등 참조. 신종대는 당시의 무력도발이 김일성의 후계자 혹은 제2

인자 자리를 둘러싼 권력다툼에 기인한 바가 크다고 보고 있다.

19) 김일성, 『김일성저작집24 (1969.6-1969.12)』(조선로동당출판사, 1983), p. 90.

20) 조선중앙통신사, 『조선중앙년감 1970』, p. 526.

21) 조선중앙통신사, 『조선중앙년감 1971』, p. 509.

22) 김일성, "미제를 반대하는 아세아 혁명적 인민들의 공동투쟁은 반드시 승리할 것이다," 『김일성 저작집 26 (1971.1-1971.12)』(평양: 조선로동당출판사, 1984), pp. 216~234.

23) 의제 5개항 : ①남북으로 흩어진 가족들과 친척들의 주소와 생사를 알아내며 알리는 문제 ②남북으로 흩어진 가족들과 친척들 사이의 자유로운 방문과 자유로운 상봉을 실현하는 문제 ③남북으로 흩어진 가족들과 친척들 사이의 자유로운 서신거래를 실시하는 문제 ④남북으로 흩어진 가족들의 자유의사에 의한 재결합문제 ⑤기타 인도적으로 해결할 문제.

24) 의제 제1항의 토의해결을 위한 4개 항 (선결조건) : ①남한의 법률과 사회적 환경 개선 ②적십자 '료해해설인원'의 파견 ③남북으로 흩어진 가족, 친척의 범위 및 사업추진 방법은 (이산가족) 본인의 호소와 요구에 따라 결정하고, 재일 조선인도 포함 ④적십자 사업기구로서 남북적십자 공동위원회와 적십자 대표부 설치 등.

25) 7.4 공동성명은 김영주가 서명하였으나, 조절위원회 구성 운영 합의서는 "김영주부장을 대리하여" 박성철이 서명하였다.

26) 『남북대화백서 1978』, p. 136.

27) 『남북대화백서 1978』, p. 137.

28) 이종석, 『북한-중국관계 1945-2000』(중심, 2000), p. 244.

29) 마상윤 · 박원곤, "데탕트기의 한미갈등: 닉슨, 카터와 박정희," 『역사비평』, 86호 (2009 봄), p. 121.

30) 王泰平 主編, 『中華人民共和國外交史 1970-1978』 第三卷(北京: 世界知識出版社, 1999), p.40; 이종석, 『북한-중국관계 1945-2000』, pp. 255~256에서 재인용. 이 8개항은 ①남한에서 미군의 완전철수, ②미국의 남한에 대한 핵무기, 미사일, 각종 무기제공 즉시 중단, ③미국의 각종 대북한 침범, 정탐, 정찰행위 중지, ④한 · 미 · 일 군사공동훈련 중지, 한미연합군 해산, ⑤일본군국주의가 부활하지 못하도록 미국이 보증, 남한에서 외국 군대 대신 일본군으로 대체하지 않겠다고 보증, ⑥UN한국위원단(UNCURK) 해체, ⑦미국은 남북 직접협상을 방해하지 말며, 조선문제의 조선인민에 의한 자체 해결을 방해하지 말 것, ⑧유엔에서 한국문제 토의시 북한대표 마땅히 참여, 조건부 초청 취소 등이었다.

31) 中共中央文獻研究室 編, 『周恩來年譜 1949-1976 (下)』(北京: 中央文獻出版社), p. 40; 이종석, 위의 책, p. 257에서 재인용.

32) 김일성, "조선로동당 제5차 대회에서 한 사업총화보고(1970년 11월 2일)," 『김

일성저작집 25』(조선로동당출판사, 1983), p. 315.

33) 김일성, "조선로동당 제4차대회에서 한 중앙위원회 사업총화보고(1961년 9월 11일)," 『김일성저작집 15』(조선로동당출판사, 1981), p. 248.

34) 편집부, 『통일혁명당』(나라사랑, 1988), p. 54.

35) 이와 관련한 사실들은 통혁당 핵심간부였던 김질락의 회고록『주암산』에 서술되어 있다. 권보드래, "통일혁명당과 김질락" http://blog.daum.net/eintageinsatz/58 참조.

36) 편집부, 『통일혁명당』, p. 173.

37) 이병호 "1970년대 남북대화와 북한의 의도 (하)," 『경찰고시』, 225호 (1983년 7월), p. 63.

38) 극동문제연구소, 『북한전서(중)』(극동문제연구소, 1974), p. 5.

39) 유완식 · 김태서, 『北韓三十年史』(현대경제일보사 · 일요신문사, 1975), p. 213.

40) 국토통일원, 『조선로동당대회 자료집 제Ⅱ집』(국토통일원, 1988), p. 108.

41) 유완식 · 김태서, 『北韓三十年史』, p. 201.

42) 김일성, "현 정세와 우리 당의 과업(1965년 10월 5일)," 『김일성저작집 20』(조선로동당출판사, 1982), p. 415.

43) 김형기는 KDI의 자료를 인용하여 1969년부터 남한의 1인당 GNP가 북한을 추월한 것으로 보고 있다. 김형기, 『남북관계 변천사』(서울: 연세대학교 출판부, 2010), p. 64.

44) 마상윤 · 박원곤, "데탕트기의 한미갈등: 닉슨, 카터와 박정희," p. 117.

45) NSSM 154에 대해서는 홍석률, 『분단의 히스테리』, pp. 314~327 등 많은 최근 문헌에서 자세히 언급되어 있다.

46) 위의 책, p. 349.

47) 주불대사가 외무부장관에게 한 보고 1971.5.21, 725.1 1971, 4240, 외무부문서, 위의 책, p. 306에서 재인용.

48) 위의 책, p. 327.

49) 위의 책, 『분단의 히스테리』, pp. 308~311; 신정현, "미국과 남북한관계," 『한국과 국제정치』, 3권 1호 (1987), pp. 289~292.

50) 홍석률, 『분단의 히스테리』, p. 311.

51) 『동아일보』. 1978년 8월 2일자; 홍석률, 『분단의 히스테리』, p. 311에서 재인용.

52) 신정현, "미국과 남북한관계," p. 290.

53) 6.23 선언의 발표 배경과 과정에 관해서는 전직 중앙정보부 관리들과 외교관들의 증언은 다소 차이가 나지만, 기본적으로는 남북 UN 동시가입과 대공산권 문호개방을 통해 한반도의 평화정착을 모색하려는 것으로 사전에 동맹국

인 미국과 조정이 있었다는 것은 공통된 의견이다. 홍석률,『분단의 히스테리』, pp. 327~334.

54) 국토통일원,『남북대화사료집 제7권』, pp. 406~407.

55) 홍석률,『분단의 히스테리』, p. 346.

56) 5대 강령: ①미군철수와 군비경쟁 중지 등을 핵심으로 하는 군사 5원칙, ②다방면적 합작과 교류, ③대민족회의 소집, ④고려연방국 단일국호에 의한 연방제 실시, ⑤동 단일국호에 의한 UN 가입.

57) 당시 북한 주장. "남조선에서 〈비상사태〉를 선포하고 각종 파쑈악법들을 조작하며 새 전쟁도발에 미쳐날뛰고 있는 박정희 괴뢰도당의 범죄행위를 단호히 규탄한다."『로동신문』, 1972년 1월 11일자, 3면.

58) 남북조절위원회 2차회의 후 이후락 귀환 기자회견 중에서. 국토통일원,『남북대화사료집 제7권』, p. 426.

59) 위 기자회견에서 남측기자 질문.

60)『로동신문』, 1973년 8월 29일자, 1면.

61) 김일성, "당간부양성사업을 개선강화할데 대하여(1971년 12월 2일)," 『김일성저작선집 6』(조선로동당출판사, 1974), p. 162.

62) "조국통일위업수행에서 획기적전환을 가져오게한 력사적연설," 『근로자』, 8~9호 (1972), pp. 2~9.

2부_ 경제와 사회

[제5장] 북한 경제의 재고찰과 시사점

* 본 논문은 "김정은은 왜 1970년대식 경제선동을 불러오는가?,"『현대북한연구』17권 3호 (서울: 북한대학원대학교 북한미시연구소, 2014)를 수정·보완한 것이다.

1)『로동신문』, 2012년 10월 25일자, "1970년대의 시대정신이 온 나라에 차넘치게 하자" 참조.

2) 양문수, "1970년대 북한 경제와 장기침체 메커니즘의 형성,"『현대북한연구』6권 1호 (서울: 북한대학원대학교, 2003) 참조.

3) 이태섭, "김정일 후계체제의 확립과 '단결'의 정치,"『현대북한연구』6권 1호 (서울: 북한대학원대학교, 2003) 참조.

4) 정영철, "1970년대 대중운동과 북한사회: 돌파형 대중운동에서 일상형 대중운동으로,"『현대북한연구』6권 1호 (서울: 북한대학원대학교, 2003) 참조.

5) 이정철, "사회주의 북한의 경제동학과 정치체제: 현물동학과 가격동학의 긴장

이 정치체제에 미치는 영향을 중심으로," 서울대학교 대학원 정치학과, 박사학위논문, 2002, pp. 104~132 참조.

6) 이항동, "1970년대 북한의 발전전략,"『북한정치와 발전전략』(서울: 대영문화사, 1994), pp. 459~502 참조.

7) 김정일, "정치도덕적 자극과 물질적 자극에 대한 올바른 리해를 가질데 대하여(1967.6.13),"『김정일선집 2』증보판 (평양: 조선로동당출판사, 2009), p. 299.

8) 김일성, "인민경제계획의 일원화, 세부화의 위대한 생활력을 남김없이 발휘하기 위하여(1965.9.23),"『김일성저작집 19』(평양: 조선로동당출판사, 1982), p. 465.

9) 장하준 저 · 김희정 역,『장하준의 경제학강의』(서울: 부키, 2014), p. 240 참조.

10) 김석원 · 박원일,『인민경제 계획화에서 군중로선의 관철』(평양: 조선로동당출판사, 1963), p. 61 참조.

11) 김일평,『북한 정치경제입문』(서울: 한울, 1987), pp. 104~105.

12) 최성 편,『현대사회주의 비교연구』(서울: 학민사, 1990), pp. 147~148.

13) 이영훈, "북한의 경제성장 및 축적체제에 관한 연구(1956~64년)," (고려대학교 대학원 경제학과 박사학위논문, 2000), pp. 23~24, 참조.

14) 이정철, "사회주의 북한의 경제동학과 정치체제," p. 126 참조.

15) 김일성, "사회주의경제의 몇 가지 리론문제에 대하여(1969.3.1),"『김일성저작집 23』(평양: 조선로동당출판사, 1983), pp. 461~467.

16) 김일성, "일원화계획화체계를 더욱 심화발전시키기 위하여(1969.7.2),"『김일성저작집 24』(평양: 조선로동당출판사, 1983), p. 120.

17) 이석, "경제제도: 변화와 지속,"『북한체제의 이해』(서울: 명인문화사, 2009), pp. 42~44 참조.

18) "국가계획을 세울 때에는 반드시 총자재폰드 가운데서 국가주석예비와 정무원예비를 내놓은 다음 나머지 자재를 가지고 생산계획과 자재공급계획을 맞물려야 합니다. 국가주석예비는 국가적으로 긴급하게 나서는 새로운 과업을 수행하는데 쓰기 위한 것입니다. 국가주석예비로는 강재, 세멘트, 자동차, 뜨락또르를 비롯한 중요한 설비와 자재들만 내놓으면 됩니다. 정무원예비는 증산계획과 추가적으로 제기되는 국가과제를 수행하는데 쓰며 여러 가지 사정으로 자재를 계획대로 공급할 수 없게 되는 경우에 쓰기 위한 것입니다. 정무원예비를 마련하고 그것을 옳게 리용하면 자재 때문에 국가계획이 뒤거나 생산에서 큰 파동성이 생기는 일이 없게 될 것입니다." 김일성, "사회주의경제관리를 개선하기 위한 몇 가지 문제에 대하여(1973.2.1),"『김일성저작집 28』(평양: 조선로동당출판사, 1984), pp. 132~133.

19) 권양주,『김정은 시대 북한 군사의 이해』(서울: 한국국방연구원, 2014), p. 329

참조.

20) "지방공업을 급속히 발전시키는 것은 매개 군과 도들에서 지방예산제를 실시하여 지방의 살림살이를 더 잘 꾸려나갈 수 있게 하는 중요한 고리이다. … 모든 일군들이 나라살림살이에 대한 책임성을 높이고 지방의 창발성을 높이 발양하여 지방공업을 빨리 발전시켜나갈 때 우리는 매개 도마다에서 자체의 수입으로 지출을 보상하며 나머지 자금을 국가에 바쳐 나라를 부강하게 하고 인민생활을 향상시키는데 크게 이바지할 수 있게 된다. 뿐만 아니라 중앙예산의 축적금을 전적으로 확대재생산에 돌릴 수 있게 함으로써 전반적인민경제발전의 높은 속도를 보장할 수 있게 한다." 리호혁, "지방공업발전에서 새로운 혁명적 전환을 일으키자,"『근로자』제6호 398권 (평양: 근로자사, 1975), p. 53.

21) 최진성, "련합기업소의 창설은 위대한 대안의 사업체계의 요구를 철저히 관철하기 위한 획기적 조치,"『근로자』제12호 392권 (평양: 근로자사, 1974), pp. 40~42.

22) 같은 기간 중국은 문화대혁명으로 160만 달러를 북한에게 제공하였다. 임강택,『북한 대외무역의 특징과 무역정책 변화전망』(서울: 통일연구원, 1998), p. 27 참조.

23)『북한의 산업 2010』(서울: 한국정책금융공사, 2010), p. 373.

24) 양문수,『북한경제의 구조』(서울: 서울대학교출판부, 2001), pp. 320~322.

25) 위와 동일, pp. 256~257.

26) 현승일, "북한산업경영체계의 전개,"『통일논총』제5권 1호 (서울: 국토통일원, 1985), p. 159.

27) 통일연구원,『2009 북한개요』(서울: 통일연구원, 2009), pp. 22~23 참조.

28) 이항동, "1970년대 북한의 발전전략," pp. 498~499.

29) 모라토리엄(채무지불유예)협상이 1976년부터 1980년대까지 지속되면서 디폴트 상태에 빠지게 되었다. 최종적으로 1987년 서방은행 측으로부터 채무불이행국가라고 규정되었다. 윤기관,『남북한 무역경제』(대전: 충남대학교 출판부, 2001), p. 221 참조.

30) 김정일, "전당이 동원되어 70일 전투를 힘있게 벌리자(1974.10.9),"『주체 혁명위업의 완성을 위하여 3권』(평양: 조선로동당출판사, 1987), p. 263 참조.

31) 영국의 육류소비량은 1970년 50.4kg, 1975년 46.2kg이었다. 최성 편,『현대사회주의 비교연구』, p. 268, 참조. 알렉 노브 저, 대안체제연구회 역,『실현가능한 사회주의의 미래』(서울: 백의, 2001), pp. 302~303 참조.

32) "… 우리나라에서 쌀을 비롯하여 근로자들의 생활에 요긴한 물건에 대하여 실시되는 공급제가 바로 그러한 것이다. 물론 사회주의건설단계에서 실시되는 공급제는 물건이 많아서 하는 공급제는 아니며 물건이 많지 못한 조건에서 하는 공급제이다." 주체사상연구소,『주체사상에 기초한 사회주의경제리론』, p. 296.

33) "나아가 70년대 중반 혹은 후반부터 주민들의 생필품 구입에 대한 수량 제한이 대폭 강화되었다. 종전에는 개인이 국영 상점에서 식료품과 공산품을 구입하는데 대해 수량 제한이 없는 이른바 자유 판매였으나 이 시기에 이른바 '공급 카드'가 등장하면서 상당수 생필품의 구입이 품목별 구매 가능 수량 제한의 배급제로 바뀌었다." 양문수, "1970년대 북한 경제와 장기침체 메커니즘의 형성," p. 57.

34) 김관현, "지방예산제와 일군들의 창발성,"『근로자』1979년 8호 (평양: 근로자사, 1979), pp. 51~53.

35) 정민수,『북한의 이해』(서울: 시그마프레스, 2004), p. 189.

36) 임강택,『북한 대외무역의 특성과 무역정책 변화전망』(서울: 통일연구원, 1998), pp. 78~79.

37) 윤기관,『남북한 무역경제』, p. 221 참조.

38) 현승일, "북한산업경영체계의 전개," p. 160.

39) 임강택,『북한 대외무역의 특성과 무역정책 변화전망』, p. 65 참조.

40) 정은미, "북한 농업정책의 이중궤도: 집단농업과 농민사경제의 상호성을 중심으로,"『통일문제연구』통권 47호 (서울: 통일연구원, 2007), p. 256 참조.

41)『한겨레21』, 1999년 12월 9일자, "생기 잃은 주체의 나라" 참조.

42) 통일연구원 편,『독일지역 북한기밀문서집』(서울: 선인, 2006), pp. 164~166.

43) 김성보 · 기광서 · 이신철,『사진과 그림으로 보는 북한 현대사』(서울: 웅진지식하우스, 2014), pp. 294~295 참조.

44) 주체사상연구소,『주체사상에 기초한 사회주의경제관리리론』(평양: 사회과학출판사, 1975), p. 220.

45)『조선중앙년감』(평양: 조선중앙통신사, 1971), p. 220.

46) "경제적으로 뒤떨어져있었기 때문에 이 나라들은 지난날 제국주의자들의 식민지 예속하에 놓이게 되었으며 오늘도 제국주의자들은 경제적으로 자립하지 못하고 있는 것을 리용하여 이 나라들에 식민주의의 올가미를 다시금 들씌우려 하고 있다. 미제를 비롯한 제국주의자들은 '경제원조'의 간판 밑에 뒤떨어진 나라들에서 민족경제의 자립적발전을 억제하면서 이 나라들의 내정에 란폭하게 간섭하며 정치적독립을 유명무실하게 만들고 있다." 주체사상연구소,『주체사상에 기초한 사회주의경제리론』(평양: 사회과학출판사, 1975), p. 117.

47) 위와 동일, p. 120.

48) 최중극,『주체의 사회주의정치경제학 연구』(평양: 과학백과사전출판사, 1978), pp. 232~238.

49) 1980년 6차 당대회에서 발표된 '80년대의 10대 경제전망목표'는 전력 1,000억kW, 석탄 1억 2,000만t, 강철 1,500만t, 비철금속 150만t, 화학비료 700만t, 시멘

트 2,000만t, 직물 15억m, 곡물 1,500만t, 수산물 500만t, 30만ha의 간척지 개간 등이었다.

50) "지금 행정경제일군들이 말로는 대안의 사업체계를 관철해야 한다고 하지만 실지로는 대안의 사업체계의 요구대로 일하지 않고 있습니다." 김정일, "전당이 동원되어 100일 전투를 힘있게 벌릴데 대하여(1978.5.29)," 『주체 혁명위업의 완성을 위하여 4권』 (평양: 조선로동당출판사, 1987), p. 58.

51) "사회주의체제의 특징을 잘 보여주는 것은 특별위원회나 공산당이 직접적으로 관장하는 독자적인 생산체계를 꾸리는 방식이다. 북한은 군수산업의 운영에서 이 방식을 적용하였다. … 제1경제는 국가기구인 내각이 관리하지만, 제2경제는 노동당이 직접 통제·운영한다. … 이 방식을 택하는 이유는 경제 전체적으로 생산자원의 부족이 만연한 상황에서 자원을 국가전략상 가장 우선적인 분야로 효과적으로 배분하기 위해서이다. 생산자재는 우선 분야의 필요를 충족시킨 후에 다른 분야에 배분된다. … 사회주의의 역사에서 이 방식은 확실히 몇몇 전략적 프로젝트를 성공시켰다. 소련은 우주개발계획과 첨단 군사무기 개발에서 성과를 이루었고, 중국은 대약진운동(1958~1960)의 실패가 가져온 경제적 시련기 속에서도 1964년 핵 실험에 성공했다. 북한 역시 같은 방식을 통해 핵무기와 탄도미사일 개발에서 일정한 성과를 냈다. 그러나 특수산업부문에 대한 우선적 자원배분 방식은 불가피하게 후순위 분야의 계획의 변경을 강요하게 된다. 계획의 분권화와 마찬가지로 계획실패에 대한 대응이 다시 계획적 생산을 와해시키는 결과를 초래한다." 유승경, "북한에게 시장영역은 항상 위협인가," LG Business Insight, 1139호 (서울: LG 경제연구원, 2011), pp. 35~36.

52) 임강택, 『북한의 군수산업 정책이 경제에 미치는 효과 분석』 (서울: 통일연구원, 2000), pp. 84~85.

53) 이석, 『1994-2000년 북한기근-발생, 충격 그리고 특징』 (서울: 통일연구원, 2004), p. 188 참조.

54) 『통일뉴스』, 2014년 9월 23일, "북, 자율경영권 전면화 한 '5·30조치' 실시 확인돼" 참조.

55) 『연합뉴스』, 2014년 3월 20일, "北, '기술혁신의 기수'로 3대 혁명소조 부각 눈길" 참조.

56) "강성대국의 문어구에 이른 오늘 우리가 도달하여야 할 최고 생산수준은 사회주의완전승리를 위한 물질기술적토대축성에서 커다란 진전이 이룩되었던 1980년대 중엽의 생산수준이라고 말할수 있다." 리기성, "현시기 사회주의경제강국건설의 주요과업," 『경제연구』 2009년 1호 (평양: 과학백과사전사, 2009), p. 5.

57) Janos Kornai, The Socialist System: The Political Economy of Communism (Princeton: Princeton University, 1992), pp. 396~397.

[제6장] 북한식 사회주의 교육의 탄생

* 이 글은 본인의 논문 "김정은 시대 북한 교육의 변화에 관한 소고: 1970년대 와의 비교를 중심으로," 『북한연구학회보』 제17권 제1호 (서울: 북한연구학 회, 2013)를 발췌 및 보완하여 작성되었습니다.

1) 리영환, 『조선교육사 5』 (평양: 사회과학출판사, 1993) p. 4.

2) 김경식, 『한민족교육문화사』 (파주: 교육과학사, 2008, p. 840.

3) 정성장, 『현대 북한의 정치: 역사 · 이념 · 권력체계』 (파주: 한울, 2011, pp. 100~ 101.

4) 3대혁명이란 사회주의의 완전한 승리를 이룩할 때까지 과도기 동안 내부적 혁 명목표로 내세운 전략적 과제로서 사상혁명 · 기술혁명 · 문화혁명을 일컫는 다. 1960년대 말 사회주의 경제건설이 어느 정도 마무리되고 군사적 위기감이 사라지면서 경제성장이 둔화되고 보수주의 · 관료주의가 부활할 조짐을 보이 는 등 사회적 정체현상이 나타나기 시작하자, 북한은 1973년부터 낡은 사회의 유물을 청산하고 공산주의적 사상 · 기술 · 문화를 창조하기 위한 3대혁명에 본격 착수했다. 3대혁명운동은 1980년에 조선로동당 제6차 대회를 거치면서 '천리마운동'을 대신하여 사회주의, 공산주의 건설의 총노선으로 공식화되었 다. 김성보 · 기광서 · 이신철, 『사진과 그림으로 보는 북한현대사』 (서울: 웅진 지식하우스, 2009), pp. 205~206.

5) 3대혁명 수행의 일환으로 현대과학기술과 사회주의건설의 성과에 뒤떨어진 구간부들의 기술실무 수준을 제고하고 이들을 점차 청년층으로 교체하기 위 해 전개된 운동으로 '3대혁명 붉은기쟁취운동'과 더불어 북한경제를 60년대 후 반의 상대적 침체에서 벗어날 수 있도록 만든 활력소가 되는 한편, 새로운 혁 명 세대를 육성하는 중요한 계기가 되었다.

6) 1975년 12월부터 시작된 대중적 사상개조운동 · 기술혁신운동 · 문화개조운동 으로 3대혁명을 대중 속에서 강력하게 추진하기 위해 제창된 운동이다. '3대혁 명 소조운동'이 간부정책의 일환이었다면 '3대혁명 붉은기쟁취운동'은 대중운 동으로 전개되었다는 데 그 특징이 있다.

7) 양문수, "북한경제 침체 메커니즘의 형성: 1971-86년," 「북한 60년의 재조명: 경 제분야를 중심으로」, 고려대학교 북한학연구소 주최 학술회의 자료집 (2002년 11월 8일) p. 66.

8) 한만길 · 남성욱 · 김영화, 『북한의 경제발전과 교육의 역할』 (서울: 한국교육 개발원, 2003) pp. 36~39.

9) 김성보 · 기광서 · 이신철, 『사진과 그림으로 보는 북한현대사』, pp. 222~225.

10) 양문수, "북한경제 침체 메커니즘의 형성," pp. 66~67.

11) 위의 논문, pp. 67~68.

12) 한만길·남성욱·김영화, 『북한의 경제발전과 교육의 역할』, pp. 36~39.

13) 김경식, 『한민족교육문화사』, p. 857.

14) 한만길·남성욱·김영화, 『북한의 경제발전과 교육의 역할』, pp. 61~65.

15) 김형찬, 『북한의 주체교육사상』 (서울: 한백사, 1990), p. 102.

16) 한만길·남성욱·김영화, 『북한의 경제발전과 교육의 역할』, p. 64.

17) 위의 책, p. 64.

18) 사회과학출판사, 『조선민주주의인민공화국에서의 교육』 (평양: 사회과학출판사, 1984) p. 34.

19) 남진우 외, 『사회주의교육학 사범대학용(주간)』 (평양: 교육도서출판사, 1991), pp. 473~474.

20) 김성보·기광서·이신철, 『사진과 그림으로 보는 북한현대사』, pp. 207~208.

21) 김형찬, 『북한의 주체교육사상』, pp. 390~430.

22) 교육신문사, "불멸의 교육테제를 발표하시여," 『인민교육』, 제2호 (평양: 교육신문사, 2012), p. 16.

23) 교육신문사, 위의 글, p. 16.

24) 통일부 통일교육원, 『2013 북한이해』 (서울: 통일부 통일교육원, 2013), pp. 53~57.

25) 통일부 홈페이지(http://www.unikorea.go.kr) 참조.

26) 교육신문사, "위대한 김정일동지의 유훈을 받들어 승리의 발걸음높이 학교교육사업에서 새로운 전환을 일으키자," 『인민교육』, 제1호 (평양: 교육신문사, 2012), p. 9.

27) 김정은, "김정일애국주의를 구현하여 부강조국 건설을 다그치자," 『인민교육』, 제5호 (평양: 교육신문사, 2012), p. 7.

28) 백영철, "김정일애국주의교양을 강화하는것은 사회주의강성국가 건설을 다그치기 위한 확고한 담보," 『인민교육』, 제6호 (평양: 교육신문사, 2012), pp. 14~15.

29) 통일연구원, 『월간 북한동향』, 제7권 제1호 (2013), p. 7.

30) 통일부 통일교육원, 『2013 북한이해』, pp. 180~181.

31) 통일연구원, 『2013년 북한 신년사 집중 분석』, pp. 11~13.

32) 리무석, "경애하는 김정은동지께서 제시하신 중등일반교육수준을 결정적으로 높일데 대한 사상은 보통교육부문에서 튼튼히 틀어쥐고나가야 할 강령적지침," 『인민교육』, 제4호 (평양: 교육신문사, 2012), pp. 13~14.

33) 교육신문사, "위대한 김정일동지의 유훈을 받들어 승리의 발걸음높이 학교교육사업에서 새로운 전환을 일으키자," pp. 8~9.

34) "사설- 교원, 연구사들은 위성과학자들처럼 과학기술의 힘으로 경제강국의 지름길을 더 활짝 열어나가자,"『교육신문』, 2013년 1월 24일자, 1면.

35) "신년사,"『교육신문』, 2013년 1월 3일자, 2면.

36) "전반적12년제의무교육을 실시함에 대하여,"『교육신문』, 2012년 10월 4일자, 2면.

37) "북, 40년 만에 교육개혁… 의무교육 12년으로 늘려,"『경향신문』(온라인), 2012년 9월 26일.

38) 윤철진, "전반적의무교육제도,"『정치법률연구』, 제4호 (평양: 과학백과사전출판사, 2012).

39) 교육신문사, "조선민주주의인민공화국 최고인민회의 법령- 전반적 12년제 의무교육을 실시함에 대하여,"『인민교육』, 제6호 (평양: 교육신문사, 2012), p. 4.

40) 위의 글, p. 5.

41) 전현준·박형중,『북한 최고인민회의 제12기 제6차 회의 결과분석과 전망』(서울: 통일연구원, 2012), pp. 1~2

42) "北 교육개혁은 경제개발계획 수립 신호탄(?),"『연합뉴스』(온라인), 2012년 9월 27일.

43) 전현준·박형중,『북한 최고인민회의 제12기 제6차 회의 결과분석과 전망』, p. 2.

44) 교육신문사, "조선민주주의인민공화국 최고인민회의 법령- 전반적 12년제 의무교육을 실시함에 대하여," pp. 5~6.

45) "北 새 교육제도 내달 시행…파행 운영 가능성,"『연합뉴스』(온라인), 2013년 3월 6일.

46) 전현준·박형중,『북한 최고인민회의 제12기 제6차 회의 결과분석과 전망』, p. 3.

47) 정성장, "김정은 체제의 경제개혁·개방 전망과 과제,"『국가전략』, 제8권 4호 (2012), p. 56.

48) 정성장, "북한의 2013년 신년사와 정책 기조 변화,"『세종논평』, No. 258 (2013), pp. 1~2.

49) 전현준·박형중,『북한 최고인민회의 제12기 제6차 회의 결과분석과 전망』, p. 3.

50) "사설- 경애하는 김정은동지의 신년사를 높이 받들고 뜻깊은 올해의 교육사업에서 혁명적전환을 일으키자,"『교육신문』, 2013년 1월 10일자, 3면.

296 · 오래된 미래? 1970년대 북한의 재조명

[제7장] 주체문예이론의 형성과 주체사실주의의 정립

1) 이우영,『김정일 문예정책의 지속과 변화』(서울: 민족통일연구원, 1998), pp. 5~11 참조.

2) 르네 웰렉, "리얼리즘의 개념,"『리얼리즘과 文學』(서울: 지문사, 1985), p. 26.

3) 최유찬,『리얼리즘 이론과 실제비평』(서울: 두리, 1992), pp. 20~21.

4) 소련 과학아카데미(편), 신승엽 옮김,『마르크스-레닌주의 미학의 기초이론Ⅱ』(서울: 일월서각, 1998), p. 348에서 재인용.

5) 이는 광복직후 북한이 추진했던 혁명문학, 혁명예술 활동에서 적용된 주제에서 확인된다. 북한정권 수립 당시 혁명문학의 주제로 제시된 것은 다음 여섯 가지였다. 첫째, '로농 동맹에 기초한 광범위한 민족통일 전선을 확대강화하며 민족적 및 계급적 해방을 달성하고 인민 주권을 수립할 것'을 취급한 작품. 둘째, '사회주의 쏘련에 대한 열렬한 동경과 적극적인 지지 옹호, 공동의 원쑤를 반대하는 투쟁에서의 조중 량국 인민의 전투적 유대 및 전 세계 피압박 인민들의 단결 등 프롤레타리아 국제주의를 주제'로 한 작품. 셋째, '유격대원-공산주의자들의 고상한 혁명 정신과 영웅적 투쟁 모습을 형상한' 작품. 넷째, '자본주의 사회 제도의 모순과 일제 침략자, 지주, 자본가들의 죄악을 폭로하고 원쑤들에 대한 계급적 적개심을 고취'한 작품. 다섯째, 종파분자들과 민생단의 죄악과 추악성을 표현한 작품. 여섯째, 반봉건적 계몽사상을 체현한 작품이다.

6) 본명은 김무정. 중앙고보에 입학하였다가 퇴학당한 이후 중국으로 건너가 북방군관학교를 졸업하고 중국공산당에 입당하여 1934년 대장정(大長征)에 참가하였다. 대장정에 참가한 조선인으로는 유일하게 살아남았다. 1937년 중국 최초의 포병부대인 팔로군 포병단 단장을 지냈다. 광복이 되자 귀국하여 조선공산당 북조선분국 제2비서를 지냈다. 6·25전쟁시 조선인민군 제2군단장과 평양 방위사령관을 지냈다. 1950년 12월 조선노동당 중앙위원회 제3차 전원회의에서 명령불이행 등의 이유로 비판을 받고 직위를 박탈당하였다가 1952년 10월 사망하였다.

7) 이에 대해서는 전영선,『북한의 문학예술 운영체계와 문예이론』(서울: 역락, 2002), pp. 159~160 참조.

8) 문화체육부,『북한식 문화예술 창작방법론 연구』(서울: 문화체육부, 1998), p. 19.

9) 김일성, "인민군대내에서 당생활을 강화할데 대하여-조선인민군 최고사령부 총참모부 제2차당열성자회의에서 한 연설," 1951년 3월 18일.

10) 김일성, "인민공군을 더욱 강화하자-조선인민군 제 564군부대군정간부회의에서 한 연설," 1952년 6월 20일.

11) 김일성, "당과 혁명에 충실한 근로대중의 선봉투사가 되여야 한다-중앙당학교

3년제반 제1회졸업식에서 한 연설," 1958년 8월 18일.

12) 김일성, "조선로동당 제6차대회에서 한 중앙위원회사업총화보고," 1980년 10월 10일.

13) "해방 후 우리 문학 예술의 급속한 발전은 조선로동당의 지도적 역할을 떠나서는 생각할 수 없다. 우리 당은 자기의 창건의 시초부터 우리 문학의 당성을 눈동자처럼 고수하면서 우리 문학 대렬을 조직 사상적으로 지도하여 주었으며, 작가들의 창작 활동을 정치 · 경제적으로 보장하여 주었으며, 그들의 창작 사업의 구체적 방향과 방법을 교수하여 주었으며, 기타 온갖 배려를 베풀어주었다. 이러한 결과가 해방 후 온갖 난관에도 불구하고 짧은 기간 내에 우리 문학을 전적으로 당적이며 인민적 문학으로 발전할 수 있게 하였다." 사회과학원 문학연구소, 『조선문학통사(현대문학편)』(평양:사회과학출판사, 1959; 인동, 1988년 재발행), p. 189.

14) 윤재근 · 박상천, 『북한의 현대문학』(서울: 고려원, 1989), p. 71.

15) 『주체사상에 기초한 문예이론』(평양: 사회과학출판사, 1975; 서울: 인동(영인본, 1989, pp. 97~99: "주인공들의 성격에서…계급적 원쑤들에 대한 비타협적 투쟁정신이 뚜렷이 나타나게 함으로써만 작품에 당성이 예술적으로 힘있게 구현될 수 있다."

16) 김정일, 『위대한 수령 김일성동지께서 창시하신 사회주의적문학예술의 당성, 로동계급성, 인민성에 관한 독창적인 사상』(평양:사회과학출판사, 1976), pp. 51~52 참조.

17) "작가, 예술인들이 군중 속에 들어 가지 않고 군중과 한덩어리가 되지 않으며 군중에게서 부단히 배우지 않는다며 그들은 귀족화되고 관료화되여 우리 혁명 사업에 아무런 도움도 주지 못 하게 될 뿐 아니라 혁명의 장애물로 될 수 있습니다. 우리가 작가, 예술인들은 항상 로동자, 농민과 접촉하고 로동자, 농민과 결합되며 그들 속에서 무궁무진한 창조적 지혜의 원천을 찾아 낼 줄 아는, 로동자, 농민에서 충실히 복무하는 혁명적 작가, 예술인으로 되여야 하겠습니다." 김일성, "혁명적 문학 예술을 창작할 데 대하여," 『우리 혁명에서의 문학 예술의 임무』(조선로동당출판사, 1965), pp. 17~18.

18) 『문학예술사전』(평양: 과학백과사전종합출판사, 1989), p. 586.

19) 사회과학원, 『주체사상에 기초한 문예이론』(평양: 사회과학출판사, 1975), p. 73.

20) "우리의 선전원들과 문화예술인들은 대중 속으로 들어가지 않고 있습니다. 아직 우리 문화인들은 대중과 떨어져있으므로 대중의 심리를 잘 모르며 대중의 요구를 모르고 있습니다. 그렇기 때문에 내가 오늘 여러 동무들에게 요구하고 싶은 것은 동무들이 대중 속에 들어가서 대중이 알아들을 수 있는 말로 이야기하며 대중이 원하는 글을 써야 하겠다는 것입니다. 대중을 위하여 일하며 대중의 심리를 잘 알고 대중의 말로 말하며 대중이 요구하는 글을 쓰며 대중

을 가르칠 뿐 아니라 대중에게서 배울 줄 아는 사람이라야만 진정한 문화인, 대중의 문화인, 민주주의적 문화인이라고 할 수 있습니다." 김일성, "문화인들은 문화전선의 투사로 되여야 한다-북조선 각 도인민위원회, 정당, 사회단체선전원, 문화인, 예술인대회에서 한 연설," 1946년 5월 24일.

21) "작가, 예술인들이 현실에 깊이 들어가야 합니다. 현실에 들어가지 않고서는 인민대중의 생활과 사상감정, 그들의 지향을 옳게 반영한 작품을 창작할 수 없습니다. 작가, 예술인들은 현실에 들어가 우리 인민이 새 조국 건설에서 달성한 성과들을 생동한 자료로 하여 창작사업을 하여야 합니다. 그리하여 새 조국건설을 위하여 헌신적으로 투쟁하고 있는 긍정적주인공들의 전형을 창조하며 민주주의적변혁을 옳게 반영한 인민적인 작품을 많이 창작하여야 하겠습니다." 김일성, "문학예술을 발전시키며 군중문화사업을 활발히 전개할데 대하여-북조선로동당 중앙위원회 상무위원회에서 한 결론," 1947년 9월 16일.

22) 게오르그 루카치 외 지음·최유찬 외 옮김, 『리얼리즘과 문학』(서울: 문지사, 1985), pp. 90~91 참조.

23) 사회주의적 사실주의 창작방법에서 강조하는 전형이란 '개별성을 통해서 보편적·사회적 의의를 가진 일반적이며 본질적인 것을 보여주는 것'으로 일정한 계급·집단의 공통된 본질적 특성을 문학작품 속에서 개별화된 인물에 반영함으로써 시대의 특성을 일반화하는 것을 의미한다. 이에 대해서는 윤재근·박상천 『북한의 현대문학Ⅱ』(서울: 고려원, 1990), p. 82 참조.

24) 박헌균 편집, 『고전소설해제』(평양: 문예출판사, 1991), p. 228.

25) 전영선, 『고전소설의 역사적 전개와 남북한의 춘향전』(서울: 문학마을사, 2003), p. 221.

26) "인간성격은 무한히 다양하고 개성적이면서도 그가 속한 계급의 일반적이며 공통적인 특징을 가집니다. 문학예술작품에서 인물의 성격은 개성적인 특징을 통하여 계급의 일반적이며 본질적인 특징을 구현하여야 전형으로 될 수 있습니다. 작가들이 작품창작에서 인물의 개성적특징을 살린다고 하면서 계급의 본질적인 특징을 모호하게 만들 때에는 사실주의적전형화의 원칙을 어기고 인간 성격을 외곡하게 됩니다." 김정일, "인간성격과 생활에 대한 사실주의적전형화를 깊이있게 실현할데 대하여-작가들과 한 담화," 1967년 2월 10일.

27) "작품에서 인간의 성격과 생활을 전형화하지 않고 비본질적인 것을 내세우면 인간생활과 사회생활을 외곡하여 보여주고 정치사상적결함을 나타내게 됩니다." 김정일, "인간성격과 생활에 대한 사실주의적전형화를 깊이있게 실현할데 대하여-작가들과 한 담화," 1967년 2월 10일.

28) 김정일, 『주체문학론』(평양: 조선로동당출판사, 1992), p. 101.

29) 위의 책, p.100.

30) 전영선, 『북한의 문학과 예술』(서울: 역락, 2004), p. 22.

31) 김정일,『영화예술론』(평양: 조선로동당출판사, 1973), p. 8.

32) "공산주의적인간학,"『문학예술사전(상)』(평양: 과학백과사전종합출판사, 1988), p. 215.

33) 임순희,『북한문학의 김정일 '형상화' 연구』(서울: 통일연구원, 2001), pp. 2~3.

34) 김정일, "영화예술론(1973년 4월 11일),"『김정일선집 3』(평양: 조선로동당출판사, 1994), p. 44.

35) 한중모,『주체적문예리론의 기본: 사회주의 공산주의문학예술의 건설』(평양: 문예출판사, 1992), p. 304.

36) 김일성, "천리마 시대에 상응한 문학 예술을 창조하자,"『우리 혁명에서의 문학 예술의 임무』(평양: 조선로동당출판사, 1965), pp. 17~18.

37) 김정일,『영화예술론』(조선로동당출판사, 1973), p. 20.

38) 전영선, "문학예술 창작이론으로서 종자론,"『북한의 문학과 문예이론』(서울: 동국대학교 출판부, 2003), p. 118.

39) 한중모,『주체적문예리론의 기본: 사회주의 공산주의문학예술의 건설』(평양: 문예출판사, 1992), p. 72.

40) 리현길 편.『위대한 령도자 김정일동지의 사상리론』(평양: 사회과학출판사, 1998), pp. 153~154.

41) 한중모.『주체적문예리론의 기본; 사회주의 공산주의문학예술의 건설』(평양: 문예출판사, 1992), pp. 72~73.

42) 전영선,『북한의 문학예술 운영체계와 문예이론』, p. 133.

43) 위의 책, p. 124.

44) "종자를 바로잡는 것은 속도전의 선결조건이다. 종자를 바로잡고 작품에 대한 확신을 가지고 창작에 모든 력량을 집중할 때 높은 속도가 나오게 되며 작품의 질도 높아지게 된다. 속도전에서는 종자를 똑바로 쥐고 작품에 대한 파악이 생긴 다음 대담하게 전격전을 벌리고 섬멸전의 방법으로 창작과제를 실현해나감으로써 문학예술창작에서 비상히 빠른 속도가 나오고 예술적 형상의 질이 더욱 높아지게 된다."『문학예술사전(중)』(평양: 과학백과사전종합출판사, 1991), p. 278.

45) 위와 같음.

46) 전영선, "문학예술 창작이론으로서 종자론," pp. 132~133.

3부_ 대외정책

[제8장] 대서방외교의 부상, 그 양상과 특징

1) 북한 외교정책에 대한 탁월한 통시적 연구는 Charles K. Armstrong, *Tyranny of the Weak: North Korea and the World, 1950-1992* (Ithaca: Cornell University Press, 2013); 정규섭, 『북한외교의 어제와 오늘』(서울: 일신사, 1997).

2) 3대혁명역량 강화론이 처음 상세하게 발표된 것은 1964년 2월 27일 노동당 중앙위원회 제4기 제8차 전체회의에서 "조국통일위업을 실현하기 위하여 혁명역량을 백방으로 강화하자."는 제하의 김일성의 연설이다(고병철 1985, 275).

3) 박정희 대통령은 1970년 8월 15일 광복절 경축사를 통해 남북간 체제공존을 바탕으로 한 평화적 체제경쟁을 요지로 하는 '평화통일 구상'을 발표하였다(김형기 2010, 66-67).

4) 북한은 무력에 의한 베트남통일을 보고 무력에 의한 통일전략을 구상하고 중국에 지지를 얻으려 했으나 실패했다(오진용 2004, 55-60).

5) 북한은 이후 북미 평화협정 체결을 계속해서 주장하면서도 미국 행정부와의 연락사무소 개설에는 반대했다(김일성 1987b, 79).

6) 1970년대 한국과 미국의 3자, 4자회담 제의에 대해 북한은 거부하다가 1981년 1월 10일 북미 평화협정 체결을 전제로 남북미 3자회담을 제의하였다. 당시 북한은 1983년 10월 9일 아웅산 테러 사건으로 국제적 비난에서 벗어나지 못하고 있었다.

[제9장] 미중협력과 한반도 위기로 좌우된 북중관계

* 이 글은 "1970년대 중반 한반도 위기와 북중관계,"『평화학연구』제15권 1호 (2014)를 수정·보완한 것이다.

1) 이종석, 『북한-중국관계(1945-2000)』(서울: 중심, 2000), pp. 253~264.

2) 최명해, "중국의 대미 데탕트 시도와 북중관계", 『아세아연구』, 제51권 3호 (2008), pp. 230~264.

3) 이상숙, "데탕트 시기 북중관계의 비대칭 갈등과 그 영향,"『한국정치학회보』, 42집 3호 (2008), pp. 439~456.

4) 1976년 8월 18일 판문점에서 북한군이 미루나무 가지치기를 하던 미군 2명을 도끼로 살해한 사건은 국내에서는 '판문점 도끼만행사건'이나 '미루나무 도끼 사건'으로, 미국에서는 '폴·번얀 사건'으로 명명되고 있으나, 여기에서는 사건 발생 일시와 장소를 강조하는 중립적 표현인 '8·18 판문점 사건'으로 부르기로 한다.

5) 『周恩来年譜(下): 1949-1976』(北京: 中央文献出版社, 1997), p. 493.

6) 『中华人民共和国外交大事记: 第四卷』(北京: 世界知识出版社, 2002), p. 11.

7) "Note on a conversation with the 1st secretary of the USSR embassy, comrade Kurbatov(March 10, 1972)," 「North Korea-China Relations」, Cold War History Project on Woodrow Wilson Center.

8) 『周恩来年譜(下)』, pp. 545~546.

9) "Conversation between comrade V. V. Samoilov and comrade Stark(January 9, 1974)," 「North Korea-China Relations」, Cold War History Project on Woodrow Wilson Center.

10) 북한이 1971년 8월 6일 남한의 공화당과도 대화할 수 있다는 성명을 발표하여 남북관계 개선에 중요한 전환점을 마련했을 때 중국 관리는 이를 "현재의 국제적 상황을 관통하는 분석"이라고 언급하였다. "주홍콩 미국 영사관이 국무부에 보낸 전문(August 10, 1970)," 「Subject-Numeric Files 1970-1973, Pol CHICOM-KOR N」, Cold War History Project on Woodrow Wilson Center.

11) 합의된 의제는 다음과 같다. ① 남북으로 흩어진 가족들과 친척들의 주소와 생사를 알아내며 알리는 문제, ② 이들 사이의 자유로운 방문과 자유로운 상봉을 실현하는 문제, ③ 이들 사이의 자유로운 서신거래를 실시하는 문제, ④ 남북으로 흩어진 가족들의 자유의사에 의한 재결합 문제, ⑤ 기타 인도적으로 해결할 문제 등이다. 『남북대화백서』(서울: 국토통일원 남북대화사무국, 1988), p. 120.

12) 홍석률, 『분단의 히스테리』(파주: 창비, 2012), pp. 341~342.

13) 위의 책, p. 360.

14) 이에 대해서는 이상숙, "데탕트 시기 북중관계의 비대칭 갈등과 그 영향," (2008), pp. 449~450 참조.

15) 홍석률, "1976년 판문점 도끼 살해사건과 한반도 위기," 『정신문화연구』, 28권 4호 (2005), pp. 273~274.

16) "한국의 핵무기와 미사일 개발 계획(CTA0000694)," 『1970년대 한미관계(상)』(대전: 국가기록원, 2008), pp. 38~39.

17) 위의 글, pp. 39~40.

18) "윌리엄 R. 킨트너 보고서: 아시아·태평양지역에서 미국의 정책적 이해," 『1970년대 한미관계(상)』, pp. 187~188.

19) "한국에서 향후 미군 배치에 있어 제안된 변화(CTA0000744)," 『1970년대 한미관계(상)』, p. 47.

20) 劉金質·杨淮生 編, 『中国对朝鲜和韩国政策文件汇编 5』,(北京: 中国社会科学出版社, 1994), p. 2098.

21) 이상숙, "데탕트 시기 북중관계의 비대칭 갈등과 그 영향," p. 451.

22) G. W. Choudhury, *China in World Affairs: The Foreign Policy of the PRC since 1970* (Boulder: Westview Press, 1982), p. 219.

23) "Memorandum from Richard H. Solomon to Kissinger(An Evaluation of Kim Il-song's Visit to Peking)," April 29, 1975, Box. 375, Winston Lord Files, NA.

24) "우리나라 당 및 정부대표단을 환영하여 중국공산당 중앙위원회와 중화인민 공화국 국무원에서 차린 연회에서 하신 연설(1975년 4월 18일),"『조선중앙년감 (1976)』(평양: 조선중앙통신사, 1976), p. 53.

25) 당시 상황을 기록한 한 언론에 따르면 김일성을 만난 저우언라이는 "정세의 근본적 변화가 있기 전에는 무력남침이 문제를 해결할 수 없고, 따라서 무익 한 일이니 무력남침을 시도해서는 안 된다. 이런 정세하에서 사업의 중점은 남한 내부의 군중운동을 강화하고 북한의 실력을 쌓아야 하며 정치투쟁을 우 선해야 한다"고 김일성의 무력 통일에 대해 부정적 반응을 보였다고 한다. *Washington Post*, April 19, 1975, p.16; 오진용,『김일성시대의 중소와 남북한』 (서울: 나남출판, 2004), p. 57에서 재인용함.

26) "Memorandum from Richard H. Solomon to Kissinger(An Evaluation of Kim Il-song's Visit to Peking)."

27) "On the visit of a dark party and government delegation headed by Kim Il-sung to China from 18 to 26 April 1975,"「North Korea-China Relations」, Cold War History Project on Woodrow Wilson Center.

28) 1975년을 전후로 '혁명적 대사변' 및 전쟁에 대한 준비를 자주 언급하고 있다. 뿐만 아니라 당 및 국가, 군사 비밀을 철저히 지킬 것을 강조하였다. "우리 나 라에 조성된 정세는 그 어느 때보다도 높은 혁명적 경각성을 가지고 당 및 국 가, 군사 비밀을 철저히 지킬 것을 요구하고 있습니다. (중략) 복잡한 국제정 세하에서 외부로부터 우리의 의도, 우리의 동향을 탐지하려는 시도들이 그치 지 않고 있습니다. 이러한 조건에서 우리는 언제나 높은 정치적 강성을 견지 하여야 하며 비밀이 새여나가는 일이 절대로 없도록 하여야 하겠습니다."라고 강조하였다. 김정일, "현정세의 요구에 맞게 혁명력량을 튼튼히 꾸리며 당사 업을 더욱 개선강화할데 대하여,"『주체위업의 완성을 위하여 3(1974-1977)』 (평양: 조선로동당출판사, 1987), p. 328.

29)『위대한수령 김일성동지의 외국방문 문헌집』(평양: 조선로동당출판사, 1975), pp. 10~11.

30)『조선중앙년감(1976)』, pp. 56~100 참조.

31) "Information on the talks between Kim il sung and Todor Zhivkov(June 18, 1975),"「Conversations with Kim il sung」, Cold War History Project on Woodrow Wilson Center.

32) "조선로동당창건 30돌에 즈음하여," 『조선중앙년감(1976)』, p. 134.

33) "Report from the GDR embassy in the DPRK(1976.05.06)," 「North Korea-China Relations」(1975).

34) "Telegram from the Embassy in Korea to the Secretary of the Department of State," Aug. 19, 1976, box 1, Oberdorfer files; 홍석률, "1976년 판문점 도끼 살해사건과 한반도 위기," p. 274에서 재인용.

35) "한국과 서북도에 대한 긴급대책 문서 요청(CTA0000690)," 『1970년대 한미관계(상)』, p. 290.

36) 위의 글, pp. 295~296.

37) "조선민주주의 인민공화국 정부비망록," 『로동신문』, 1974년 8월 6일.

38) 홍석률, "1976년 판문점 도끼 살해사건과 한반도 위기," p. 282.

39) "공공경비구역 사건 추가정보," 『1970년대 한미관계(하)』 (대전: 국가기록원, 2008), pp. 152~153.

40) 위의 글, pp. 153~154.

41) 위의 글, pp. 294~295.

42) "한국 워싱턴득별대책반 의사록(CTA0000771)," 『1970년대 한미관계(하)』, p. 310.

43) 모두 5단계로 나뉘며, 숫자가 낮아질수록 전쟁발발 가능성이 높다는 것을 의미한다. 데프콘 5는 적의 위협이 없는 안전한 상태를 말하고, 데프콘 4는 대립하고 있으나 군사개입 가능성이 없는 상태를 말한다. 한국의 경우 데프콘 3이 발령되면, 한국군이 가지고 있는 작전권이 한미연합사령부로 넘어가고, 전후방 부대의 움직임이 달라지며, 전군의 휴가·외출이 금지된다.

44) "판문점 사고 상황 보고서," 『1970년대 한미관계(하)』, p. 324.

45) 『로동신문』, 1976년 8월 20일자.

46) "판문점 사고 상황 보고서," p. 323.

47) "판문점 사건," 『1970년대 한미관계(하)』 (2008), pp. 181~182.

48) "비무장지대 사고, 한국, 1976년 8월 18일", 『1970년대 한미관계(하)』 (2008), p.293.

49) 위의 글, p. 182.

50) "Report on a stay of a GDR military delegation in the DPRK in October 1976," German Federal Archive- Military Archive(BA-MA), AZN 8283, Cold war history project on Woodrow wilson center.

51) "판문점 사건," 『1970년대 한미관계(하)』, pp. 179~180.

52) 이전 시기까지 보편적으로 남북한이 대립된 사안에 대해 중국공산당은 북한의 입장을 지지하고 남한을 비판하였기 때문에 북한은 이를 언론에 보도해왔

다. 여기에는 중국이 꼭 포함되어 있었으나, 이 사안에 대한 중국의 기사를 전하지 않은 것은 중국의 중립적 보도 때문인 것으로 파악된다. 『로동신문』, 1976년 8월 19일/20일자.

53) 홍석률, "위기 속의 정전협정: 푸에블로 사건과 '판문점 도끼살해 사건'," 『역사비평』, 여름호 (2003), p. 71.

54) 오진용, 『김일성시대의 중소와 남북한』, p. 67.

55) "伟大领袖金日成同志在平壤市群众欢迎中国人民的英明领袖华国锋同志大会上的讲话 (1978.5.5)," 『朝中友谊万古长青: 华国锋主席访问朝鲜』 (平壤: 外国文出版社, 1978), pp. 8~16.

56) G. W. Choudhury, *China in world affairs* (1982), p. 221.

57) 염홍철, "최근 10년간('76.7-'86.6) 북한의 대내 · 외정책에 관한 실증적 연구," 『한국정치학회보』, 21집 2호 (1987), pp. 302~304.

58) 오진용, 『김일성시대의 중소와 남북한』, p. 39.

59) 『조선로동당대회 자료집 Ⅱ집』(서울: 국토통일원, 1980), p. 70.

60) 1980년 1월 황화 외교부장은 "중국의 동북부에 제2의 월남이 출현하는 것을 원치 않는다. 소련으로 하여금 조선해협의 대문을 열고, 아태지역으로 나와서 동 · 서에서 좌충우돌하도록 내버려둘 수는 없다"라는 점을 시인하였다. "1980년대의 외교정세, 정책 및 향후의 임무(1980년 1월 25일)," 오진용, 『김일성시대의 중소와 남북한』, p. 78에서 재인용.

[제10장] 제3세계·유엔외교의 목표와 전략

1) "신선호 北유엔대사 기자회견 발언문 요약," 『연합뉴스』(온라인), 2013년 6월 22일

2) "북 외무상, 비동맹회의서 한미 군사훈련 비난," YTN(온라인), 2014년 5월 30일.

3) 여기에서 제3세계란 선진자본주의 국가군(1세계)중 나토 15개 회원국을 제외한 국가군 그리고, 소련 및 동구권 국가군(2세계) 중 바르샤바조약기구 8개국을 제외한 나머지 국가군을 의미한다. 그리고 일반적인 관례에 따라 제3세계와 비동맹의 개념을 엄격히 구별하지 않는다. 서재만, "제3세계 외교," 『국제정치논총』, 28권 2호 (1989), pp. 158~159; 유석렬, "제3세계와 북한," 세계평화교수협의회 편, 『제3세계와 한국』 (서울: 일념, 1984), p. 373.

4) 이 글에서 제3세계 국가와의 통일전선이란, "일정한 역사적 조건 하에서 이해관계를 같이하는 제3세계 국가들과 동일한 목적을 실현하기 위하여 연합하는 것"을 의미한다. 박순서 편, 『대중정치용어사전』 (평양: 조선로동당출판사, 1964),

p. 409.

5) 김일성, "조국통일위업을 실현하기 위하여 혁명역량을 백방으로 강화하자 - 조선로동당 중앙위원회 제4기 제8차 전원회의에서 한 결론(1964년 2월 27일)," 『김일성저작집 18권』(평양: 조선로동당출판사, 1982), p. 249; 김일성, "조선민주주의인민공화국에서의 사회주의 건설과 남조선혁명에 대하여- 인도네시아 '알리 아르함'사회과학에서 한 강의(1965년 4월 14일)," 『김일성저작선집 4권』(평양: 조선로동당출판사, 1968), p. 239.

6) 위의 글, p. 240.

7) 김일성, "조선로동당 제5차대회에서 한 중앙위원회 사업총화보고(1970년11월 2일)," 『김일성저작집 25권』(평양: 조선로동당출판사, 1983), p. 314.

8) 김일성, "올해 사업총화와 다음해 사업방향에 대하여(1973년 12월 31일)," 『김일성저작집 28권』(평양: 조선로동당출판사, 1984), p. 642.

9) 김일성, "총련사업을 사람과의 사업으로 철저히 전환시킬 데 대하여(1975년 5월 5일)," 『김일성저작집 30권』(평양: 조선로동당출판사, 1985), p. 293.

10) Samuel S. Kim. "Pyongyang, the Third World, and Global Politics, Korea & World Affairs," *Korea & World Affairs*, Vol. 3, No. 4 (1979), p. 453.

11) "위대한 수령 김일성동지께서 유고슬라비아 따뉴그통신사 대외편집주필이 제기한 질문에 주신 대답," 『로동신문』, 1976년 6월 30일.

12) James N. Rosenau, *The Scientific Study of Foreign Policy* (New York : The Free Press, 1971), pp. 108~112. 로즈노의 체계변수는 신고전현실주의의 '체계 인센티브' 즉, 외교정책결정과정에서 국내요인이라는 매개변수에 영향을 미치는 독립변수로 이해할 수 있다. Gideon Rose, "Neoclassical Realism and Theories of Foreign Policy," *World Politics*, Vol. 51 (October 1998), pp. 152~154.

13) 한반도 체계변수란 분단체제와 남북간 상호작용이 남북한에 미치는 영향을 의미한다.

14) 이 기간에 북한은 11개국(남부월남, 이라크, 시리아, 남예멘, 수단, 챠드, 적도기니, 중앙아프리카공화국, 부룬디, 소말리아, 잠비아)과 국교를 수립하고 3개국(파키스탄, 네팔, 싱가포르)과 총영사관계를 맺었다(조선중앙통신사, 『조선중앙년감(1973)』(평양: 조선중앙통신사, 1973), pp.377~561). 그리고 1970년 이전까지, 제3세계 국가들은 유엔총회에 북한의 주장이 구체적으로 반영된 결의안을 제출하지 않았으며, 비동맹회의에서 북한의 입장을 지지하는 결의안도 채택하지 않았다.

15) Lorenz M. Luthi, "Restoring Chaos to History : Sino-Soviet-American Relations 1969," *The China Quarterly*, Vol. 210 (June 2012), pp. 389~390.

16) 최영진, 『동아시아 국제관계사』(서울: 지식산업사, 1996), p. 194.

17) 홍석률, "1970년대 전반 북미관계 : 남북대화, 미중관계 개선과의 관련 하에

서,"『국제정치논총』, 44집 2호 (2004), p. 33.

18) 김형섭,『인류를 흥정하는 사람들』(서울: 총화사, 1978), p. 173.

19) "남북공동성명,"『로동신문』, 1972년 7월 4일.

20) 자세한 남북대화 상황은 국토통일원 남북대화사무국,『남북대화연표(1970-1980)』 (서울: 국토통일원, 1981) 참조.

21) 김창훈,『한국외교 어제와 오늘』(서울: 한국학술정보, 2013), p. 123.

22) "유엔주재 우리나라 상임옵써버 대표부가 개설되었다,"『로동신문』, 1973년 9월 13일.

23) 박숙희 편,『비동맹운동』(서울: 지양사, 1985), pp. 119~125.

24) "쁠럭불가담국가 외상회의 성과를 축하한다,"『로동신문』, 1972년 8월 17일.

25) "남조선으로부터 미제침략군을 철거시키며 '유엔한국통일부흥위원단'을 해체 할데 대한 문제들을 유엔총회 제 25차 회의 의정에 상정시켜 심의할 것을 여러나라 유엔대표들이 제기하였다."『로동신문』, 1970년 8월 21일.

26) 대한민국 정부,『행정백서』(서울: 대한공론사, 1974), p. 377.

27) 김일성, "수단정부기관지『알 싸하파』책임주필이 제기한 질문에 대한 대답 (1974년 4월 25일),"『김일성저작집 29권』(평양: 조선로동당출판사, 1985), p. 169.

28) 윌리엄 J. 듀이커 저, 정영목 역,『호치민 평전』(서울: 푸른숲, 2003), pp. 818~820.

29) 베트남의 공산화에 고무되어, 김일성은『로동신문』1면 기사를 통해, "앞으로 전쟁이 일어나든지, 남조선에서 혁명이 일어나든지 그것을 우리 혁명에 유리 하게 이용하여 조국을 통일하고 혁명의 전국적 승리를 이룩하여야 한다"고 주 장하였다. 김일성, "3대혁명을 힘있게 벌려 사회주의 건설을 더욱 다그치 자,"『로동신문』, 1975년 3월 5일. 그리고 1975월 4월 18일 중국을 방문 중이던 김일성은 중국지도부와의 만찬석상에서, "남조선에서 혁명이 일어나면 우리는 하나의 민족으로서 그것을 보고만 있을 수 없을 것이며 남조선인민들을 적극 지원할 것입니다. (중략) 이 전쟁에서 우리가 잃을 것은 군사분계선이고 얻을 것은 조국의 통일일 것입니다"라고 강조하였다. "연회에서 하신 김일성 동지 의 연설,"『로동신문』, 1975년 4월 19일.

30) Richard L. Jackson, *The Non-Aligned, The UN And The Superpowers* (New York : Praeger, 1983), p. 42.

31) 김창훈,『한국외교 어제와 오늘』, p. 137.

32) "제4차 쁠럭불가담국가 수뇌자회의에서 채택된 '조선문제에 관한 결의',"『로 동신문』, 1973년 9월 12일. 이상두,『제3세계, 한국 그리고 정치발전』(서울: 일 월서각, 1987), p. 55.

33) 박봉식, "비동맹회의 결산과 유엔대책,"『월간중앙』, 제103호 (1976), pp. 121~123.

34) 김형섭,『인류를 홍정하는 사람들』, pp. 178~179.

35) "제 29차 유엔총회 제 1위원회에서 조선문제토의가 끝났다,"『로동신문』, 1974년 12월 11일.

36) 김진복, "한반도문제 해결의 열쇠는 당사국 회의뿐이다,"『시사』, 12월호 (1975), p. 12.

37) "Question of Korea B," 〈http://www.un.org/en/ga/search/view_doc.asp?symbol=A/RES/ 3390(XXX) & Lang=E&Area=RESOLUTION〉.

38) 돈 오버도퍼,『두개의 코리아』(서울: 중앙일보사, 1998), pp. 78~79.

39) 정창현,『곁에서 본 김정일』(서울: 김영사, 2000), pp. 201~202.

40) 김일성, "일본사회활동가와 한 담화(1976년 11월 9일),"『김일성저작집 31권』(평양: 조선로동당출판사, 1986); 김일성, "일조우호촉진의원련맹 회장과 한 담화(1977년 1월 27일),"『김일성저작집 32권』(평양: 조선로동당출판사, 1986).

41) Samuel S Kim, "Pyongyang, the Third World, and Global Politics," *Korea & World Affairs*, p. 451.

42) 박숙희 편,『비동맹운동』, p. 126.

43) A. W. Singham and Shirley Hune, *Non-alignment in an Age of Alignments* (New York: Lawrence Hill & Co, 1986), pp. 155~156.

44) 국토통일원 정책기획실,『제3세계가 한국문제에 미치는 영향』(서울: 국토통일원, 1979), pp. 25~26.

45) 북한연구소,『북한총람』(서울: 북한연구소, 1983), p. 459.

46) "우리나라가 뽈럭불가담국가 조정위원회 성원국으로 되었다,"『로동신문』, 1979년 9월 11일.

47) "여러 유엔성원국들이 '조선에서 전쟁의 위험을 제거하고 평화를 유지공고화하며 조선의 자주적 평화통일을 촉진시킬데 대하여'라는 의정과 그에 따르는 결의안을 유엔총회 제 31차회의에서 토의할 것을 제기,"『로동신문』, 1976년 8월 19일.

48) "조선민주주의인민공화국 창건 28돐기념 중앙보고대회에서 한 김동규 부주석 동지의 보고,"『로동신문』, 1976년 9월 9일.

49) "유엔주재 조선민주주의인민공화국 상임옵써버대표부 대표가 우리측 결의안 공동발기국들이 자기 의정과 그에 따르는 결의안을 주동적으로 철회한 조치를 지지하여 성명 발표,"『로동신문』, 1976년 9월 23일.

50) 이도형, "제 31차 유엔총회에서 북괴는 왜 후퇴했을까,"『시사』, 제 15권 9호 (1976), pp. 104~105.

51) "제6차 뽈럭불가담국가 수뇌자 회의에서 채택된 최종선언,"『로동신문』, 1979

년 9월 15일. 이상두,『제3세계, 한국 그리고 정치발전』, pp. 75~77.

52) "조선민주주의인민공화국 정부대표단의 말가슈민주주의공화국 방문과 관련한 공동보도,"『로동신문』, 1979년 3월 16일.

53) "극비입수 북한노동당 부부장 장용순의 충격 강연록 전문,"『월간중앙』, 2007년 7월호, p. 119.

54) "김영남이 이란 비동맹회의 참석 발표,"『동아일보』(온라인), 2012년 8월 23일.

55) 박송영, "쁠럭불가담운동의 강화발전을 위해 걸어온 39년,"『로동신문』, 2014년 8월 25일.

[결론] 오늘도 지속되는 1970년대 북한

1) "김정은 사상일꾼대회 연설 전문,"『뉴포커스』, 2014년 2월 26일.

2) "1970년대의 시대정신이 온 나라에 차넘치게 하자,"『로동신문』, 2012년 10월 25일.

3) 조선로동당 중앙위원회 당력사연구소,『조선로동당력사』(평양: 조선로동당출판사, 2006), p. 434.

[제1장] 후계자 정치와 그 현재적 함의

1. 남한문헌

김갑식. 『김정은 정권 출범의 특징과 향후 전망』. 서울: 국회입법조사처, 2013.

김유민. 『후계자론』. 서울: 신문화사, 1984.

스즈키 마사유키 저. 유영구 역. 『김정일과 수령제사회주의』. 서울: 중앙일보사, 1994.

이승열. "북한 수령체제의 변화와 3대세습의 구조적 한계." 『북한연구학회보』, 제 13권 1호 (2009).

이찬행. 『김정일』. 서울: 백산서당, 2001.

정영철. 『김정일 리더십 연구』. 서울: 선인, 2005.

정창현. 『곁에서 본 김정일』. 서울: 토지, 1999.

황장엽. 『어둠의 편이 된 햇볕은 어둠을 밝힐 수 없다』. 서울: 월간조선, 2001.

2. 북한문헌

김정일. "당사업에 제기되는 몇가지 기본적인 문제에 대하여(1974년 2월 25일)." 『주체혁명위업의 완성을 위하여 3』. 평양: 조선로동당출판사, 1987.

_____. "온 사회를 김일성주의화 하기 위한 당사상사업의 당면한 몇 가지 과업 에 대하여(1974년 2월 19일)." 『김정일선집 4』. 평양: 조선로동당출판사, 1994.

_____. "전당과 온 사회에 유일사상체계를 더욱 튼튼히 세우자(1974년 4월 14 일)." 『주체혁명위업의 완성을 위하여 3』. 평양: 조선로동당출판사, 1987.

_____. "주체사상에 제기되는 몇 가지 문제에 관하여(1986년 7월 15일)." 『김정 일 선집 8』. 평양: 조선로동당출판사, 1998.

김재천. 『후계자 문제의 이론과 실천』. 평양: 발행처불명, 1989.

사회주의출판사. "주체사상의 사회력사 원리."『위대한 주체사상 총서 2』. 평양:
　　사회과학출판사, 1985.

3. 해외문헌

Brownlee, Jason. "Hereditary Succession on Modern Autocracies." *World Politics*,
　　Vol. 59 (July 2007).

Chou, En-lai. "Report to the Tenth National Congress of the Communist Party of
　　China." *The Tenth National Congress of the Communist Party of China:*
　　Documents. Peking: Foreign Language Press, 1973.

Lee, Seung Yeol. "North Korea's third hereditary succession: Determining factors and
　　hidden meanings." *ASIA PAPER* (October 2011).

[제2장] '혁명적 수령관'의 형성과 제도화

1. 남한문헌

국토통일원 조사연구실 편.『조선로동당대회자료집 3』. 서울: 국토통일원, 1988.

김갑식. "북한의 헌법상 국가기관체계 변화."『북한연구학회보』, 제6권 2호
　　(2002).

김광용. "북한 '수령제' 정치체제의 구조와 특성에 관한 연구." 한양대학교 박사
　　학위논문(1995).

김근식. "김정은시대 북한의 정치: 지속과 변화."『통일전략』, 제14권 3호 (2013).

민족21.『민족21(2013년 12월호)』. 서울: 민족21, 2013.

박형중.『분단 반세기 북한 연구사』. 서울: 한울아카데미, 1999.

서대숙. "당정관계의 변화." 전인영 편.『북한의 정치』. 서울: 을유문화사, 1990.

＿＿＿.『현대북한의 지도자-김일성과 김정일』. 서울: 을유문화사, 2000.

서대숙 저. 서주석 역.『북한의 지도자 김일성』. 서울: 청계연구소, 1989.

스즈키 마사유키 저. 유영구 역.『김정일과 수령제 사회주의』. 서울: 중앙일보사,
　　1994.

와다 하루키 저. 남기정 역. 『북한현대사』. 서울: 창비, 2014.

이승열. 『김정일의 선택』. 서울: 시대정신, 2009.

이승현. "1960년대 북한의 권력구조 재편과 유일사상의 대두." 경남대학교 북한대학원 편. 『북한현대사 1』. 서울: 한울, 2004.

이종석. 『새로 쓴 현대북한의 이해』. 서울: 역사비평사, 2000.

_____. 『조선로동당연구-지도사상과 구조 변화를 중심으로』. 서울: 역사비평사, 1995.

이태섭. 『김일성리더십연구』. 서울: 들녘, 2001.

장명봉. "북한의 사회주의 헌법." 전인영 편. 『북한의 정치』. 서울: 을유문화사, 1990.

전인영. 『북한의 정치』. 서울: 을유문화사, 1990.

정성장. 『북한의 정치 2』. 서울: 경인문화사, 2006.

정영철. "1970년대 대중운동과 북한사회: 돌파형 대중운동에서 일상형 대중운동으로." 『현대북한연구』, 제6권 1호 (2003).

정우곤. "'수령제'의 형성과 대외관계." 『고황정치학회보』, 1권 (1997).

정창현. 『곁에서 본 김정일(개정증보판)』. 서울: 김영사, 2000.

최성. 『한국사 제21편』. 서울: 한길사, 1995.

함택영. "경제·국방건설 병진노선의 문제점." 경남대학교 극동문제연구소 편. 『북한 사회주의 건설의 정치·경제』. 서울: 경남대학교출판부, 1993.

황장엽. 『나는 역사의 진리를 보았다』. 서울: 한울, 1998.

현성일. "북한노동당 조직구조와 사회통제체계에 관한 연구." 한국외국어대학교 정책과학대학원 석사학위논문 (1999).

2. 북한문헌

고정웅·리준항. 『조선로동당의 반수정주의투쟁경험』. 평양: 사회과학출판사, 1995.

김일성. "국가활동의 모든 분야에서 자주, 자립, 자위의 혁명정신을 더욱 철저히 구현하자(1967년 12월 16일)." 『김일성전집 39』. 평양: 조선로동당출판사, 2001.

_____. "당사업을 개선하며 당대표자결정을 관철할데 대하여(1967년 3월17~24

일)."『김일성전집 38』. 평양: 조선로동당출판사, 2001.

_____. "당 조직사업과 사상사업을 개선 강화할데 대하여(1962년 3월 8일)."『우리 혁명에서의 주체에 대하여』. 일본: 구월서방 번각발행, 1975.

_____. "우리나라 사회주의제도를 더욱 강화하자(1972년 12월 25일)."『근로자』, 1호 (1973).

_____. "조선민주주의 인민공화국에서의 사회주의건설과 남조선혁명에 대하여 (1965년 4월 14일)."『우리 혁명에서의 주체에 대하여』. 일본: 구월서방 번각발행, 1975.

김정은. "신년사."『조선중앙통신』. 2013년 1월 1일.

_____.『우리의 사회과학은 온 사회의 김일성-김정일주의화 위업수행에 적극 이바지 하여야한다(2012년 12월 1일)』. 평양: 조선로동당출판사, 2012.

김정일. "당간부 양성사업을 개선하기 위한 몇 가지 과업(1981년 6월 12일)."『김정일선집(증보판) 9』. 평양: 조선로동당출판사, 2011.

_____. "반당반혁명분자들의 사상여독을 뿌리빼고 당의 유일사상체계를 세울데 대하여(1967년 6월 15일)."『김정일선집(증보판) 2』. 평양: 조선로동당출판사, 2009.

백과사전출판사 편.『조선대백과사전 24』. 평양: 백과사전출판사, 2001.

백성일. "사회주의헌법은 수령의 헌법."『김일성종합대학학보-력사 법학』, 제49권 3호 (2003).

_____. "우리나라 인민민주주의헌법의 강화발전."『김일성종합대학학보-력사 법학』, 제50권 3호 (2004).

사회과학원 법학연구소.『주체의 사회주의헌법리론』. 평양: 사회과학출판사, 1977.

사회과학출판사 편.『정치사전』. 평양: 사회과학출판사, 1973.

엄기현. "항일유격대원들의 수령에 대한 무한한 충직성."『근로자』, 7호 (1967).

재일조선인총연합회 편.『조선로동당규약해설』. 동경: 학우서방, 1960.

조선로동당 중앙위원회 당력사연구소.『조선로동당략사』. 평양: 로동당출판사, 1979.

_____.『조선로동당력사』. 평양: 로동당출판사, 2006.

조선로동당출판사.『위대한 김일성동지 혁명력사』. 평양: 조선로동당출판사, 1992.

조선백과사전편찬위원회 편.『광명백과사전 3: 정치 법』. 평양: 백과사전출판사,

2009.

최남혁. "공화국헌법의 발전과 그 특징." 『김일성종합대학학보-력사 법학』, 제48권 4호 (2002).

편집위원회. "김일성동지에 의해 창건되고 령도된 우리 당은 필승불패의 대오로 성장하였다." 『근로자』, 10호 (1976).

_____. "김일성동지의 주체사상은 혁명과 건설의 위대한 맑스-레닌주의적 지도사상." 『근로자』, 1호 (1970).

_____. "새 사회주의헌법은 불멸의 주체사상을 구현하고 있는 가장 선진적인 헌법." 『근로자』, 1호 (1973).

홍극표 · 박원필. 『사회주의국가기구에 관한 위대한 수령 김일성동지의 리론』. 평양: 사회과학출판사, 1976.

[제3장] 김정일의 영군체계 확립 과정

1. 남한문헌

강명도. 『평양은 망명을 꿈꾼다』. 서울: 중앙일보사, 1995.

강신창. "북한군의 통수, 방위결정체제의 변화와 특징: 포스트 김일성, 김정일." 『북한연구학회보』, 제2권 2호 (1998).

강우철. "군사지도사상과 영군체계를 중심으로: 중국과 북한의 군사사상." 명지대학교 박사학위논문 (2012).

고재홍. 『북한군 최고사령관 위상 연구』. 서울: 통일연구원, 2006.

김동엽 "선군시대 북한의 군사지도 · 지휘체계: 당 · 국가 · 군 관계를 중심으로." 북한대학원 대학교 박사학위논문 (2013).

김병욱 · 김영희. "1990년대 북한의 '민간인 중심 지역방위체계'연구." 『국방정책연구』, 80호 (2008).

백학순. "북한정치에서의 군대: 성격 · 위상 · 역할." 『세종정책연구』, 2011-4 (2011).

이선호. 『국방행정론』. 서울: 고려원, 1975.

이태섭. "김정일 후계체제의 확립과 '단결의 정치'." 『현대북한연구』, 6권 1호 (2003).

임영태. 『북한 50년 1』. 서울: 들녘, 2005

정성장. 『현대 북한의 정치: 역사·이념·체계』. 파주: 한울, 2011.

정영철. "김정일체제 형성의 사회정치적 기원: 1967-1982." 서울대학교 박사학위
　　논문 (2001).

정창현. 『곁에서 본 김정일』. 서울: 토지, 1999.

최완규. "조선인군의 형성과 발전." 북한연구학회 편. 『북한의 군사』. 서울: 경인
　　문화사, 2006.

현성일. 『북한의 국가전략과 파워엘리트』. 서울: 선인, 2007.

2. 북한문헌

강현수. "우리 당은 수령님의 위대한 주체사상을 실현하기 위하여 투쟁하는 당
　　이다." 『근로자』, 4호 (1975).

김일성. "주체의 혁명위업을 무력으로 튼튼히 담보하자(1982년 4월 25일)." 『김일
　　성저작집 제37권』. 평양: 조선로동당출판사, 1998.

김정일. "당 사업에서 낡은 틀을 마스고 새로운 전환을 일으킬데 대하여(1974년
　　2월 28일)." 『주체혁명위업의 완성을 위하여 제3권』. 평양: 조선로동당출
　　판사, 1991.

＿＿＿. "당 사업을 근본적으로 개선 강화하여 온 사회의 김일성주의화를 힘있
　　게 다그치자(1974년 8월 2일)." 『주체혁명위업의 완성을 위하여 제3권』.
　　평양: 조선로동당출판사, 1991.

＿＿＿. "당의 의도대로 선전선동체계를 잘 운영할데 대하여(1977년 9월 25일)."
　　『김정일선집 제8권』. 평양: 조선로동당출판사, 2010.

＿＿＿. "부대정치위원의 임무(1972년 10월 17일)." 『김정일선집 제3권』. 평양: 조
　　선로동당출판사, 2010.

＿＿＿. "위대한 수령님을 위하여 한목숨 바쳐싸우자(1976년 1월 1일)." 『김정일
　　선집 제7권』. 평양: 조선로동당출판사, 2010.

＿＿＿. "인민군대는 우리당의 위업을 실현해 나가는데서 앞장서야 한다(1974년
　　2월 18일)." 『김정일선집 제6권』. 평양: 조선로동당출판사, 2010.

＿＿＿. "인민군대 당조직과 정치기관들의 역할을 높일데 대하여(1969년 1월 19

일)."『김정일선집 제3권』. 평양: 조선로동당출판사, 2010.

_____. "인민군대안의 선전선동사업을 개선강화할데 대하여(1979년 2월 14일)."
『김정일선집 제8권』. 평양: 조선로동당출판사, 2010.

_____. "인민군대에서 리수복영웅을 따라배우기 위한 사업을 힘있게 벌릴데 대
하여(1976년 10월 2일)."『김정일선집 제7권』. 평양: 조선로동당출판사,
2010.

_____. "인민군대에서 3대혁명붉은기쟁취운동을 힘있게 벌릴데 대하여(1975년
12월 21일)."『김정일선집 제7권』. 평양: 조선로동당출판사, 2010.

_____. "인민군신문은 전군을 당 제5차대회의결정관철에로 힘있게 불러일으켜
야 한다(1970년 11월 24일)."『김정일선집 제3권』. 평양: 조선로동당출판
사, 2010.

_____. "인민군지휘성원들속에서 오중흡동지를 따라배우기 위한 사업을 힘있게
벌릴데 대하여(1979년 12월 17일)."『김정일선집 제9권』. 평양: 조선로동
당출판사, 2010.

_____. "인민군지휘성원들은 참다운 김일성주의정수분자가 되어야 한다(1974년
4월 10일)."『김정일선집 제6권』. 평양: 조선로동당출판사, 2010.

_____. "전군에 당의 유일적지도체제를 철저히 세울데 대하여(1974년 1월 12
일)."『김정일선집 제6권』. 평양: 조선로동당출판사, 2010.

_____. "전군을 김일성주의화하자(1975년 1월 1일)."『김정일선집 제7권』. 평양:
조선로동당출판사, 2010.

_____. "조선인민군협주단에서 군사물가극을 창조할데 대하여(1971년 7월 8일)."
『김정일선집 제3권』. 평양: 조선로동당출판사, 2010.

_____. "조선인민군협주단을 혁명적이며 전투적인 예술단체로 만들어야 한다
(1971년 9월 15일)."『김정일선집 제3권』. 평양: 조선로동당출판사, 2010.

_____. "항일유격대식정치사업방법을 철저히 구현할데 대하여(1977년 1월 9일)."
『김정일선집 제7권』. 평양: 조선로동당출판사, 2010.

_____. "현 시기 인민군대 당정치사업에서 나서는 몇 가지 문제(1977년 8월 29
일)."『김정일선집 제8권』. 평양: 조선로동당출판사, 2010.

『위대한 수령 김일성 동지의 불멸의 혁명업적 제6권』. 평양: 조선로동당출판사,
1998.

『위대한 수령 김일성 동지의 불멸의 혁명업적 제20권』. 평양: 조선로동당 출판
　　사, 2000.

정동익. "청산리 방법대로 군중속에 깊이 들어가 살며 일하자."『근로자』, 3호
　　(1976).

『조선로동당력사』. 평양: 조선로동당출판사, 1991.

『조선중앙년감 1991』. 평양: 조선중앙통신사, 1992.

[제4장] 북한의 남북대화 전략과 평가

1. 남한문헌

강인덕·송종환 외.『남북회담 7.4에서 6.15까지』. 서울: 극동문제연구소, 2004.

곽태환 외.『북한의 협상전략과 남북한 관계』. 서울: 경남대학교 극동문제연구
　　소, 1997.

국토통일원.『남북적십자회담자료집: 파견원 접촉』. 서울: 국토통일원, 1971.

국토통일원 남북대화사무국.『남북대화백서 1982』. 서울: 국토통일원, 1982.

김계동.『북한의 외교정책과 대외관계: 협상과 도전의 전략적 선택』. 서울: 명인
　　문화사, 2012.

김계수.『남북대화재개시 대외적 문제』. 서울: 국토통일원, 1977.

김성진.『한국정치 100년을 말한다』. 서울: 두산동아, 1999.

김일한. "남북한 관계의 형성과 기원: 1970년대 적대적 상호의존관계 형성을 중
　　심으로."『북한학보』, 34집 1호 (2009).

김지형. "1970년대 초 남북대화와 7.4 공동성명." 한양대학교 박사학위논문
　　(2006).

김학준.『남북한 관계의 갈등과 발전』. 서울: 평민사, 1985.

김형기.『남북관계 변천사』. 서울: 연세대학교 출판부, 2010.

김혜원. "북한의 남북대화 행태에 관한 연구: 중단과 재개요인을 중심으로." 동국
　　대학교 박사학위논문 (2009).

남북조절위원회.『남북대화백서 1975』. 서울: 남북조절위원회, 1975.

　　　　　　　.『남북대화백서 1978』. 서울: 남북조절위원회, 1978.

남북회담사무국. 『적십자회담 수첩』. 서울: 남북회담사무국, 1995.

남북회담수행기자단. 『분단의 장벽을 뚫고: 기자들이 본 북한』. 서울: 남북회담
수행기자단, 1977.

동아일보사. 『70년대의 남북한관계: 국제세미나 주제논문 및 토론』. 서울: 동아
일보사, 1972.

마상윤 · 박원곤. "데탕트기의 한미갈등: 닉슨, 카터와 박정희." 『역사비평』, 86권
봄호 (2009).

민병천. "남북대화의 전개과정에 대한 고찰." 『행정논집』, 제14집 (1984).

박건영 · 박선원 · 우승지. "제3공화국 시기 국제정치와 남북관계: 7.4 공동성명과
미국의 역할을 중심으로." 『국가전략』, 9권 4호 (2003).

박용옥. 『남북대화재개시 북괴의 군축주장에 대한 대처방안』. 서울: 국토통일원,
1977.

박재규 편. 『북한의 대회정책』. 서울: 경남대학교 극동문제연구소, 1986.

배광복. "남북관계의 경로의존과 구성: 7.4 남북공동성명에서 남북기본합의서 채
택까지 남북회담 분석." 고려대학교 박사학위논문 (2008).

송종환. 『남북회담종합평가』. 서울: 국토통일원, 1976.

_____. 『북한 협상행태의 이해 (개정증보판)』. 서울: 오름, 2007.

신정현. "미국과 남북한관계." 『한국과 국제정치』, 3권 1호 (1987).

신종대. "한국정치의 북한요인 연구: 1961-72년을 중심으로." 서강대 정치외교학
과 박사학위 논문 (2002).

양호민 · 이상우 · 김학준 공편. 『민족통일론의 전개』. 서울: 형성사, 1986.

유병용 외. 『박정희시대 한미관계』. 서울: 백산서당, 2009.

유세희. "유일사상체계와 유신체제의 대립." 이삼성 · 김태익 · 유세희 · 양호민 · 이
춘근 · 이정민 · 김광수. 『평화통일을 위한 남북대결: 1965년에서 1980년까
지의 내외적 상황』. 서울: 소화, 1996.

유완식. 『남북대화재개시 남북조절위원회 운영방안』. 서울: 국토통일원, 1977.

이기택. 『북한의 남북협상 指導와 이념』. 서울: 국토통일원, 1976.

이덕기 · 정기환. 『남북회담과 북한실정』. 서울: 국제출판사, 1972.

이동복. 『통일의 숲길을 열어가며 1, 2』. 서울: 삶과 꿈, 1999.

이삼성 외. 『평화통일을 위한 남북대결』. 서울: 소화, 1996.

이상우.『남북대화 발언주제변천에 나타난 북한의 협상전략』. 서울: 국토통일원,
　　1976.

이영일.『분단시대의 통일논리』. 서울: 태양문화사, 1981.

이용필.『남북대화재개시 대내적 문제』. 서울: 국토통일원, 1977.

이종석.『북한-중국관계: 1945-2000』. 서울: 중심, 2000.

＿＿＿.『새로 쓴 현대북한의 이해』. 서울: 역사비평사, 2000.

이창우.『남북대화재개시 북한내부문제』. 서울: 국토통일원, 1977.

임동원.『피스 메이커: 남북관계와 북핵문제 20년』. 서울: 중앙북스, 2008.

정진위.『북방삼각관계』. 서울: 법문사, 1985.

척다운스 저. 송승종 역.『북한의 협상전략』. 서울: 한울, 1999.

통일원.『남북한 통일·대화 제의비교 제1집, 1945-1987』. 통일원, 1986.

허문영.『6.15 공동선언 이후 북한의 대남협상 행태: 지속과 변화』. 서울: 통일연
　　구원, 2005.

홍석률.『분단의 히스테리: 공개문서로 보는 민중관계와 한반도』. 서울: 창비,
　　2012.

2. 북한문헌

김일성.『김일성 저작집 24』. 평양: 조선로동당출판사, 1983.

＿＿＿. "당간부양성사업을 개선강화할데 대하여(1971년 12월 2일)."『김일성저작
　　선집 6』. 평양: 조선로동당출판사, 1974.

＿＿＿. "미제를 반대하는 아세아 혁명적 인민들의 공동투쟁은 반드시 승리할
　　것이다(1971년 8월 6일)."『김일성저작집 26』. 평양: 조선로동당출판사,
　　1984.

＿＿＿. "인도네시아 알리 아르함 사회과학원에서 한 연설(1965년 4월 14일)."
　　『김일성저작집 19』. 평양: 조선로동당출판사, 1982.

＿＿＿. "조선로동당 제4차대회에서 한 중앙위원회 사업총화보고(1961년 9월 11
　　일)."『김일성저작집 15』. 평양: 조선로동당출판사, 1981.

＿＿＿. "조선로동당 제5차 대회에서 한 사업총화보고(1970년 11월 2일)."『김일
　　성저작집 25』. 평양: 조선로동당출판사, 1983.

_____. "현 정세와 우리 당의 과업(1965년 10월 5일)." 『김일성저작집 20』. 평양: 조선로동당출판사, 1982.

"조국통일위업수행에서 획기적전환을 가져오게한 력사적연설." 『근로자』, 8~9호 (1972).

『조선중앙년감 1970』. 평양: 조선중앙통신사, 1970.

『조선중앙년감 1971』. 평양: 조선중앙통신사, 1971.

"최고인민회의상임위·조국전선 중앙위·조평통 합동회의 호소문(1963년 12월 10일)." 『조선중앙년감 1964』. 평양: 조선중앙통신사, 1964.

"9·9절 15주년 기념대회에서의 최용건 연설(1963년 9월 8일)." 『조선중앙년감 1964』. 평양: 조선중앙통신사, 1964.

[제5장] 북한 경제의 재고찰과 시사점

1. 남한문헌

권순필·김서영·심규호. "북한통계 현황 분석." 『마이크로 데이터 활용 연구 및 통계를 이용한 현황 분석』. 대전: 통계개발원, 2008.

권양주. 『김정은 시대 북한 군사의 이해』. 서울: 한국국방연구원, 2014.

김성보·기광서·이신철. 『사진과 그림으로 보는 북한 현대사』. 서울: 웅진지식하우스, 2014.

김일평. 『북한 정치경제입문』. 서울: 한울, 1987.

김일한. "북한 지방공업(1947-1975) 연구." 동국대학교 석사학위논문 (2005).

알렉 노브 저. 대안체제연구회 역. 『실현가능한 사회주의의 미래』. 서울: 백의, 2001.

양문수. 『북한경제의 구조』. 서울: 서울대학교출판부, 2001.

_____. "1970년대 북한 경제와 장기침체 메커니즘의 형성." 『현대북한연구』, 6권 1호 (2003).

유승경. "북한에게 시장영역은 항상 위험인가." 『LG Business Insight』, 1139호 (2011).

윤기관. 『남북한 무역경제』. 대전: 충남대학교 출판부, 2001.

이석. "경제제도: 변화와 지속." 『북한체제의 이해』. 서울: 명인문화사, 2009.

____. 『1994-2000년 북한기근-발생, 충격 그리고 특징』. 서울: 통일연구원, 2004.

이영훈. "북한의 경제성장 및 축적체제에 관한 연구(1956-64년)." 고려대학교 박사학위논문 (2000).

이정철. "사회주의 북한의 경제동학과 정치체제." 서울대학교 박사학위논문 (2002).

이태섭. "김정일 후계체제의 확립과 '단결'의 정치." 『현대북한연구』, 6권 1호 (2003).

이항동. 『북한정치와 발전전략』. 서울: 대영문화사, 1994.

임강택. 『북한 대외무역의 특성과 무역정책 변화전망』. 서울: 통일연구원, 1998.

장하준 저. 김희정 역. 『장하준의 경제학강의』. 서울: 부키, 2014.

정민수. 『북한의 이해』. 서울: 시그마프레스, 2004.

정영철. "1970년대 대중운동과 북한사회: 돌파형 대중운동에서 일상형 대중운동으로." 『현대북한연구』, 6권 1호 (2003).

최성 편. 『현대사회주의 비교연구』. 서울: 학민사, 1990.

통일연구원 편. 『독일지역 북한기밀문서집』. 서울: 선인, 2006.

통일원. 『북한경제통계집』. 서울: 통일원, 1986.

한국정책금융공사. 『북한의 산업 2010』. 서울: 한국정책금융공사, 2010.

황의각. 『북한경제론』. 서울: 나남, 1992.

현승일. "북한산업경영체계의 전개." 『통일논총』, 제5권 1호 (1985).

2. 북한문헌

김관현. "지방예산제와 일군들의 창발성." 『근로자』, 8호 (1979).

김석원·박원일. 『인민경제 계획화에서 군중로선의 관철』. 평양: 조선로동당출판사, 1963.

김일성. "사회주의경제관리를 개선하기 위한 몇 가지 문제에 대하여(1973년 2월 1일)." 『김일성저작집 28』. 평양: 조선로동당출판사, 1984.

____. "사회주의경제의 몇 가지 리론문제에 대하여(1969년 3월 1일)." 『김일성저작집 23』. 평양: 조선로동당출판사, 1983.

_____. "인민경제계획의 일원화, 세부화의 위대한 생활력을 남김없이 발휘하기 위하여(1965년 9월 23일)." 『김일성저작집 19』. 평양: 조선로동당출판사, 1982.

_____. "일원화 계획화체계를 더욱 심화발전시키기 위하여(1969년 7월 2일)." 『김일성저작집 24』. 평양: 조선로동당출판사, 1983.

김정일. "전당이 동원되어 70일 전투를 힘있게 벌리자(1974년 10월 9일)." 『주체 혁명위업의 완성을 위하여 3권』. 평양: 조선로동당출판사, 1987.

_____. "전당이 동원되어 100일 전투를 힘있게 벌릴데 대하여(1978년 5월 29일)." 『주체 혁명위업의 완성을 위하여 4권』. 평양: 조선로동당출판사, 1987.

_____. "정치도덕적 자극과 물질적 자극에 대한 올바른 리해를 가질데 대하여 (1967년 6월 13일)." 『김정일선집 2(증보판)』. 평양: 조선로동당출판사, 2009.

리기성. "현시기 사회주의경제강국건설의 주요과업." 『경제연구』, 1호 (2009).

리호혁. "지방공업발전에서 새로운 혁명적 전환을 일으키자." 『근로자』, 제6호 (1975).

『조선중앙년감』. 평양: 조선중앙통신사, 1971.

주체사상연구소. 『주체사상에 기초한 사회주의경제관리리론』. 평양: 사회과학출판사.

최중극. 『주체의 사회주의정치경제학 연구』. 평양: 과학백과사전출판사, 1978.

최진성. "련합기업소의 창설은 위대한 대안의 사업체계의 요구를 철저히 관철하기 위한 획기적 조치." 『근로자』, 제12호 (1974).

3. 해외문헌

Kim, Byung-Yeon, Suk Jin Kim, and Keun Lee. "Assessing the economic performance of North Korea, 1954-1989." *Journal of Comparative Economics*, Vol. 35, No. 3 (2007).

Kornai, Janos. *The Socialist System: The Political Economy of Communism*. Princeton: Princeton University, 1992.

[제6장] 북한식 사회주의 교육의 탄생

1. 남한문헌

김경식. 『한민족교육문화사』. 파주: 교육과학사, 2008.

김성보 · 기광서 · 이신철. 『사진과 그림으로 보는 북한현대사』. 서울: 웅진지식하
　　우스, 2009.

김형찬. 『북한의 주체교육사상』. 서울: 한백사, 1990.

양문수. "북한경제 침체 메커니즘의 형성: 1971-86년." 「북한 60년의 재조명: 경제
　　분야를 중심으로」. 고려대학교 북한학연구소 주최 학술회의 (2002년 11
　　월 8일).

전현준 · 박형중. "북한 최고인민회의 제12기 제6차 회의 결과분석과 전망." 서울:
　　통일연구원, 2012.

정성장. "김정은 체제의 경제개혁 · 개방 전망과 과제." 『국가전략』, 제8권 4호
　　(2012).

_____. "북한의 2013년 신년사와 정책 기조 변화." 『세종논평』, No. 258 (2013).

_____. 『현대 북한의 정치: 역사 · 이념 · 권력체계』. 파주: 한울, 2011.

통일부 통일교육원. 『2013 북한이해』. 2013.

통일연구원. 『월간 북한동향』, 제7권 제1호 (2013).

　　_____. 『2013년 북한 신년사 집중 분석』. 2013.

한만길 · 남성욱 · 김영화. 『북한의 경제발전과 교육의 역할』. 서울: 한국교육개발
　　원, 2003.

2. 북한문헌

과학백과사전출판사. 『정치법률연구』, 제4호. 평양: 과학백과사전출판사. 2012.

남진우 외. 『사회주의교육학 사범대학용(주간)』. 평양: 교육도서출판사, 1991.

리영환. 『조선교육사 5』. 평양: 사회과학출판사, 1993.

사회과학출판사. 『조선민주주의인민공화국에서의 교육』. 평양: 사회과학출판사,
　　1984.

『인민교육』. 2012년 제1호~제6호. 평양: 교육신문사. 2012.

[제7장] 주체문예이론의 형성과 주체사실주의의 정립

1. 남한문헌

강성원 외 저. 경남대학교 북한대학원 엮음. 『북한 문화, 둘이면서 하나인 문화』. 한울아카데미, 2006.

게오르그 루카치 외 저. 최유찬 외 역. 『리얼리즘과 文學』. 서울: 지문사, 1985.

김성수. 『통일의 문학 비평의 논리』. 서울: 책세상, 2001.

김재용. 『북한 문학의 역사적 이해』. 서울: 문학과지성사, 1994.

단국대 한국문화연구기술연구소 편. 『스타일의 탄생 : 북한문학예술의 형성과정』. 서울: 경진출판, 2014.

동국대 한국문화연구소 편. 『북한의 문학과 문예이론』. 서울: 동국대학교출판부, 2003.

박상천. "'평화적 건설시기'의 북한 정권 수립에서 문학의 역할." 『한국언어문화』, 23집 (2003).

신효숙. 『소련군정기 북한의 교육』. 서울: 교육과학사, 2003.

양문수. "1970년대 북한 경제와 장기침체 메커니즘의 형성." 『현대북한연구』, 6권 1호 (2003).

오양열. 『남·북한 문예정책의 비교연구』. 서울: 성균관대학교, 1998.

이우영. "1970년대 북한의 문화." 『현대북한연구』, 6권 1호 (2003).

전영선. 『북한의 문학과 예술』. 서울: 역락, 2002.

_____. 『북한의 문학예술 운영체계와 문예이론』. 서울: 역락, 2002.

최동호 편. 『남북한 현대문학사』. 서울: 나남출판, 1995.

한국문학연구소편. 『북한의 문학과 문예이론』. 서울: 동국대학교출판부, 2003.

2. 북한문헌

김일성. 『우리 혁명에서의 문학 예술의 임무』. 평양: 조선로동당출판사, 1965.

_____. "천리마 시대에 상응한 문학 예술을 창조하자(1960년 11월 27일)." 『조선문학』, 1967년 5~6월호.

김정웅. 『종자와 작품창작』. 평양: 사회과학출판사, 1987.

_____. 『주체적 문예리론의 기본 2』. 평양: 문예출판사, 1992.

김정일. 『영화예술론』. 평양: 조선로동당출판사, 1973.

김하명. 『문학예술작품의 종자에 관한 이론』. 평양: 사회과학출판사, 1977.

『문학예술사전(상·중·하)』. 평양: 과학백과사전종합출판사, 1988(1991, 1993).

사회과학원. 『사회주의적문학예술에서 생활묘사』. 평양: 과학백과사전출판사, 1979.

_____. 『주체사상에 기초한 문예이론』. 평양: 사회과학출판사, 1975.

『위대한 수령 김일성동지 문학령도사 1~3』. 평양: 문학예술종합출판사, 1992(1993).

윤기덕. 『수령형상문학』. 평양: 문예출판사, 1991.

한중모. 『주체적 문예리론의 기본 1: 사회주의 공산주의문학의 건설』. 평양: 문예출판사, 1992.

한중모·정성무. 『주체의 문예리론 연구』. 평양: 사회과학출판사, 1983.

[제8장] 대서방외교의 부상, 그 양상과 특징

1. 남한문헌

고병철. "통일정책과 남북관계." 김준엽·스칼라피노 공편. 『북한의 오늘과 내일』. 서울: 법문사, 1985.

김경수. "북한의 대외관계 변화." 『통일문제연구』, 제14집 (1990).

김계동. 『북한의 외교정책과 대외관계』. 서울: 명인문화사, 2012.

김세진. "북한의 대일본정책." 경남대학교 극동문제연구소 편. 『북한외교론』. 서울: 경남대학교 극동문제연구소, 1977.

김형기. 『남북관계 변천사』. 서울: 연세대학교 출판부, 2010.

로버트 A. 스칼라피노. "대일·대미관계." 김준엽·스칼라피노 공편. 『북한의 오늘과 내일』. 서울: 법문사, 1985.

박재규. "북한의 대미국정책." 경남대학교 극동문제연구소 편. 『북한외교론』. 서울: 경남대학교 극동문제연구소, 1977.

서보혁. "체제 경쟁의 종식 혹은 변형?" 이화여자대학교 통일학연구원 편. 『남북관계사: 갈등과 화해의 60년』. 서울: 이화여자대학교출판부, 2009.

_____. 『탈냉전기 북미관계사』. 서울: 선인, 2004.

오진용. 『김일성시대의 중소와 남북한』. 서울: 나남출판, 2004.

윤해수.『북한곡예외교론』. 서울: 한울아카데미, 2000.

장맹렬. "남북한의 산업구조 비교." 경남대 극동문제연구소 편.『분단 반세기 남
　　북한의 정치와 경제』. 서울: 경남대학교 극동문제연구소, 1996.

정규섭.『북한외교의 어제와 오늘』. 서울: 일신사, 1997.

한종수. "북한의 대유럽정책." 양성철·강성학 편.『북한외교정책』. 서울: 서울프
　　레스, 1995.

홍석률.『분단의 히스테리』. 파주: 창비, 2012.

2. 북한문헌

구일선. "'닉슨주의'는 파탄을 면치 못할 것이다."『근로자』, 제11호 (1972).

김일성. "미국 '뉴욕타임스'지 기자들과 한 담화(1972년 5월 26일)."『김일성 저작
　　집 27』. 평양: 조선로동당출판사, 1984a.

＿＿＿. "미국 '워싱톤포스트'지 기자와 한 담화(1972년 6월 21일)."『김일성 저작
　　집 27』. 평양: 조선로동당출판사, 1984b.

＿＿＿. "신년사(1979년 1월 1일)."『김일성 저작집 34』. 평양, 조선로동당출판사,
　　1987a.

＿＿＿. "오스트랄리아 작가이며 기자인 윌프레드 버체트와 한 담화(1975년 10월
　　21일)."『조선중앙년감 1976(CD판)』. 평양: 조선출판물수출입사, 2004a.

＿＿＿. "우리나라 사회주의제도를 더욱 강화하자- 조선민주주의인민공화국 최고
　　인민회의 제5기 제1차회의에서 한 연설(1972년 12월 25일)."『김일성 저
　　작집 27』(평양: 조선로동당출판사, 1984c.

＿＿＿. "우리 당의 주체사상과 공화국정부의 대내외정책의 몇 가지 문제에 대
　　하여- 일본 '마이니찌신붕' 기자들이 제기한 질문에 대한 대답(1972년 9월
　　17일)."『김일성 저작집 27』. 평양: 조선로동당출판사, 1984d.

＿＿＿. "우리 당의 주체사상과 공화국정부의 대내외정책의 몇 가지 문제에 대
　　하여: 일본 '마이니찌신붕' 기자들이 제기한 질문에 대한 대답(1972년 9월
　　17일)."『조선중앙년감 1973(CD판)』. 평양: 조선출판물수출입사, 2004b.

＿＿＿. "이라크기자대표단이 제기한 질문에 대한 대답(1971년 10월)."『조선중앙
　　년감 1972(CD)』. 평양: 조선출판물수출입사, 2004c.

_____. "일본 '마이니찌신붕' 편집국장 일행과 한 담화(1975년 11월 26일)."『조선중앙년감 1976(CD판)』. 평양: 조선출판물수출입사, 2004d.

_____. "일본 요미우리신문사 상무취체역인 편집국장 일행과 한 담화(1977년 4월 23일)."『김일성 저작집 32』. 평양: 조선로동당출판사, 1986a.

_____. "일본 정치리론잡지 '세까이' 편집국장과 한 담화(1978년 10월 21)."『김일성 저작집 33』. 평양: 조선로동당출판사, 1987b.

_____. "조선로동당과 공화국정부의 대내외정책의 몇가지 문제에 대하여- 일본 '아사히신붕' 편집국장 및 교도통신사 기자와 한 담화(1971년 9월 25일, 10월 8일)."『김일성 저작집 26』. 평양: 조선로동당출판사, 1984e.

_____. "조선로동당 제5차대회에서 한 중앙위원회에서의 사업총화보고(1970년 11월 2일)."『김일성 저작집 25』. 평양: 조선로동당출판사, 1983.

_____. "조선로동당 제6차대회에서 한 중앙위원회사업총화보고(1980년 10월 10일)."『김일성 저작집 35』. 평양: 조선로동당출판사, 1987c.

_____. "조선민주주의인민공화국의 당면한 정치, 경제 정책들과 몇 가지 국제문제에 대하여: 일본 '요미우리신붕' 기자들이 제기한 질문에 대한 대답(1972년 1월 10일)."『김일성 저작집 27』. 평양: 조선로동당출판사, 1984f.

_____. "프랑스신문 '몽드' 주필과 한 담화(1977년 6월 20일)."『김일성 저작집 32』. 평양, 조선로동당출판사, 1986b.

박찬근. "미제의 '평화전략'은 뒤집어 놓은 전쟁전략."『근로자』, 제1호 (1972).

전인철. "조선문제에 관한 유엔총회의 결의는 하루 빨리 실현되여야 한다."『근로자』, 제11호 (1976).

『조선중앙년감 1971(CD판)』. 평양: 조선출판물수출입사, 2004.

허담. "우리 공화국의 국제적 지위는 끊임없이 높아가고 있다."『근로자』, 제9호 (1978).

3. 해외문헌

Armstrong, Charles K. *Tyranny of the Weak: North Korea and the World, 1950-1992*. Ithaca: Cornell University Press, 2013.

Shin, Jung Hyun. "North Korea's Relations with Japan: The Possibilities for Bilateral

Reconciliation."in Robert A. Scalapino and Hongkoo Lee, eds. *North Korea in a Regional and Global Context*. Berkeley: University of California, 1986.

[제9장] 미중협력과 한반도 위기로 좌우된 북중관계

1. 남한문헌

국토통일원. 『남북대화백서』. 국토통일원 남북대화사무국, 1988.

_____. 『조선로동당대회 자료집 II집』. 서울: 국토통일원, 1980.

김학준·스칼라피노 공편. 『북한의 오늘과 내일』. 서울: 법문사, 1985.

염홍철. "최근 10년간('76.7-'86.6) 북한의 대내·외정책에 관한 실증적 연구." 『한국정치학회보』, 21집 2호 (1987).

이상숙. "데탕트 시기 북중관계의 비대칭 갈등과 그 영향." 『한국정치학회보』, 42집 3호 (2008).

행정안전부 국가기록원 편. 『1970년대 한미관계(상·하)』. 대전: 행정안전부 국가기록원, 2008.

홍석률. 『분단의 히스테리』. 파주: 창비, 2012.

_____. "위기 속의 정전협정." 『역사비평』, 63 (2003).

_____. "1976년 판문점 도끼 살해사건과 한반도 위기." 『정신문화연구』, 제28권 4호 (2005).

2. 북한문헌

김석형. "위대한 수령 김일성동지께서 밝히신 우리나라 통일문제의 해결방도는 자주적 평화통일을 앞당기는 전투적 강령." 『남조선문제』, 9호 (1976).

김정일. 『주체위업의 완성을 위하여 3(1974-1977)』. 평양: 조선로동당출판사, 1987.

박태원. "'인도지나사태' 이후 남조선에 대한 일본군국주의자들의 경제적 침투의 강화와 그 배경." 『남조선문제』, 5·6호 (1976).

조선로동당출판사 편. 『위대한수령 김일성동지의 외국방문 문헌집』. 평양: 조선로동당출판사, 1975.

『조선중앙년감』. 평양: 조선중앙통신사, 1971~1979.

"현단계에서의 남조선혁명의 기본방침." 『남조선문제』, 11·12호 (1976).

3. 해외문헌

Choudhury, G. W. *China in World Affairs: The Foreign Policy of the PRC since 1970*. Boulder: Westview Press, 1982.

Cold War History Project on Woodrow Wilson Center.

Winston Lord Files, NA.

劉金質·杨淮生 编. 『中国对朝鲜和韩国政策文件汇编 5』. 北京: 中国社会科学出版社, 1994.

外交部档案馆 编. 『中华人民共和国外交大事记: 第四卷(1972-1978)』. 北京: 世界知识出版社, 2002.

中共中央文献研究室 编. 『周恩来年谱 1949-1976』. 北京: 中央文献出版社, 1997.

『朝中友谊万古长青: 华国锋主席访问朝鲜』. 平壤: 外国文出版社, 1978.

[제10장] 제3세계·유엔외교의 목표와 전략

1. 남한문헌

국토통일원 남북대화사무국. 『남북대화연표(1970-1980)』. 서울: 국토통일원, 1981.

국토통일원 정책기획실. 『제3세계가 한국문제에 미치는 영향』. 서울: 국토통일원, 1979.

김창훈. 『한국외교 어제와 오늘』. 서울: 한국학술정보, 2013.

김형섭. 『인류를 흥정하는 사람들』. 서울: 총화사, 1978.

대한민국 정부. 『행정백서』. 서울: 대한공론사, 1974.

돈 오버도퍼. 『두개의 코리아』. 서울: 중앙일보사, 1998.

박숙희 편. 『비동맹운동』. 서울: 지양사, 1985.

박재규. 『북한의 신외교와 생존전략』. 서울: 나남출판, 1997.

북한연구소. 『북한총람』. 서울: 북한연구소, 1983.

서재만. "제3세계 외교." 『국제정치논총』, 28권 2호 (1989).

윌리엄 J. 듀이커 저. 정영목 역. 『호치민 평전』. 서울: 푸른숲, 2003.

유석렬. "제 3세계와 북한." 세계평화교수협의회 편. 『제3세계와 한국』. 서울: 일념, 1984.

이도형. "제31차 유엔총회에서 북괴는 왜 후퇴했을까." 『시사』, 제15권 9호 (1976).

이상두. 『제3세계, 한국 그리고 정치발전』. 서울: 일월서각, 1987.

이창선. "김정일시대 북한의 공세적 대남전략." 『정치 · 정보연구』, 제14권 2호 (2011).

정창현. 『곁에서 본 김정일』. 서울: 김영사, 2000.

최영진. 『동아시아 국제관계사』. 서울: 지식산업사, 1996.

홍석률. "1970년대 전반 북미관계: 남북대화, 미중관계 개선과의 관련 하에서." 『국제정치논총』, 44집 2호 (2004).

2. 북한문헌

김일성. 『김일성 저작선집 4권』. 평양: 조선로동당출판사, 1968.

_____. 『김일성 저작집 25권』. 평양: 조선로동당출판사, 1983.

_____. 『김일성 저작집 28권』. 평양: 조선로동당출판사, 1984.

_____. 『김일성 저작집 29권』. 평양: 조선로동당출판사, 1985.

_____. 『김일성 저작집 30권』. 평양: 조선로동당출판사, 1985.

_____. 『김일성 저작집 31권』. 평양: 조선로동당출판사, 1986.

_____. 『김일성 저작집 32권』. 평양: 조선로동당출판사, 1986.

박순서 편. 『대중정치용어사전』. 평양: 조선로동당출판사, 1964.

『조선중앙년감 1973』. 평양: 조선중앙통신사, 1973.

3. 해외문헌

Jackson, Richard L. *The Non-Aligned, The UN And The Superpowers*. New York: Praeger, 1983.

Kim, Samuel S. "Pyongyang, the Third World, and Global Politics." *Korea & World Affairs*, Vol. 3, No. 4 (1979).

Luthi, Lorenz M. "Restoring Chaos to History: Sino-Soviet-American Relations 1969." *The China Quarterly*, Vol. 210 (June 2012).

Rose, Gideon. "Neoclassical Realism and Theories of Foreign Policy." *World Politics*, Vol. 51 (October 1998).

Rosenau, James N. *The Scientific Study of Foreign Policy*. New York: The Free Press, 1971.

Singham, A. W., and Shirley Hune. *Non-alignment in an Age of Alignments*. New York: Lawrence Hill & Co, 1986.

[결론] 오늘도 지속되는 1970년대 북한

"김정은 사상일꾼대회 연설 전문."『뉴포커스』. 2014년 2월 26일.

조선로동당 중앙위원회 당력사연구소. 『조선로동당력사』. 평양: 조선로동당출판사, 2006.

"1970년대의 시대정신이 온 나라에 차넘치게 하자."『로동신문』. 2012년 10월 25일.

서보혁

한국외국어대 정치학 박사. 국가인권위원회 전문위원을 역임하고 현재 서울대 통일평화연구원 인문한국 연구교수. 국제정치이론과 북한외교·인권, 한반도 평화를 연구해오며 최근에 "보편주의 통일론과 인권, 민주주의 친화형 남북관계의 탐색"(2014), "The Militarization of Korean human Rights"(2014), 『북한인권: 이론 실제 정책』(2014), 『김정은 시대의 정치와 외교』(2014, 공저) 등의 저작을 발표했다.

이승열

북한대학원대학교 북한학 박사. 이화여대 통일학연구원 연구위원 역임을 거쳐 현재 국회입법조사처 외교안보팀 입법조사관. 북한 수령체제와 후계체제, 통일 방안에 대한 연구를 해오며 최근 저서로 『김정일의 선택』, 『통일대비를 위한 대북통일정책』(공저) 등이 있고, 논문은 "북한 '수령체제'의 변화와 '3대 세습'의 구조적 한계", "안중근 동양평화론을 통한 한반도 신뢰프로세스 실현방안" 등이 있다.

이주환

동국대학교 사학과 박사과정 수료. 현재 민주평화통일자문회의 사무처 기록연구사. 최근에는 북한의 사회주의 국가 건설과정에서 사회단체의 역할을 연구해오며 "해방직후 조선공산당내 분파투쟁과 북조선분국", "1945~1949년 북한에서의 문맹퇴치운동 연구" 등의 논문을 발표했다.

김병욱

평양기계대학교 기계공학부를 졸업 후 입국해 동국대 북한학 박사 학위. 현재 사단법인 북한개발연구소 소장. 주요 저서로 『현대전과 북한의 지역방위』, 『탈북

박사부부가 본 북한: 딜레마와 몸부림』(공저) 등이 있다.

윤미량

런던정치경제대학 박사. 현 통일교육원장. 정치사회학적 측면에서 북한 및 공산사회에서의 여성의 지위문제에 관심을 기울여오며 저서로『북한의 여성정책』이 있고, 주요 논문으로 "북한여성의 위상과 지위 변화", "북한체제의 내구성에 관한 쟁점", "헬싱키 프로세스와 북한인권" 등이 있다.

이창희

동국대 북한학 박사. 동국대 북한학연구소 연구교수. 북한경제의 특성을 파악해 북한의 현재와 미래를 진단하는 것에 관심을 갖고 있고 "북한의 자립적 민족경제건설노선의 형성과 특성", "『경제연구』(1986~1999)로 바라본 북한의 경제개혁에 대한 고찰" 등의 논문을 발표했다.

차승주

서울대학교 교육학 박사. 전주교대, 공주교대, 경인교대 강사. 북한교육과 통일교육에 관심을 두고 연구하고 있으며 주요 논문으로 "김정일 시대 북한의 학교 통일교육", "김정은 시대 북한 교육의 변화에 관한 소고 등이 있다.

전영선

한양대 문학박사. 건국대 통일인문학연구단 인문한국 연구교수로 재직하며 통일준비위원회 전문위원으로 일하고 있다. 북한의 문화정책, 북한주민의 생활문화, 남북의 문화통합 등에 관삼을 두고 연구해오며 주요 저서로『영화로 보는 통일 이야기』,『북한의 정치와 문학: 통제와 자율 사이의 줄타기』,『코리언의 생활문화-낯섦과 익숙함』 등이 있다.

이상숙

동국대 정치학 박사. 현재 국립외교원 외교안보연구소 객원교수 겸 민주평화통일자문위원회 상임위원. 북한의 대외관계와 북중관계에 관심을 연구해오며 주요 저작으로 "북-미-중 전략적 삼각관계의 형성과 제2차 북핵위기", "김정일-후진타오 시대의 북중관계" 등이 있다.

임상순

동국대 정치학 박사. 현재 통일미래사회연구소 연구위원. 북한 핵문제 및 인권문제를 둘러싼 국제정치 역학에 관심을 갖고 있다. 최근 논문으로 "북한 핵문제에 대한 미국의 개입전략과 북한의 대응전략", "The Engagement of United Nations Human Rights Regime and the Response of North Korea" 등이 있고, 역서로 『인권의 정치학』 등이 있다.

| 찾아보기 |

〈ㄱ〉